인구와
부동산의 미래

인구와 부동산의 미래

인구 변화의 궤적에 숨겨진
**부동산 투자의
비밀**

김순환 지음

한스미디어

추천사

인구와 부동산 패러다임의 전환, 그리고 부자로 가는 추월차선

문주현 · 한국부동산개발협회장(엠디엠 한국자산신탁회장)

앞으로 한국은 물론 글로벌 부동산 시장의 화두는 인구 변화와 4차 산업혁명입니다. 개별 국가적 안목으로 보면 무역 전쟁이지만 인류의 부동산 역사로 보면 자산에 눈을 뜬 중국인 등 30억 명의 아시아인과 부동산 시장을 근본적으로 바꿀 4차 산업혁명입니다.

2017년 8월 고령 사회에 진입한 우리나라는 급속한 고령화와 인구 감소라는 위기를 맞고 있습니다. 물론 한국 인구의 고령화가 부동산 시장에 불리하지만은 않습니다. 안정적인 자산 운용을 지향하는 인구가 그만큼 늘어난다는 것으로도 해석할 수 있기 때문입니다. 인구 변화는 한국 부동산 시장에 다양한 역동성을 보여줄 것입니다. 1~2인 가구 급증과 저출산 고령화는 이미 주거시설과 관련 상품의 근본적인 변화를 가져왔기 때문입니다.

중국인을 비롯한 아시아 부자들의 부동산 쇼핑도 향후 한국의 부동산 시장 패러다임 변화에 일조할 것입니다. 2017년은 중국의 고고도미사일방어체계(사드) 배치 보복으로 중국인의 한국 부동산 매입이 끊기긴 했지만 2018년부터는 다시 차이나 머니가 더 많이 쏟아져 들어올 수도 있습니다.

4차 산업혁명은 이미 부동산 시장의 변화를 촉진시키고 있습니다. 사물인터넷(IoT)과 인공지능(AI) 등을 활용한 주거 서비스는 생활공간으로서의 아파트를 근본적으로 바꾸고 있습니다. 앞으로 오피스의 주거화 등 공간의 변환, 불특정 다수가 사는 그룹홈, 주거 교환, 에어앤비 활성화 등도 성큼 다가올 것입니다. 더 나아가 메가시티를 넘어 콤팩트스마트시티(디지털 압축도시)가 등장할 것입니다.

20세기 부동산 시장이 황무지를 개척하는 프론티어 경영자의 시대였다면 21세기는 디벨로퍼들의 공간과 설계디자인 경쟁이라고 볼 수 있습니다. 디벨로퍼의 아이디어와 4차 산업혁명이 조화를 이루면 한국 부동산 시장은 전에 없는 변화의 기회를 맞을 것입니다.

고령인구 사회로 진입한 한국은 앞으로 더 급격하게 '국가 노화' 현상을 겪을 것입니다. 이런 과정에서 부동산 시장이 경착륙할 수도 있습니다. 하지만 한국 부동산 시장의 급격한 붕괴나 퍼펙트 스톰(Perfect Storm, 두 가지 이상의 악재가 겹쳐 경제가 급격히 무너지는 현상)은 없을 것입니다. 1997년 외환위기나 2008년 금융위기 이후 몇 년간의 침체 같은 시기는 있어도 부동산 시장이 붕괴하지는 않을 것입니다. 실제로 한국 부동산 시장은 정부 정책(부동산 규제와 부양책) 실패 등 내부 충격으로는 무너진 적이 없었습니다. 한국의 부동산 시장은 호황과 규제, 침체와 부양이 반복됐습니다. 이런 과정에서 실패한 투자자는 호황의 정점에서 '따라하기 투자'를 한 이들이고, 성공한 투자자는 침체의 장에서 소신 투자와 역발상 투자를 한 이들입니다.

부동산은 시간과 정책의 산물입니다. 시장의 흐름을 여유 있게 지켜보다 보면 구조적인 모순을 안고 있는 우리나라 부동산 시장은 누구에게나 재테크의 기회를 선사합니다. 부동산 시장은 선지선투(先知先投, 먼저 알고 앞선 투자)입니다. 알지 못하면 투자도 할 수 없습니다.

　부동산 시장과 정부 정책을 20여 년 동안 지켜봐 온 김순환 문화일보 기자의 이번 저서는 한국 부동산 시장이 인구 변화와 함께 어떻게 부침을 거듭해 왔는지, 앞으로 부동산 시장이 어떻게 변할지를 분석한 책입니다. 이 책에서 미래 부동산 시장 변화와 투자의 방향을 체득하기 바랍니다.

🏠 **프롤로그**

인구는 부동산의 미래를
알고 있다

시작은 미약했다. 아니, 알지 못했다. 그러나 파장은 크고 깊었다.

한국인이 6·25 전쟁 이후 가장 큰 난리라고 여기는 1997년 외환위기와 2008년 글로벌 금융위기는 부지불식간에 찾아왔지만 그 충격은 상상 이상으로 컸다. 외환위기의 시작은 한국인이 '샴페인을 터뜨리며 좋아하던'(OECD 가입) 1996년이었고, 금융위기는 1년 전 여러 곳에서 경고등이 켜졌었다. 하지만 1996년과 2007년 두 해 모두 위기라고 부를 만한 일은 없었던 태평성대였다. 한국인 대부분이 '버블(거품)경제'를 만끽했다고 할 수 있다.

만약 2019~2020년 우리에게 경제위기가 닥친다면 2017~2018년은 폭풍 전야의 고요함과도 같은 해가 될 것이다. 특히 2018년은 IT·반도체에 편중된 수출 호황, 정점의 집값, 노동의 힘과 복지의 확대라는 2017년의 호사(豪奢)가 이어지는 해이기 때문이다. 2018년은 중국계 미국인 레이 황(1918~2000)의 저서 《1587, 만력 15년 아무 일도 없었던 한 해》(새물결출판사, 2004)처럼 될 가능성이 높다. 그렇다. 2018년 한국은 화양연화(花樣年華)의 해이자 국가 전반의 적폐와 갈등이 만개하는 시기일 수 있다.

글로벌 각국이 벌이는 저금리 정책과 그에 따른 자산시장은 정점이다. 한국도 예외는 아니다. 경제지표는 좋고, 세수도 많이 걷힌다. 먼 미래보다 당장의 노동의 힘과 복지도 푸짐해질 것이다. 한국의 부동산 시장만 놓고 보아도 2017~2018년은 '거품시대'(2006~2007) 비슷한 호황을 누릴 것이다. 이런 호황기의 지속을 바라며, 아파트 공화국의 영원성을 믿는 이들이 넘쳐난다. 그것은 고가 아파트, 고분양가, 고공행진 청약경쟁률, 고분양권(웃돈) 등에서 잘 나타나고 있다. 하지만 2018년 부동산 시장은 정점이다. 사면초가(四面楚歌) 직전이며, 내우외환에 직면해 있다. 글로벌 자산버블, 미국의 연이은 금리인상, 중국의 압박, 문재인 정부의 확고한 신념이 담긴 '보람찬 규제', 한국은행의 금리인상, 5%를 넘어선 시중은행 주택담보대출 금리 등 이미 여러 우환(憂患)이 파고 든 상태다.

이 책은 총 6부로 구성, 인구와 부동산 시장의 변화, 부동산 골든타임, 인구 변화와 미래 부동산, 투자의 지혜 등을 다뤘다. 1부에서는 이르면 2018년 하반기부터 올 수 있는 예고(?)된 위기 가능성을 진단하고, 부동산 시장 골든타임을 분석했다. 부동산 시장은 위기가 기회라는 점을 강조했다. 2부에서는 인구와 한국 부동산 불패 신화의 전개 과정을 살펴보았다. 속성 공업화가 부른 주택 문제와 도시보다 먼저 개발한 공단, 오늘날의 주거문제를 부른 대책 없는 주거의 근원, 베이비붐 세대(1955~1963년생)와 부동산 시장 버블 등을 분석했다.

3부에서는 인구 고령화와 감소가 부동산 시장에 미치는 영향, 외국의 사례, 인구 고령화 시대 부동산 생존법 등을 살폈다. 4부에서는 인구 고령화 시대의 재테크 나침반과 미래 각광받을 투자처와 갖춰야 할 지혜 등을 전망했다.

5부에서는 부동산 패러다임 변화와 토지투자의 중요성, 재테크 키워드, 거시적 안목으로 보는 실전투자의 핵심 등을 주제로 다뤘고, 6부는 인구 고령화와 감소 시대에 부동산 부자로 가는 추월차선을 어떻게 탈 수 있을지 노하우와 유망지역 등을 점검했다.

자본주의 경제에서 모든 것은 돈이다. 돈은 돈다. 자본의 안전판 부동산도 마찬가지다. 위기와 기회의 시기를 항상 돌고 돈다. 2017년 8월 한국은 유엔이 정의한 고령 사회(노인인구 14%)로 진입했다. 앞으로 10년 안에 인구도 감소세로 돌아선다. 하지만 고령 사회로 갈수록, 인구가 줄수록 부동산 시장이 침체한다는 명제는 틀렸다고 확신한다.

이미 다가온 4차 산업혁명도 부동산 수요를 오히려 늘릴 것이라고 감히 말하고 싶다. 지구 온난화와 환경위기가 사물인터넷

(IoT), 인공지능(AI)과 어우러져 1가구 1농장 시대를 촉발할 것이기 때문이다. 2019~2020년의 위기의 시대를 지나면 부동산 시장의 골든타임은 반드시 온다. 지금부터 함께 인구와 부동산 투자의 미래를 살펴보자.

이 책은 부동산 현장의 많은 전문가와 만남, 그리고 난상토크, 한국인구학회 편저 〈인구 대 사전〉(통계청2016)의 적지 않은 도움을 받았다. 10년 넘게 끊김 없이 부동산 현장을 누비게 해준 이병규 문화일보 회장님과 문화일보 선후배들의 배려에 깊은 고마움을 표한다. 부족한 부동산 지식의 원고를 흔쾌히 출판해 준 한스미디어에게도 고마움을 전한다. 틈틈이 원고를 점검해 준 공인중개사인 아내(최유정)에게도 무한한 사랑을 새삼 전한다.

2017년 12월
김순환 씀

목차

- **추천사** · 인구와 부동산 패러다임의 전환, 그리고 부자로 가는 추월차선   4
- **프롤로그** · 인구는 부동산의 미래를 알고 있다   8

1부. 2020년, 부동산 골든타임이 온다

01 | 부동산 불패 신화와 골든타임   22
- 주택 수급 불안이 가져온 부동산 불패 신화   24
- 부동산 시장 안정시킬 묘책 나오지 않아   25
- 부동산 시장의 충격과 공포, 1997년 IMF사태와 2008년 글로벌 금융위기   28
- 1998~2000년, 1차 부동산 다크타임   29
- 2007~2008년, 2차 부동산 다크타임   32
- 2008년 글로벌 금융위기와 하우스푸어의 등장   33
- 우리가 몰랐던 두 번의 골든타임   35

02 | 2014~2017년 부동산 시장의 흐름   39
- 부동산 문제의 단초, 공급과잉   40
- 부동산 다크타임의 뇌관, 빚(가계부채)   42
- 2015~2017년 부동산 청약 광풍   47
- 부풀린 경쟁률이 계약 헛배로   49
- 덩달아 쏟아진 수익형 부동산 상품   51
- 급등한 재건축단지와 고분양가 탐욕   55
- 런던, LA보다 높은 서울 집값   58
- 부동산 거품 신호, 땅값 상승   59
- 2014~2017년 부동산 호황의 진짜 이유, 임금피크제와 에코부머   62

03 | 2020년, 부동산 골든타임과 투자의 미래   65
- '우려'에서 시작되는 부동산 골든타임   66
- 아파트 입주 폭탄과 부동산 다크타임   69
- 2020년 전후, 베이비붐 세대 자산정리   71
- 골든타임 전조, 하우스푸어의 재등장(?)   73
- 다크타임의 끝물이 투자 기회   75
- 마지막 부동산 골든타임이 온다   77

2부 인구와 부동산 불패 신화의 전개

01 | 이촌향도(離村向都)와 부동산 정책의 시작   82
- 주거보다 급한 문제, 문맹 탈출   84
- 무허가촌과 달동네의 등장   86
- 허상의 주택정책과 빈민문제   88
- 세상에 없던 '신의 한 수', 선분양제 시행   90
- 전세(傳貰)의 탄생과 임대주택제도의 왜곡   91

02 | 한국, 부동산 불패 시대 열리다   94
- 강남 개발과 부동산 투기라는 망국병의 등장   95
- 부동산 공화국의 탄생   98
- 부동산 시장과 인구 폭발 시대   99
- 부동산 투기와 내 집 마련 전쟁   102
- 베이비붐 세대, 재테크에 눈뜨다   103

03 | 2005~2017년, 치솟는 부동산 버블과 추락, 찜찜한 활황   106
- 한국 집값, 정부 따라 춤추다   107
- 부동산 시장 10년 주기로 등락   110

- 아파트값 꺾이다, IMF사태 · 112
- 버블세븐의 등장, 2006년~2007년의 경우 · · · · · · · · · · · 113
- 2014년, 뜻밖의 부동산 부양 · 115
- 부동산 부양의 그늘, 가계부채 증가 · · · · · · · · · · · · · · · · · 118
- 부동산 시장 냉각 경고에도 찜찜한 활황 · · · · · · · · · · · · · 122

04 | 문재인 정부와 부동산 시장 · 125
- 문재인 경제팀과 부동산 정책의 방향 · · · · · · · · · · · · · · · 126
- 8·2 부동산 대책과 그 전망 · 128
- 정부 규제 없어도 대형악재 많아 · · · · · · · · · · · · · · · · · · · 131
- 문재인 정부 5년, 살 것인가 팔 것인가 · · · · · · · · · · · · · · 132

3부 저출산 고령화 시대의 부동산 생존법

01 | 인구 고령화와 부동산 시장의 변화 · · · · · · · · · · · · · · · · · 138
- 경제활동인구 감소, 예상보다 빨라진다 · · · · · · · · · · · · · 139
- 유출입 인구 늘고 1인 가구 급증 · · · · · · · · · · · · · · · · · · · 142
- 자가주택 보유는 정체 · 145
- 저금리 지속과 부동산 · 148

02 | 인구 고령화와 감소, 외국 부동산 시장 현황 · · · · · · · · · 151
- 한국 부동산 시장, 일본과 다르다 · · · · · · · · · · · · · · · · · · · 152
- 일본 부동산, 교훈은 없다 · 156
- 다시 정점 치닫는 미국 부동산 시장 · · · · · · · · · · · · · · · · 157
- 중국, 그리고 홍콩 부동산 버블 조짐 · · · · · · · · · · · · · · · · 159
- 거품 우려 속 유럽, 캐나다와 호주 부동산 시장 · · · · · · 161

03 | 저출산 고령화와 한국 부동산 시장의 변화   164
- 부동산 트렌드가 바뀐다   165
- 저출산 고령화에도 부동산 수요는 증가   167
- '인구 감소=부동산 재테크의 종말론'은 허구   170
- 인구 고령화는 임대사업자를 부른다   172

04 | 인구 고령화 시대의 부동산 생존법   176
- 앞으로 3년, 급락 없지만 침체   177
- 빌라는 무조건(?) 팔거나 개축하거나   180
- 대학 주변 부동산에서 빠져나와라   182
- 개발제한구역(그린벨트) 투자는 절대 조심해야   184
- 수익형 전원주택에 빠지지 마라   186
- 블록형 단독주택 인기, 지속가능하지 않다   188
- 실버주택 전성시대는 오지 않는다   189

05 | 저출산 고령화 시대에도 수도권 부동산이 대세   191
- 수도권 토지는 스테디셀러   192
- 한강과 주변 부동산은 '불패의 땅'   194
- 마곡엠밸리, 김포 등 서부권 부동산 대세 10년 간다   197
- 수도권 역세권에 숨은 보석을 찾아야   198
- 지방 철길에 투자의 해답이 있다   200

4부 인구 감소 시대, 재테크 나침반을 찾아라

01 | 고령화 시대의 재테크 키워드   204
- 부동산 규제와 주거복지, 고령화   205
- 베이비붐 세대의 퇴장   207

- 에코 세대의 등장   208
- 도시인구 집중도 끝물   209

02 | 저출산 고령화 시대의 재테크 방향   212
- 부동산 빅데이터를 믿지 마라   213
- 아파트 투자를 넘어서라   216
- 융복합 부동산에 주목하라   218
- 교육 프리미엄이 아닌 용적률을 보라   221
- 초미니, 소형아파트는 죽지 않는다   223

03 | 도시재생 시대와 부동산 재테크   226
- 도시재생과 투자의 길   227
- 탈도시는 도시 쇠퇴가 아니다   229
- 선진 여러 나라와 도시재생   231
- 서울 도시재생과 부동산 시장   233
- 구(舊)시가지, 투자의 중심에 설까   235
- 강남권 외 도시정비사업, '미래 없다'   237
- 1기 신도시 리모델링과 경제성   240
- 지역도시 구도심과 지방은 부활할까   241

04 | 재테크 지름길, 공공주택을 주목하라   244
- 공공 주거사다리가 재테크의 시작   246
- 다시 보자, 공공임대주택   247
- 공공임대주택의 재구성 ① : 한국토지주택공사(LH)   249
- 공공임대주택의 재구성 ② : 서울도시주택공사(SH)   253
- 생애최초, 신혼 등 특별공급을 노려라   256
- 한국토지주택공사(LH)와 자치단체의 리츠를 활용한 주거   257

5부 앞으로 5년, 부동산 투자의 패러다임이 바뀐다

01 | 부동산 시장의 패러다임 전환   262
- 1차 산업 부동산 전성시대가 온다   263
- 머지않은 공유 부동산 시대   266
- 에어비앤비의 임대시장 무한 확장   267
- 스마트팜에서 시작되는 부동산 혁명   269
- 도시오염을 피하는 허파도시가 뜬다   270

02 | 부동산 시장과 4차 산업혁명   273
- 4차 산업혁명과 도시 변화   274
- 4차 산업혁명과 부동산 현장의 변화   277
- 4차 산업혁명과 교육 부동산   278
- 기후 따라 부동산 지형이 바뀐다   280

03 | 토지, 현재와 미래 권력   282
- 토지, 미래 경제권력의 핵심   283
- 한국인과 땅, 토지는 오를 수밖에 없다   285
- 토지공개념 우려는 기우(杞憂)일 뿐이다   287
- 지주(地主)천하대본 시대는 영원하다   290

04 | 인구 고령화와 농촌 주택 투자   291
- 농가주택과 농업인주택, 투자 가치는 어떨까?   292
- 돈 되는 전원주택, 애물단지 전원주택   295
- 마을형 전원주택의 미래는   296

05 | 지역도시 르네상스 시대가 온다   298
- 2020년 이후 부동산 투자 목적지는 서해안   300
- 수도권 지방도시와 강원 북부권   303

- 수도권 너머 당진과 서산, 태안, 보령의 경우   305
- 세종시의 무한성장, 공주와 부여의 가능성   307
- 미래 서해안의 중심, 새만금지구   309
- 미래형 자족도시의 실체와 가능성   310

06 | 배산임해(背山臨海), 바닷가 부동산이 만개한다   312
- 세계의 고급휴양지는 남쪽에 있다   313
- 바닷가 부동산은 왜 뜰 수밖에 없나   314
- 인구 고령화가 바다 휴양 시대를 연다   316
- 10년 후 부자들의 투자처는 남쪽   317

6부 부자로 가는 부동산 추월차선을 타라

01 | 부자로 가는 추월차선의 전제조건   322
- 재테크 로드맵을 먼저 짜라   323
- 종잣돈 확보, 물 없는 개천에 용은 살지 못한다   325
- 부동산을 보는 눈을 갖춰라   327
- 부동산 전문가의 말보다 '경제 흐름'을 주목하라   328
- 나에게 맞는 투자법을 찾아라   330

02 | 부동산 추월차선은 열려 있다   332
- 한국인의 43%가 무주택자   333
- 투기에서 정석 투자로   335
- 정부 수급 정책이 주는 기회 잡아야   336
- 선진국 대비, 주택은 절대 부족하다   337
- 부동산 불패, 대기업이 보증한다?   338

03 | 부의 추월차선으로 가는 부동산 금맥   341
- 금맥은 정치공약 속에 흐른다   342
- 신도시, 첫 투자에 금맥 있다   344
- 의직주(醫職住) 부동산이 금맥이다   345
- 물류시설에 투자의 미래가 있다   347
- 자투리땅이 황금광 된다   349
- 오지(奧地) 여행지를 주목하라   350
- 일자리(공장)보다 놀자리(리조트) 부동산을 선점하라   352
- 4도3촌(4都3村), 귀농귀촌 제약을 넘어서라   354
- 일반화되는 이도향촌(離都向村)   355

04 | 부자로 가는 추월차선은 토지에 있다   358
- 토지 투자의 이상과 현실   359
- 토지를 선점하라   360
- 토지 투자의 중심, 농지   363
- 농업진흥구역, 농지 투자의 블루칩 될까   365
- 농지, 누구나 살 수 있지만 아무나 살 수는 없다   367
- 귀농토지 투자의 미래   369
- 임야와 산촌경영에 길이 있다   371
- 대박 유혹을 견뎌야 부자로 가는 추월차선을 탄다   374

- **에필로그** · 부자로 가는 지름길, 인구 변화와 부동산에서 찾아라   376

1부

2020년, 부동산 골든타임이 온다

01
부동산 불패 신화와 골든타임

정부가 부동산 시장, 정확하게 주택문제에 본격적으로 관여한 것은 1960년대. 굳이 우리나라 부동산의 역사를 따진다면 60년이 채 안 된 것이다. 그동안 한국경제는 비약적인 성장을 이뤘고, 세계 10위권의 경제대국이 됐다. 그 과정에서 수많은 경제 위기를 겪었지만 이를 잘 극복했다.

부동산 시장도 마찬가지다. 그간 부동산 시장은 외부 충격에 의한 대규모의 경제 위기 속에서만 급랭했다가 다시 살아났다. 침체를 넘어 경착륙 위기로 내몰리기도 했지만 지난 60여 년간 내부 충격에 의한 부동산 위기는 없었다. 그야말로 부동산 불패의 시대였다.

그렇다면 한국 부동산 시장은 태생적으로 '불패'의 조건을 갖추고 있었던 것일까? 그렇다. 우리나라 부동산 시장은 토지나 상업시설이 아닌 주택 부문에서 시작되면서 불패의 조건을 하나하나 갖춰 나갔다. 특히 1960년대 중반부터 진행된 속성 공업화를 위한 공장과 인프라스트럭처(Infrastructure: 생산이나 생활의 기반을 형성하는 구조나 시설)의 편중 배치(경부 축 중심의 공간 개발과 배치)가 부동산 불패의 바탕이었다. 농촌에서 쏟아져 나오는 인구를 수용할 도시(주택)는 공장과 인프라가 생긴 이후 다듬어졌다. 당연히 '도시'보다 '사람'이 먼저 공간을 차지했다. 이는 계획 없는 도시 팽창을 불렀고, 그 중심에는 빈민촌이 있었다. 1960년대 중반 이후 주택문제가 국정 현안으로 등장한 것은 자연스러운 현상이었다.

대한민국 부동산 시장의 불패 뒤에는 주택 선분양제(先分讓制)와 왜곡된 임대차 문화(전세)가 도사리고 있다. 내부 충격에 의한 부동산 붕괴가 없었던 이유도 이 두 가지 제도가 받쳐주었기 때문이다. 물론 부동산 불패 신화를 깰 인프라 재배치나 토지공개념 시행, 부동산 불로소득에 대한 올바른 과세 등도 없었다.

한국 부동산 시장을 최악의 위기로 내몬 것은 다름 아닌 '외부충격'이었다. 그것도 두 번이나 경착륙 위기를 맞았다. 1997년 11월 국제통화기금(IMF) 사태와 2008년 9월 글로벌 금융위기 직후 수년간이었다. 이들 시기는 부동산 시장에 두 차례의 어둠의 시간(다크타임, Dark Time: 부동산 가격이 급락하고 거래가 줄어든 시기)이었다. 그 이후 도래한 부동산 골든타임(Golden Time)은 다크타임의 유산인 셈이다.

주택 수급 불안이 가져온 부동산 불패 신화

정부의 끊임없는 노력에도 불구하고 우리나라 부동산 시장은 2017년 말까지 여전히 안정을 찾지 못하고 있다. 고질적인 수급 불안이 직접적인 이유다. 여기에 부동산 불패를 태생적으로 받쳐 주는 전세와 주택 선분양제가 사라지지 않았고, 공간과 인프라 균형 배치도 이뤄지지 않고 있다. 대부분의 국민이 부동산으로 돈을 벌겠다는 '부동산 재테크'에 익숙해 있는 것은 불패의 작은 변수에 불과할 정도다. 이와 같은 이유로 우리나라 부동산 시장은 주식시장과 달리 전체적인 흐름을 분석해 내기가 쉽지 않다.

정책 당국이나 전문가조차 부동산 시장의 전체 흐름을 장단기적으로 예측할 수 없다는 것은 상존하는 수급불안이 직접적인 이유다. 이는 근본적으로 주택 등 부동산 상품의 공급 부족 때문이다. 부동산 상품 공급 부족이 고질적인 문제가 되면서 장기적인 부동산 정책을 구체적으로 세울 수 없는 것이 시장 분석을 어렵게 하는 것이다.

우선 대한민국 부동산 불패 신화의 근간인 전세와 선분양 제도를 보자. 전세는 무주택 서민과 중산층의 내 집 마련을 위한 디딤돌이다. 전세를 살면서 선분양제에 의한 내 집 마련의 희망을 품고 살기 때문이다.

쉬운 예로 노태우 정부가 1989년 수도권 경기도에 1기 신도시(경기 분당·일산·평촌·산본·중동) 200만 가구를 건설한다고 발표한 이후 주택시장을 보면 알 수 있다. 2~3년 사이에 200만 가구의 주택을 공급한다는 것은 당시로서는 큰 충격이자 한국 주택정책사에서 첫 번째 극약 처방이었다. 초고강도 처방이었지만 집값이나 전셋값 폭락은 없었다. 애초에 공급이 절대 부족인 상황에서 청사진만 그려놓은 '선분양'이었기 때문이다.

노태우 정부의 한국형 첫 신도시는 성공적으로 공급됐고, 전세입자의 매매시장 유입도 빨라졌다. 1990년대 초중반 주택시장이 안정세를 유지한 배경이다. 이후 2000년대 들어 집값이 올라 거품 조짐을 보이는 순간 정부는 한국형 신도시 개발을 '전가의 보도'처럼 활용했지만 주택시장은 안정되지 못했다. 우선 성장하는 자녀를 둔 베이비붐 세대의 주택 소유욕을 간과했다. 질 좋은 주택을 필요로 하는 수요자 분석에 실패한 것이다. 신도시 개발을 통한 주택공급은 모두 선분양인데다 싸고 질 좋은 임대주택 공급도 부족했다. 신도시 주택 공급이 사후약방문(死後藥方文) 성격이어서 주택시장의 불확실성이 가시지 않았다. 전세와 선분양제, 공급부족 등 태생적으로 부동산 시장이 지탱될 수 있는 조건이 그대로 유지됐던 것이다.

부동산 시장 안정시킬 묘책 나오지 않아

우리나라 부동산 시장이 여전히 안정을 찾지 못하는 근본적인 이유는 정부 정책에 있다. 애초에 '압축 개발 성장을 위한 국토 도시 정책'에 원인이 있는 것이다. 인구의 수도권 집중을 부른 서울 중심 정책과 경부(서울~부산) 축 위주 개발이 변하지 않은 성역(聖域)으로 남아 있기 때문이다. 실제로 한국의 거의 모든 부동산 문제는 수도권과 경부 축 중심 개발에 있다. 주택정책의 잘못(미비한 임대주택제도, 청약제, 선분양제 등) 위에 수도권과 경부 축 중심 국토정책이 있는 것이다.

특정지역 집중개발은 필연적으로 인구 집중과 주거 부족 문제를 부르고, 집값을 오르게 한다. 인구 쏠림은 교육, 상업 등 각종 편의시설 부족 문제를 불러 국가 재정이 집중 편성될 수 있도록 한다. 당연히 인프라스트럭처가 지속적으로 특정지역에 몰릴 수밖에 없다. 서울 강남권이 대표적이다.

2017년 말 기준 수도권은 개발 포화 상태를 넘어 폭발할 상황에 직면해 있다. 사람은 많고 쓸 수 있는 땅, 이른바 가용(可用)토지가 절대 부족하다. 당연히 주거와 편의시설도 부족하다. 이는 살만한 곳인 강남권을 중심으로 부동산 가격이 하늘 높은 줄 모르고 오를 수밖에 없는 1차적 이유다. 다른 곳도 강남권을 따라서 덩달아 오른다.

거창한 수요 공급의 원리를 적용하지 않더라도 특정지역의 인구 집중은 부동산 시장을 춤추게 할 수밖에 없다. 그리고 정책당국 누구도 시인하지 않지만 그런 특정지역에 정책적 배려가 이어진다. 가장 최근의 경우가 SRT(수서발 고속철도)다. 서울 수서지역을 기점으로 하는 SRT 같은 인프라스트럭처가 더 들어서는 것이다.

2016년 말 개통한 SRT는 강남구 수서동에서 출발(도착)할 이유가 없는 고속철도이지만 강남권 한복판 수서가 기점이자 종점이다.

인프라의 분배나 공유, 새로운 인프라의 다른 지역 배치 등이 없는 한 '서울 강남 부동산'이라는 희소가치는 영원할 수밖에 없다. 이는 강남 부동산 불패 신화가 계속된다는 뜻이다.

2016~2017년 강남권 집값은 다시 급등했다. 대부분의 지역 아파트값이 버블(거품)기인 2006~2007년에 찍었던 고점을 회복했다. 강남 부동산 가격이 다시 뛰기 시작한 것이다. 2017년 8월 나온 문재인 정부의 8·2 부동산 대책은 강남 집값을 잡기 위한 초고강도 대책이다. 강남권 등의 재건축단지가 투자의 선을 넘어 투기 세력의 놀이터가 되고 있다는 판단에 강도 높은 대책이 나온 것이다.

강남권 재건축단지는 분명 집값 안정을 해치고 있기도 하다. 하지만 '규제를 위한 규제'는 강남 부동산 불패 신화를 깰 수 없다는 것을 정책당국이 알아야 한다. 수요에 따른 공급, 인프라 배치에 대한 근본적인 시각 교정 등이 병행되지 않는다면 강남 부동산 불패 지속과 전체 부동산 시장의 불확실성만 더 키우게 될 것이다.

한국에서 특정한 공간이 '부동산 불패', '강남 공화국'이라는 소리를 50여 년째 듣는 이유를 잘 따져봐야 한다. 집값 문제는 강남의 문제가 아니라 대한민국 국민 모두의 문제이기 때문이다. 강남 주택의 고분양가와 가격 거품은 6·25 전쟁 이후 우리나라가 겪었던 두 번의 경제위기를 또다시 부를 수 있다.

부동산 시장의 충격과 공포
1997년 IMF사태와 2008년 글로벌 금융위기

어느 시대나 국난(國難)이라고 부를 정도의 최대 위기는 온다. 그 위기를 어떻게 슬기롭게 극복하느냐에 국가의 명운(연속성)이 달려 있다. 국난은 지도자와 지배계급의 잘못으로 수많은 국민에게 고통을 안겨주는 역사의 굴곡이다.

대한민국에 있어 가장 최근의 국난은 1997년 국제통화기금(IMF) 사태와 2008년 글로벌 금융위기였다. 이중 특히 IMF사태는 우리나라를 디폴트(Default: 채무 불이행) 상황으로 몰고 갔다. 하지만 부동산 재테크 입장에서 이 두 시기는 위기와 기회를 동시에 안겨주었다. 두 위기를 겪으면서 전통적인 부자와 크고 작은 기업이 수없이 망했지만 신흥 부자가 탄생하기도 했다.

주택을 많이 보유한 이들에게 1997년 IMF사태 직후와 2008년 글로벌 금융위기 직후는 '부동산 다크타임'이었다. 폭락한 부동산을 헐값에 처분하거나 울며 겨자 먹기로 고율의 이자를 내며 지켜야 했기 때문이다. 두 위기는 부자들에게 한국 부동산 시장이 외부 충격에는 너무 쉽게 무너진다는 쓰라린 교훈을 안겨 주었다. 한편 두 위기를 겪으며 오히려 재테크의 기회를 잡은 이들은 내 집 마련을 위해 한푼 두푼 모아 저축을 해온 일부 서민이었다. 이들에겐 이 시간이 '위험한 골든타임'이었던 것이다.

IMF사태와 글로벌 금융위기는 금융시스템의 중요성을 국민과 경제정책 당국자에게 다시금 심어주었다. 작은 금융위기가 확산하면 자본과 자산시장 전체가 무너진다는 것을 보여주었기 때문이다. IMF사태와 글로벌 금융위기는 자본주의에서 돈의 우월성을 국민 개개인에게 확실하게 인식시켰다. 부동산 재테크의 기회가 왔을 때 종잣돈(Seed Money)의 중요성이 새삼 각인되기도 했다.

이와 같이 두 번의 위기는 어떤 이들에게 다시없을 재테크의 기회였다. 그렇다면 부동산 투자 골든타임이 오기 전 부동산 시장의 다크타임은 아무도 알지 못했을까?

1998~2000년, 1차 부동산 다크타임

IMF사태는 허술한 한국 금융시스템이 문제였다. 굳이 귀책사유를 꼽는다면 우리나라의 고금리(당시 시중은행 대출금리 12%, 미국이나 일본 3% 내외)와 저환율(1달러 800원 내외)이 주된 원인이었다.

고금리 저환율은 외국인과 외국투자사들의 자본증식 텃밭이 됐다. 더구나 한국은 1996년 경제협력개발기구(OECD)에 가입, 외국자본 유출입도 너무 쉬웠다. 외국계 투기 자본 입장에서는 돈벌기에 한국만큼 좋은 공간이 없었다. 경제 분야 대부분에서 글로벌 스탠다드에 맞춰야 하는 시기였기 때문이다. 여기에 IMF사태는 동남아시아 국가의 '작지만 중요한 금융' 문제가 아시아에 큰 영향을 미치면서 우리나라에도 직격탄이 됐다. 글로벌 시장과 우리나라의 금리 차이, 동남아 국가의 금융문제가 동시에 결합(?)하면서 한국 금융시장에 초강력 폭탄으로 떨어진 것이다.

1997년 11월 한국은 IMF 통제하에 들어갔다. 우리나라는 '돈을 풀고 막는' 금융통제권을 사실상 잃어버렸다(물론 IMF에 '자의반 타의반'으로 넘겨주었다). 금융통제권을 상실한 정부는 모든 경제정책을 IMF에 맡길 수밖에 없는 처지가 되었고, 이는 한국 경제 전반은 물론 부동산 시장에 치명상을 입히며 경제를 극도의 침체 속에 빠뜨렸다.

1997년 말 일반인이 IMF 위기를 체감하기도 전에 코스피 등 자본 시장은 급속도로 침몰하기 시작했다. 주식시장이 붕괴 직전으로 내몰렸고, 금리는 치솟았다. 미국 달러에 대한 원의 가치인 원-달러 환율도 1달러당 800원 대에서 12월 중순 1,900원 선까지 치솟았다. 당연히 부동산 시장은 여름에서 한겨울로 치달았다.

한국 부동산 시장의 최대 위기는 1998년에 시작됐다. 눈 뜨고 뻔히 아는 부동산 다크타임이 시작된 것이다. 1998~2000년의 다크타임 첫해인 1998년 8월 서울의 대표적인 중산층 주거지인 강남권과 양천구 목동 등은 집값이 바닥권으로 떨어졌다. 다른 지역은 더 추락했다. 그해 가을부터 3년여 동안 집값이 바닥을 탈출하지 못했다. 당시 서울 강남구 개포동 주공아파트 $89m^2$(27평형)은 2억 2,000만 원대에서 1억 3,000만 원대로 떨어졌고, 2억 원이 넘던 양천구 목동 신시가지 아파트 3단지 $89m^2$도 1억 2,000만 원대로 하락했다. 물론 이렇게 집값이 떨어졌는데도 수요(매수자)보다 공급(매도 희망자)이 훨씬 많았다. 문자 그대로 부동산 시장은 어둠의 시간(다크타임)이었다.

집을 내놓아도 제값에는 팔리지 않았고, 신규공급을 위해 청약을 받는 것 자체가 큰 모험이 됐다. 천정부지로 치솟은 금리로 인해 대출은 엄두도 내지 못했다. 고금리로 대출이 어려워지자 매수세가 사라지면서 집값은 바닥을 딛고 올라설 줄을 몰랐다. 1998년은 신규 인허가 주택도 사실상 역대 최저인 30만 6,000가구에 그쳤고, 2000년까지 3년 동안 겨우 104만여 가구가 인허가됐다. 인허가된 주택의 실제 분양도 60%대에 그쳤고, 신규 아파트 청약시장도 미분양 물량이 50% 이상을 차지한 곳이 많았다. 부동산 다크타임은 그렇게 깊어지고 있었다.

하지만 자본주의의 모든 시장이 그렇듯이 당시 부동산 시장도 추락 후 상승을 위한 다지기 시기가 도래하고 있었다. 1999년 말 더 이상 하락하지 않던 부동산 시장은 2000년 들어 깊은 잠에서 깨어날 조짐을 보였다. 다만 아무도 이를 공식적으로 말하지 못했다. 부동산 시장 회복세를 말하기에는 IMF사태의 충격이 너무나 깊고 넓었기 때문이었다.

부동산 다크타임 시기였던 1998~2000년은 가격을 현저히 낮춘 급매물만 팔렸다. 극히 소수의 실수요자만이 집을 사고팔았다. 시장을 잘 아는 전문가들도 현상을 분석해 내지 못했다. 다크타임이 지나고 반드시 골든타임이 올 것으로 확신하지 못한 것이다. 이 때문에 거의 모든 부동산 투자자들이 2001년부터 시작되는 '부동산 골든타임'을 허망하게 맞았다. 물론 투자자 중 극히 일부는 '하이리스크 하이리턴(고위험 고수익)'을 적용, 수익극대화를 한 경우도 있었다. 다크타임 속에서 '대박의 싹'이 자라고 있었지만 극소수 외에는 부동산 부자로 가는 길을 찾지 못했다.

2007~2008년, 2차 부동산 다크타임

미국에서 2007년 발생한 이른바 서브프라임모기지(Subprime Mortgage: 비우량주택담보대출) 사태가 글로벌 금융시장에 영향을 미치면서 2008년 들어 대형 금융사들이 잇따라 파산했다. 서브프라임모기지는 신용등급이 낮은 저소득층에게 주택자금을 빌려주는 미국의 주택담보대출 상품으로 금리가 상대적으로 높다.

서브프라임모기지 사태에 이어 2008년 9월 미국 글로벌 투자은행 리먼브라더스(Lehman Brothers)가 파산하자 금융시스템이 취약한 한국은 특히 직격탄을 맞았다. 미국의 금융사태가 우리나라에 미칠 영향을 제대로 분석해야 할 내부의 금융시스템이 작동되지 않았기 때문이었다. 주식시장에서 코스피 지수는 반토막이 나면서 지수가 938.75(10월 24일, 금융위기 저점)까지 밀렸다.

서브프라임 모기지는 당시까지 한국 금융권에서 생소한 이름이었다. '미국의 단순한 주택담보대출상품' 정도로 아는 이들조차 적었다. 미국의 주택담보대출시장은 주택구매 희망자(일반 개인)의 신용등급에 따라 신용등급이 높으면 프라임(Prime), 낮으면 서브프라임 등으로 나눈다. 신용도가 낮기 때문에 높은 금리가 적용된다. 이런 서브프라임 모기지 파생상품이 미국 시장에서 2007년 4월부터 문제가 되기 시작했는데 우리나라 금융시장과 전문가들은 1년 4개월 동안이나 이를 간과했다. 늦은 대가는 혹독했다. 한국 금융권은 주식과 부동산 시장이 무너지면서 수많은 국민이 장기간 고통을 겪어야 했다.

2008년 글로벌 금융위기와 하우스푸어의 등장

한국 부동산 시장은 수급 불일치로 불확실성이 심하다. 이에 따라 매도와 매수 타임을 제대로 짚어내는 이들이 매우 드물다. 부동산 시장 낙관론자는 그들 나름대로, 비관론자는 그들대로 시장을 전망하지만 맞는 경우는 거의 없다.

2008년 9월, 부동산 시장에 또 한 번의 대형 쇼크가 오기 전에도 마찬가지였다. 정부는 물론 전문가 누구도 충격이 오기 전 경고를 하지 못했다. IMF 학습효과를 보지 못한 대가는 고통스러웠다. 한국경제가 휘청거리면서 부동산 시장 등 전 분야가 흔들린 것이다.

부동산 시장은 2008년 10월부터 미분양주택이 늘기 시작했고, 신규주택 인허가 물량도 급감했다. 전해만 해도 50만여 가구에 이르던 주택인허가 물량이 2008년 37만 1,200가구에 그쳤다. 주택 공급은 2009년과 2010년에도 각각 38만 가구밖에 인허가되지 않는 등 크게 위축됐다. 분양 가격에서 50%가량 할인된 아파트 단지가 통매각(한꺼번에 파는 것) 물건으로 나왔고, 전국 곳곳에서 분양가보다 30%나 할인된 아파트 분양권이 매물로 등장했다. 당연히 기존 아파트 가격도 40% 내외로 폭락했다. 2차 부동산 다크타임이었다. 주택가격이 급락하면서 하우스푸어(House Poor: 대출로 집을 산 가난한 이들)가 등장했다. 대출을 받아 겨우 집 한 채 장만한 이들이 아우성을 쳤다. 대출금리가 인상되면서 가계 이자부담이 가중됐기 때문이다.

2011년 당시 현대경제연구원은 하우스푸어가 넓게는 156만 9,000가구, 좁게는 108만 4,000가구에 달한다고 추산했다. 하우스푸어가 문제가 되자 2012년 9월 우리금융지주는 '트러스트 앤드 리스백'(Trust & Lease back: 신탁 후 재임대) 방식을 제안하기도 했다. 우리은행에서만 주택담보대출을 받은 1주택 보유 실거주자를 대상으로 집주인이 소유권을 유지하되, 집을 관리·처분할 수 있는 권한은 은행에 넘기고 3~5년 신탁기간 동안 살던 집에서 계속 살면서 대출 이자 대신 월세를 내는 방식이었다. 집값이 더 하락할 경우 은행이 팔겠다는 제도였다. 이자를 유예하는 대신 월세를 내라는 것이었지만 하우스푸어에게는 '조삼모사(朝三暮四)'와 다를 것이 없었다.

2차 다크타임이 이어지면서 신규아파트 미분양이 속출했고, 분양가 자체도 추락했다. 전국 아파트 평균분양가는 2008년 상반기 3.3m^2당 1,083만 원을 기록, 통계 작성 이후 처음으로 1,000만 원을 넘겼지만 금융위기 이후 추락했다. 2009년 1,075만 원에 이어

2010년 974만 원으로 1,000만 원이 붕괴됐다. 이후 2011년 861만, 2012년 840만 원까지 떨어졌다.

하우스푸어가 등장한 2009~2012년에는 주택준공 물량이 35만 가구(아파트 기준)에 불과할 정도로 부동산 시장은 냉각됐다. 하지만 4년간 침체됐던 부동산 시장은 2013년 들어 오랜 잠에서 깨어나기 시작했다. 예상보다 낮은 분양가 아파트와 30% 이상 할인된 아파트 등이 나오고 미분양과 미계약이 쌓이자 부동산 매수세가 서서히 유입된 것이다.

우리가 몰랐던 두 번의 골든타임

부동산 시장에서 '매수 적기'는 없다. 부동산을 사는 이나 파는 이들 모두 해당 물건을 보는 가치가 다르기 때문이다. 다만 일반인이 매수와 청약시장에 과도하게(?) 가세할 때는 '집값 상투', 매매 거래량이 최저 수준을 유지할 때는 '매수 골든타임'이라고 말하는 전문가들이 많다.

우리나라 부동산 시장의 골든타임은 소리 없이 왔다가 사라진다. 역설적이지만 고강도 규제나 대량 공급 등 내부 충격이나 전문가들의 잦은 우려가 있을 때는 골든타임이 오지 않았다. 그런 경고가 지나고 외부 충격(IMF사태, 글로벌 금융위기)을 받아 부동산 가격이 급락한 후에, 지리멸렬한 다크타임의 끝물에 골든타임이 다가왔다.

정책 당국의 내부 경고든, 전문가들의 외부 경고든 지난 60여 년의 부동산 시장에는 늘 '우려'가 존재했다. 강도 높은 규제의 연속과 과잉공급에 따른 우려였다. 그러나 이런 우려가 최악의 상황으로 치닫지는 않았다. 우리나라 부동산 시장은 공급과잉이나 내수침체 등 내부 요소로는 무너지지 않았던 것이다. 시간이 지난 후에 따진다면 모두 '기우'였던 것이다. 당연히 고강도 규제나 대량 공급 등 내부충격 등의 시기에는 부동산 시장이 경착륙하지 않았고, 국지적으로 등락이 심한 경우 외에는 '다크타임'도 '골든타임'도 오지 않았다.

부동산 시장의 골든타임 전야인 다크타임은 앞서 말했듯 IMF 직후인 1998년~2000년과 2008년 금융위기 직후~2012년이었다. 모두 외부에서 온 큰 충격이었다. 이 두 시기가 1차와 2차 부동산 다크타임의 기간이었다.

1차 부동산 다크타임은 2001년부터 서서히 풀리기 시작했다. IMF 위기를 극복하는 과정에서 정부의 적극적인 경제회복 의지에 따라 대출 금리도 낮아지고 부동산 공급량도 확대됐기 때문이다. 1차 부동산 '골든타임'의 전조가 보인 것이다. 이 해에 주택 인허가 물량은 52만 9,854가구에 이르렀고, 2002년에는 66만 6,500가구를 돌파했다. 2년 동안 120만 가구가 공급된 것이다. 착공 물량과는 차이가 있지만 부동산 시장은 아연 활기를 띠었다. 2002년 일반 수요자가 주춤한 사이 부동산 시장이 활성화의 길을 걷기 시작했다.

2003년 시작된 노무현 정부는 그해 58만 5,382가구를 인허가 했다. 이는 1998년~2000년 기간 평균보다 20만 가구나 많은 것이다. 2001~2002년 공급된 주택 중 팔리지 않은 미분양 주택이 나왔지만 이 해에는 후순위에서 속속 주인을 찾았다. 양천구 목동 요지에서 분양된 한 아파트의 경우 3순위에서도 미분양이 있었지만 후순위에서 모두 소진되기도 했다.

2004년 노무현 정부는 주택공급 등을 줄이며 속도조절에 나섰지만 이미 바람을 탄 부동산 시장은 브레이크가 걸리지 않았다. 실수요자들이 엉거주춤하는 사이 '촉'이 남다른 투자자들은 미분양 물량을 사들이는 등 주택 투자에 집중하면서 오름세가 이어졌다. 이후 부동산 시장은 정부의 각종 규제책에도 불구, 걷잡을 수 없이 오르면서 2006년 들어 '버블세븐'이라는 신조어를 낳기도 했다. 버블세븐은 부동산 가격에 거품이 낀 7개 지역으로 강남구와 서초구, 송파구, 목동(양천구), 분당(경기 성남시)과 용인, 평촌(안양시) 등을 이르는 말이다.

정부의 다양한 규제가 나오고, 수십 차례에 걸친 부동산 대책에도 가라앉지 않던 주택시장은 2007년 미국에서 발생한 서브프라임 모기지 사태를 겪으며 소리 없이 꺾이기 시작했다. 그리고 다가온 2008년 9월 글로벌 금융위기는 예상보다 한국 부동산 시장에 큰 악영향을 미쳤다.

글로벌 금융위기는 일반 국민이 인식하지 못하는 사이에 경기를 급강하시켰다. 건설 부동산 시장의 경우 대부분의 대형 프로젝트 파이낸싱 사업이 중단됐으며, 주택 공급량도 급감했다. 집값도 속절없이 떨어지면서 서울 대부분의 아파트 가격이 2005년 가격으로 회귀하기 시작했다. 일부 지역은 미계약이 급증, 반값아파트도 등장했다. 대출로 집 산 이들이 눈물을 흘리는 하우스 푸어 시대가 도래했다. 이런 부동산 다크타임은 2012년까지 계속됐다.

2013년 출범한 박근혜 정부는 각종 부동산 규제책을 잇따라 해제하기 시작했다. 이에 따라 2013년 후반기 부동산 시장은 물밑에서 꿈틀거리기 시작했다. 긴 터널 속에 2차 골든타임이 시작된 것이다. 하지만 대부분의 일반인과 투자자들은 물론 부동산 전문가들도 (1차 골든타임을 모르고 지났듯이) 2차 골든타임을 맞추지 못했다. 2013년 하반기에 부동산 골든타임이 시작됐다는 것을 깨달았을 때는 2014년 최경환 부총리 겸 초 기획재정부 장관의 '집을 사라'는 메시지가 나온 후였다.

2014~2017년 부동산 시장의 흐름

　IMF사태가 발생하기 직전인 1990년대 중반은 한국이 국가 융성의 정점을 향해 가는 시기였다. 일단 수출과 내수가 너무 좋았다. 김영삼 정부가 대내외의 좋은 여건을 바탕으로 경제협력개발기구(OECD)에 가입할 정도였다. 물론 OECD 가입은 하나회 숙청과 금융실명제 실시 등으로 자만한 김영삼 정부의 실책이라는 평가도 나왔지만 당시 경제 여건이 그만큼 좋았던 것은 사실이다. 하지만 1997년 외환위기로 모든 것이 무너졌다.

　2017년 전후는 한국경제가 안팎으로 어려움에 부딪친 시기이다. 한국경제의 버팀목인 수출은 크게 좋아지지 않았고, 내수도 활성화되지 못했다. 특히 내수 침체는 체감물가 상승과 소비 감소를 부르고 있다. 한국은 북한의 위협이라는 지정학적 리스크에도 시달리고 있다. 미국 도널드 트럼프 정부의 보호무역주의도 한국

경제를 위협하고 있다. 이런 시기의 외부충격은 한국경제에 치명상을 입힐 가능성이 크다.

8·2 부동산 대책으로 주춤하긴 했지만 부동산 시장은 2014~2017년 샴페인을 거침없이 터뜨렸다. 2017년 9월 서울 집값은 영국 런던이나 미국 로스앤젤레스(LA)보다 높다. 분양가는 하늘 높은 줄 모르고 치솟고, 청약시장은 북새통이다. 아파트와 수익형 부동산은 공급과잉을 넘어 포화 상태다. 그럼에도 건설사와 시행사, 분양대행사들은 과열을 부추기고 있다. 덩달아 땅값도 소리 소문 없이 상승세다. 가계부채는 내수경제를 위협하는 상황으로 치닫고 있다. '경제위기 10년설'의 해인 2018년이 대한민국 부동산 시장의 위기와 기회를 동시에 보여줄 가능성이 높다.

부동산 문제의 단초, 공급과잉

우리나라 경제의 내수 부문은 건설·부동산 치중 경제라 해도 과언이 아니다. 수출 부문은 완전히 다르지만 내수 부문은 건설·부동산 시장 침체와 활기에 따라 가계의 돈 씀씀이가 달라지기 때문이다.

1989년 노태우 정부는 집값 안정과 내수 활성화를 위해 1기 신도시 개발을 발표했다. 향후 3년 동안 주택을 200만 가구 공급하겠다는 파격적인 정책이었다. 다음해인 1990년, 정부는 사상 유례없는 75만 가구의 주택을 인허가했다. 이어 1991년 61만 3,083

가구, 1992년 57만 5,492가구를 인허가했다. 3년 동안 200만 가구에 달하는 주택을 쏟아낸 것이다.

당시 정부의 속전속결 주택공급 로드맵이 시작되면서 치솟기만 하던 전셋값과 집값은 급속히 안정을 찾았다. 정치적 해석을 떠나 대폭적인 공급 확대로 집값 안정을 꾀한 정부의 판단이 먹힌 것이다. 그 이후 1990~1992년 사이의 주택공급량을 초과한 적은 없다.

수도권 200만 가구 주택 공급 발표 후 25년이 흐른 2014년, 소리 소문 없이 주택 인허가 물량이 늘어났다. 아니, 급증했다는 말이 좀 더 정확하다.

국토교통부에 따르면 2015년 전국에 인허가된 주택은 76만 5,000가구였다. 이어 2016년에는 72만 6,000가구를 인허가했다.

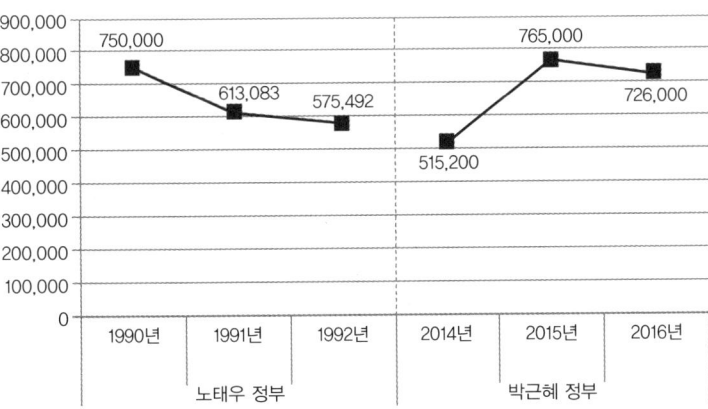

주택 대량 공급 시기 비교 (단위 : 가구)

인허가 기준. 자료 : 국토교통부 등

앞서 정부는 2014년 51만 5,200가구를 인허가했다. 순수 주택 인허가 물량만 따지면 3년 동안 200만 가구 넘게 인허가한 것이다. 여기에 오피스텔, 도시형생활주택, 펜션, 분양형 호텔, 리조트 등 주거용으로 쓸 수 있는 시설 인허가도 2014년~2016년 동안 전국적으로 100만 실에 육박했다. 사실상 노태우 정부 3년 200만 가구보다 훨씬 많은 주거시설이 공급된 것이다. 2017년에도 전국 310개 사업장에서 아파트만 29만 가구 이상이 분양된다. 지난 4년 동안 330만여 가구(실)에 이르는 엄청난 물량이 부동산 시장에 쏟아진 것이다.

이 같은 주거시설 폭풍 공급은 1차(IMF)와 2차 외부 충격(금융위기)에 의해 무너진 부동산 시장에서 교훈을 얻지 못했기 때문이다. 물론 한국 주택과 금융당국은 IMF사태의 교훈을 잊었듯이, 2008년 글로벌 금융위기도 이미 잊었다. 극히 짧은 시간에 과도한 주거시설 공급과 아파트 중도금 집단대출이 폭발적으로 늘어나면서 가계부채가 천문학적으로 늘어난 것이 이를 증명한다.

부동산 다크타임의 뇌관, 빚(가계부채)

지난 2016년 하반기 들어 국제통화기금(IMF)은 한국의 가계부채 급증을 경고했다. 총부채상환비율(DTI)을 완화해 가계들의 빚이 너무 늘어나고 있다는 것이었다. 정부는 당장 그해 11월부터 가계는 물론 신규아파트 집단대출 조이기에 나설 수밖에 없었다.

그것이 2016년 11월 3일 나온 '실수요자 중심 시장 형성을 통한 주택시장의 안정적 관리 방안', 즉 11·3 부동산 대책이었다.

가계부채의 급격한 증가는 정부의 건설부동산을 이용(?)한 경기 부양책이 직접적 원인이었다. 이명박 정부는 2008년 금융위기 이후 침체를 지속한 부동산 시장을 우리나라 내수 악화의 원인으로 보았다. 집값이 급락하면서 '하우스푸어'로 전락한 가계가 소비를 못하면서 내수가 침체되었다는 것이다.

이에 따라 부동산 경기 부양은 한국경제 위기를 극복할 '불씨'가 되었고, 이명박 정부는 규제완화를 통한 부동산 시장 활성화에 나섰다. 하지만 부동산 시장은 2012년 상반기까지도 살아나지 않았다. 이명박 대통령은 부동산 시장 활성화라는 소원(?)을 이루지 못한 채 퇴임했다.

박근혜 정부는 취임 첫해인 2013년부터 금융 규제를 풀기 시작, 주택담보대출의 경우 주택가격의 70%까지 대출을 허용했다. 대출을 받아 주택(내 집)을 마련하기 좋은 환경을 조성한 것이다. 주택 분양 계약금 10%만 내면 중도금 무이자 조건으로 주택을 분양했다. 당연히 아파트 분양 모델하우스는 수요자로 장사진을 이뤘고, 계약도 급증했다. 하지만 주택담보대출 조건 완화는 가계빚 급증의 시작이었다.

부동산 시장이 활황 국면으로 진입한 2014년부터 주택공급이 급증하면서 주택담보대출은 급격히 불어났다. 주택 등 부동산 상품 대량 공급은 4년여 동안 이어져 결국 가계부채는 2017

년 11월 말 기준 1,400조 원을 넘기면서 한국경제를 짓누르고 있다. 부동산 대출이 경제 위기를 몰고 오는 또 하나의 '뇌관(雷管)'이 된 것이다.

2016년 들어 민간과 국책연구기관, 언론 매체 모두 가계부채 위험성을 경고하기에 이르렀다. 결국 정부는 가계부채가 '경제를 살릴 불씨가 아닌 경제를 망칠 뇌관'으로 등장하자 2016년 하반기 들어 손을 쓰기 시작했다. 예고된 위기를 막기 위해 대출 고삐를 바짝 죄기 시작한 것이다. 그해 11월 3일 부동산 관련 대출 규제 강화가 구체적으로 나타났다. 당장 가계부채 단속에 나서 대출 축소에 총력전을 펴는 한편 그해 말부터 금융조이기(대출규제)를 가속화했다.

2017년 들어 정부 규제는 대출 조이기가 가장 쉬운 중도금 규제부터 시작됐고, 아파트 청약의 기본조건이랄 수 있는 중도금 집단대출 금리가 오르기 시작했다. 정부는 금융권에 직접 대출 축소를 요구했다. 실제 정부의 금융권 대출 '창구 지도(guidance at the window : 구두 혹은 정책적으로 하는 금융규제)'는 구체적이었다. 소득심사를 강화한 여신심사 가이드라인 아파트 잔금대출 적용, 총부채원리금상환비율(DSR) 적용, 생애 첫 주택구매자를 위한 디딤돌 대출, 총부채상환비율(DTI) 축소 적용 등이 그것이다. 앞서 금융권은 2017년 초부터 아파트 대출금리도 슬그머니 인상해 적용했다.

금융권 아파트 중도금 집단대출 금리 실태

구분	2016년 5월	2017년 2월
5개 시중은행	3.2~3.7%	3.46~4.13%
지방은행,기업은행	3.5~3.8%	4.2~4.3%
제2금융권	3.5~4.2%	3.88~4.5%

제2금융권은 제1금융권 및 지방은행 등을 제외한 기타은행. 자료 : 한국주택협회

도표에서 본 것처럼 2016년 5월만 해도 신규아파트 중도금 대출 관련 일반 시중은행의 금리는 3.8%를 넘지 않았다. 하지만 2017년 2월부터는 4%를 훌쩍 넘은 곳이 대부분인 상황이 됐다. 정부가 기준금리를 올리지 않았는데도 주택담보대출이 4%를 넘은 것이다. 하지만 이는 시작에 불과했다. 2월 4%를 넘은 주택담보대출은 꾸준히 오르더니 10월 들어 5%를 초과한 시중은행도 등장했다. 저금리 시대가 사실상 종말을 고한 것이다.

2017년 5월 정치권력의 교체로 부동산 시장은 한파가 불가피해 보였지만 오히려 강남권을 중심으로 집값이 오르기 시작했다. 새로 출범한 문재인 정부는 대출 조이기 등이 담긴 6·19 부동산 대책을 내놓았지만 별다른 효과가 없었다.

정부가 규제 본색을 드러낸 것은 8·2 부동산 대책이었다. 서울 전역을 투기과열지구로, 강남권 등은 투기지역으로 지정했다. DTI를 40%로 축소해 집값의 60%가 있어야 집을 살 수 있도록 구체화했다. 이어 10월 들어 금융권 가계부채 대책도 내놓고 대출을 더 조이기 시작했다. 하지만 2016년을 기준으로 해도 자가주

택 보유 가구의 43.0%가 주택을 담보로 대출을 받고 있는 상황이다. 문제는 자가주택 보유자의 주택담보대출이 빠르게 급증한다는 점이다.

전문가들은 2017년 말 45.0% 이상의 가계가 1억 원 이상의 주택담보대출을 받고 있을 것으로 추정하고 있다. 참고로 이들 가구는 주택을 담보로 평균 8,788만 원(2016년 기준)의 대출을 받고 있다.

정부와 금융감독기관의 대처가 호들갑스럽긴 하지만 그만큼 '가계부채 뇌관의 폭발성'이 심각한 수준이라는 데에는 전문가들 대부분이 동의하고 있다. 한편 은행권 부동산 프로젝트 파이낸싱(PF) 대출 잔액도 2017년 상반기 기준 20조 원에 이르고 있어 잠재적 악재로 작용하고 있다.

자가주택 보유자 중 주택담보대출가구 증가 추이

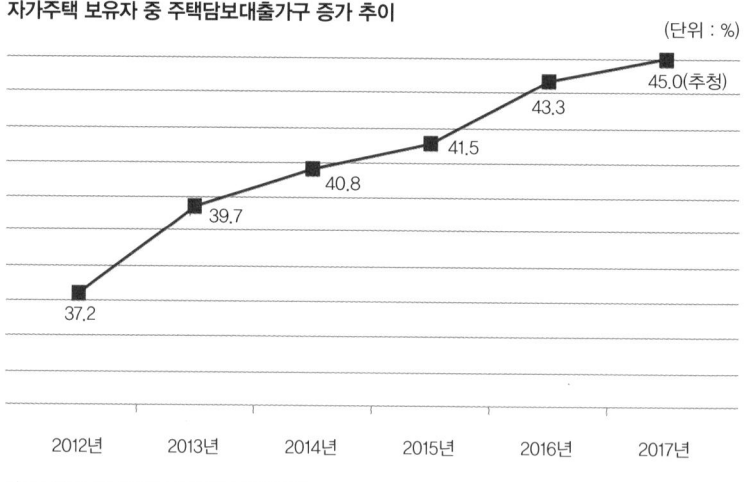

자료 : 한국금융연구원 금융포커스(2017.8.5)

2015~2017년 부동산 청약 광풍

비공식 통계이지만 2017년 말 우리나라 재고주택(입주해 살고 있는 주택)은 1,700만 가구를 넘어섰다. 물론 인구 주택총조사(2015년)에 따른 공식통계는 1,637만 가구다.

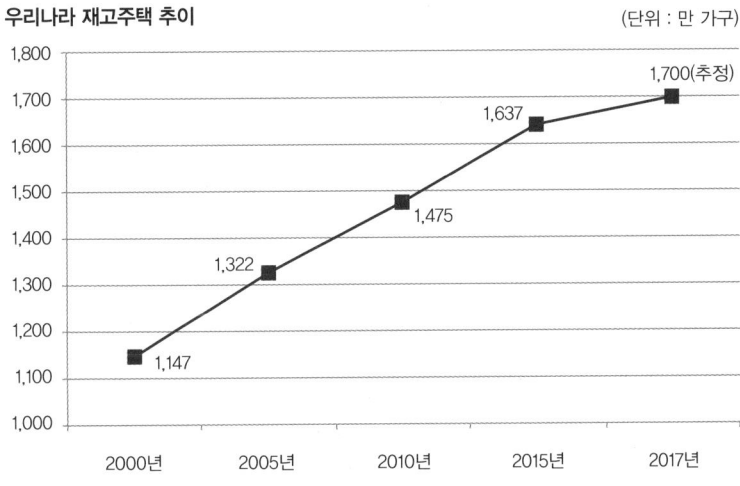

2017년은 대한건설협회 등 잠정. 자료 : 통계청

재고주택이 이처럼 많음에도 2014년부터 지난 4년 동안 신규 아파트는 쏟아졌다. 4년 동안 1,500만 명이 넘는 수요자가 주택청약시장의 문을 두드렸다. 특히 2016년에는 내 집 마련에 심혈을 쏟은 이들이 400만 명을 넘었다. 그것도 아파트 1순위에 청약한 이들만 410만 명에 이르렀다. 역대 최고치를 경신한 것이다. 전해인 2015년에도 395만 2,793명을 넘어선 수요자가 주택을 공급받기 위해 줄을 섰다. 문자 그대로 '청약 광풍'이 분 것이다. 이는 아파트 청약경쟁률에도 고스란히 반영됐다. 2016년 부산은 2015년 평균인 75.65 대 1보다 높은 98.67 대 1을 기록해 역대 전국 최고의 청약경쟁률을 기록했다. 부산 동래구에서 분양한 '명륜자이'는 평균 523.56 대 1을 기록, 사실상 역대 최고 청약경쟁률을 보였다.

2017년 상반기 청약경쟁률도 예상보다 치열했고, 하반기 서울 첫 분양지라고 할 수 있는 영등포구 신길 지구에서 분양한 '신길메트로자이'도 청약 경쟁률 '대박'이 나왔다. 이 단지는 무려 평균 56.9 대 1의 청약경쟁률을 기록했다.

세종시 청약시장도 북새통을 이뤘다. 1~5월 세종시의 평균청약경쟁률은 104 대 1을 넘었다. 영등포구 신길동에 1,546가구 규모로 지어지는 신길뉴타운 '보라매SK뷰'는 527가구 모집에 1만 4,589명이 몰려 27.68 대 1의 경쟁률을 기록했다. 인천 송도국제도시 G3-2블록에 들어서는 '송도아트포레푸르지오시티'의 경우 6월 16일부터 18일까지 3일간 진행한 청약에서 평균 8 대 1, 최고 60 대 1의 청약 경쟁률을 기록했다. 분양 초기 우려와는 달리 경쟁률이 높게 나타난 것이다.

하지만 신규아파트의 이처럼 높은 청약경쟁률은 다크타임 전야의 '헛배가 부른 경우'일 가능성이 크다. 무자격자가 포함된 경우가 많고, 청약한 후 계약을 안 하거나 계약을 했더라도 계약금 이상을 내지 않고 유지하는 이들이 많기 때문이다. 이른바 차익을 남기고 분양을 파는 '메뚜기 프리미엄족'이 많다는 것이다. 이들은 가족이나 친지, 지인 등과 거래된 여러 개의 청약통장을 활용, 분양 현장마다 메뚜기처럼 찾아다니며 분양권 시세차익을 노린다. 주택분양업계에서는 이들 프리미엄족이 수도권에서 지역마다 차이는 있겠지만 30~70%에 이르는 것으로 추산하고 있다.

부풀린 경쟁률이 계약 헛배로

부동산 시장은 바닥으로 추락하기 전까지도 본보기집(모델하우스)에 수요자들이 북새통을 이루고 청약경쟁률이 치열하다는 게 특징이다. 특히 규제 지역에 수요자가 한산하면 비규제 지역으로 몰리는 경향을 보인다. 이런 현상을 전문가들은 규제를 비껴가는 풍선효과라고 하지만 분명한 버블(거품) 조짐이다. 이런 시기의 경우 선견지명이 있는 투자자는 관망한다. 부동산 시장은 이런 풍선효과 과정을 거쳐 수요가 해소되고, 침체의 시간을 맞는다.

주택이든 수익형 부동산이든 2 대 1 전후의 청약경쟁률을 보이는 경우 이미 바닥이다. 낮은 청약경쟁률을 본 청약자들이 계약에 나서지 않기 때문이다. 이런 경우 실제 계약률은 문자 그대로 0점대로 떨어진다.

건설 시행사들은 호황일 때는 '물 들어올 때 배 띄우자'는 의지를 갖고 융단포격 하듯이 집중 분양하고, 불황일 때는 '될 곳은 된다'는 논리로 분양에 들어간다. 미분양이 예견되는데도 빚을 내서라도 사업을 추진하는 것은 지속가능한 회사와 사업팀을 유지하기 위해서다. 이 때문에 상당한 리스크가 있는 사업장도 '울며 겨자 먹기'로 분양하는 경우가 많다. 상당한 리스크가 있음에도 분양 후 사태(미분양) 진압에 나서는 '선분양 후조치'를 취하는 것이다. 최근 글로벌 투자사들의 부동산 시장 냉각 예상과 달리 한국 부동산 시장은 호황이 지속되고 있다. 여러 가지 이유로 가수요가 붙고, 건설 시행사의 다양한 홍보 전략이 맞아떨어지면서 전문가들의 우려를 비웃을 정도로 청약경쟁률이 높게 나오는 곳이 많다. 물론 불안한 호황이다.

건설 시행사들은 청약경쟁률에 민감하다. 청약경쟁률이 낮으면 당장 수요자들의 관심이 떨어지고 '하자 있는 상품'처럼 보여 계약률도 크게 떨어진다. 그래서 건설 시행사들은 모든 수단을 동원해 청약경쟁률을 높이고 있다. 입지 등 여러 가지 조건이 비슷한 아파트라도 마케팅비를 어떻게 쓰느냐에 따라 청약경쟁률의 높고 낮음이 결정된다. 일부 분양대행사들은 경쟁률을 올리기 위해 '청약 알바'를 동원하기도 한다. 또 건설사나 분양 및 홍보 대행사의 직원들이 청약하도록 해 경쟁률을 높이기도 한다. 무자격자 처리는 청약경쟁률 공표 이후 나중에 하면 된다. 최종 계약률 역시 나중 이야기다. 일단 청약경쟁률이 높아야 분양 홍보를 대대적으로 하면서 잔여물량을 팔 수 있기 때문이다. 프로젝트를 예상사업기간 내에 끝낼 수 있는 방법은 경쟁률 부풀리기가 최선이기도 하다. 이처럼 청약경쟁률에도 허수가 많으므로 단순히 청약경쟁률이 높다고 좋은 상품은 결코 아니라는 점을 알아야 한다.

이렇게 부풀려진 청약경쟁률은 결국 '계약 헛배'의 단초가 된다. 높은 청약경쟁률을 본 실수요자는 물론 가수요자들이 경쟁적으로 계약에 나서기 때문이다. 부동산 재테크를 염두에 둔 이들이라면 '덩달아 청약', '묻지마 계약'에 나서기 전에 매년 인허가 물량과 미분양 상황, 주변 지역(단지)의 면적별 계약률 등을 면밀히 살펴보아야 흐름에 편승하는 오류를 줄일 수 있을 것이다.

부동산 시장에서 주택 과잉 인허가와 높은 청약경쟁률의 폐해는 3년이 지나면 드러난다. 토지 확보와 분양, 청약을 거쳐 시공 입주하기까지 3년가량 걸리기 때문이다. 청약과잉에 이은 무분별한 계약은 결국 입주하는 때에 드러난다. 당장은 2018~2020년이 그 폐해가 드러나는 시기이다.

덩달아 쏟아진 수익형 부동산 상품

2014~2016년 상가와 분양형 호텔, 펜션, 점포겸용주택 등 수익형 부동산 공급도 크게 늘었다. 이 기간 동안 100만 개(실)가 넘는 수익형 부동산이 분양됐다.

수익형 부동산 과잉 공급은 2017년에도 계속됐다. 1분기의 경우 LH는 전국에 총 59개의 상가를 공급했다. 이는 전년동기(41개 상가)보다 약 44% 증가한 것이다. 아파트 단지 내 상가 및 복합형 상가(상층부는 오피스텔, 도시형생활주택 등이 있고 하층부에 조성되는 상

가) 등의 분양도 활발했다. 공급과잉이 이어진 것이다.

수익형 부동산은 실제 분양받아 위탁운영에 맡길 경우 예상보다 수익이 나지 않는다. 분양 시 약속했던 수년간 '수익률 ○○% 보장'도 자칫 사기에 휘말릴 수 있는 요소가 있다. 시행사가 폐업 후 법인 설립을 전혀 다른 이름으로 하는 경우도 있다. 입지와 배후인구 등 여러 가지를 감안해도 예상외의 변수가 도사리고 있는 것이다. 대표적인 예가 중국의 고고도미사일(사드) 배치 보복사태로 유커(중국인 관광객)가 급감해 미분양이 속출하고 있는 제주도 일대 상가이다. 현재 제주도의 분양 회사 상당수는 부도위기에 처한 상태다. 서울 주요 면세점 등의 매출 폭락으로 입주면세점과 주변 부동산이 하락한 경우에서도 반면교사를 삼을 필요가 있다.

상가시장은 금리 및 소비경제와 밀접해 공실 증가, 자금 부족으로 인한 폐업 등 위험 부담이 적지 않다. 특히 최근 3~4년간 상가 등 수익형 부동산은 공급과잉이다. 수익률이 예상보다 더 떨어질 수 있다. 해외 직접구매(직구) 확산과 방송, 모바일, 인터넷 쇼핑의 급속한 확산도 기존 상가 위축을 부를 큰 요소다.

아파트와 달리 수익형 부동산은 부도가 날 경우 원금 회수가 쉽지 않다. 원금을 못 받아 울며 겨자 먹기로 건축물 준공을 기다린다고 해도 시간이 너무 많이 걸린다. 시행회사가 부도나면 보장한 고수익도 받을 보장이 없다. 고수익을 보장한다는 수익형 부동산의 투자에 신중해야 할 이유다.

2014~2017년 최근 4년간은 도시형생활주택, 오피스텔 등

주거용, 수익형 부동산 상품도 쏟아졌다. 2016년까지 서울시에서 인허가를 받은 도시형생활주택은 10만 실에 이르렀다. 2009~2016년은 총 9,170건, 15만 8,593실이나 됐다.

오피스텔도 사실상 무한 공급됐다. 2006년 이후 지난 10년 동안 100만 실이 넘는 오피스텔이 공급됐다. 2016년 한 해에 전국에서 인허가를 받은 오피스텔만 12만 8,450실에 이른다. 여기에 분양형 호텔, 수익형 전원주택 등도 대거 인허가됐다.

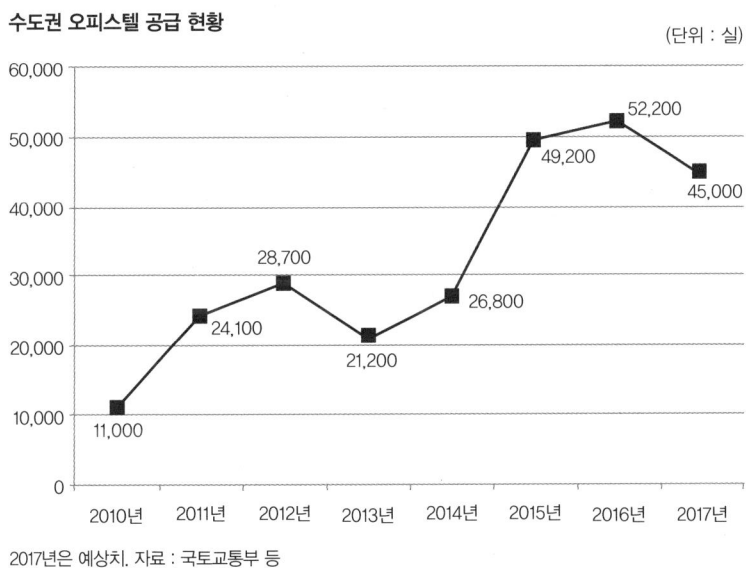

수도권 오피스텔 공급 현황 (단위 : 실)

2017년은 예상치. 자료 : 국토교통부 등

오피스텔 공급이 집중된 경기 화성 동탄2, 평택, 김포한강신도시 등 서울을 벗어난 수도권 외곽의 택지지구 오피스텔 거래시장은 2017년 들어 예상보다 심각한 상황으로 흐르고 있다. 또

2014~2016년 사이 과잉 공급된 오피스텔이 2017년 하반기부터 본격 입주하면서 임대수익률 하락, 공실률 증가 현상도 뚜렷해지고 있다. 이 같은 오피스텔 공급 과잉은 2018년 이후 주택시장에도 직접 영향을 미칠 가능성이 크다.

상가 등 상업용 부동산 인허가 물량도 급증했다. 상가 인허가는 2010~2014년까지 연 평균 3,282만m^2이었으나 2015년 5,245만m^2, 2016년 4,814만m^2로 증가했다. 2017년에도 4,000만m^2 이상 인허가될 예정이다. 이들 상가 인허가 물량은 2018년부터 속속 준공되면서 공급과잉에 따른 하락이 현실화될 가능성이 크다. 특히 상가는 공급 가격이 일반 아파트 가격의 3배가 넘는 경우가 많아 시중 유동자금을 빨아들이는 역할을 할 수도 있다는 분석이다.

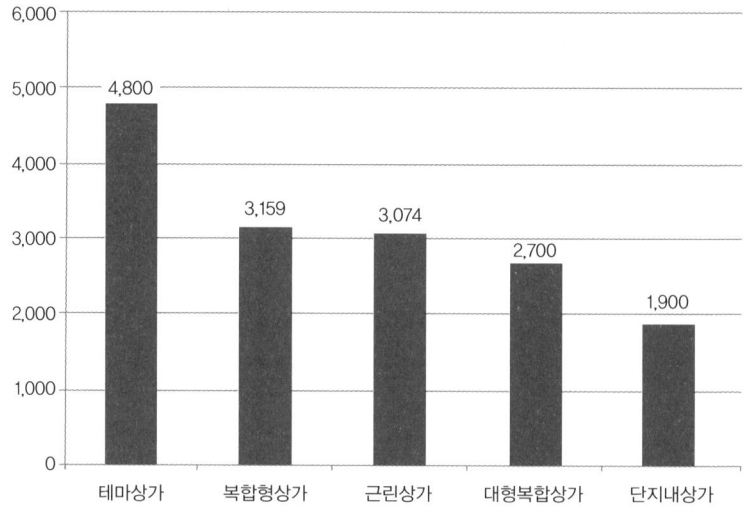

2017년 1분기 기준 상가별 평균 분양가 (단위 : 3.3㎡당, 만 원)

자료 : LH, 부동산114 등

2017년 1분기 상가 평균 분양가는 2016년 1분기(평균 2,337만 원/3.3㎡)보다 16%가량 오른 2,706만 원(1층 기준)이었다. 급등한 상가 분양가는 잔금 납부가 몰려 있는 2018년 이후 주택 시장에도 악재로 작용할 가능성이 크다.

급등한 재건축단지와 고분양가 탐욕

우리 사회의 극심한 부의 불평등 논란의 한가운데는 '주거 문제'가 있다. 특히 서울 강남권 고가 아파트가 그 중심에 있다. 강남권 고가 아파트는 새 아파트와 헌 아파트 안 가리고 2014~2017년 사이에 가격이 급등했다. 3.3㎡당 5,000만 원이 넘는 고가 아파트는 계층갈등과 부동산 거품 논란을 낳았다. 결국 치솟은 강남권의 재건축단지 매매가는 문재인 정부의 강도 높은 '8·2 부동산 대책'을 불러들인 꼴이 됐다.

부동산 시장에서 아파트 분양가는 고가 아파트만큼 '뜨거운 감자'다. 분양 가격이 예상보다 저렴할 경우 시장 왜곡과 시행사(조합) 손실로 이어지고, 그렇다고 고분양가로 갈 경우 미분양이 속출하기 때문이다. 그래서 분양가는 언제나 논란이 된다.

2014년 부동산 시장이 활기를 찾자 고분양가 '탐욕'이 다시 똬리를 틀기 시작했다. 땅값과 물가상승률 등을 감안하지 않은 재건축조합의 욕심이 다시 드러난 것이다. 이후 강남권 재건축사업지구를 중심으로 분양가는 천정부지로 치솟으면서 2016년 들어 '고분양가 탐욕' 비판이 나오기 시작했다. 실제 고분양가 비판 여론에도 2017년 8월 청약에 들어간 서울 성동구 성수동 아크로 서울 포레스트는 3.3m^2당 평균가가 4,750만 원에 이르렀다. 주상복합 단지이긴 하지만 과도한 분양가라는 게 일부의 평가다. 강남권 아파트 분양가는 2016년 초 3.3m^2당 최고가격이 4,500만 원에 육박했다. 2016년 1월 청약한 서초구 잠원동 신반포 6차를 재건축한 '신반포자이' 아파트는 3.3m^2당 평균가가 4,290만 원대였고, 3월 선보인 강남구 개포주공 2단지를 재건축한 '래미안 블레스티지'는 3.3m^2당 최고 분양가격(전용면적 49m^2)이 4,495만 원으로 역대(주상복합 제외) 최고가를 기록했다.

당연히 전국 민간아파트 평균 분양가격도 949만 원을 기록, 역대 최고를 나타냈다. 한국경제가 그다지 좋지 않은 상황에서 부동산 시장만 활기를 띤 것이다. 고분양가 탐욕은 주변 아파트 호가를 올리고 있다. 재건축에 나선 서초구 반포주공아파트는 3.3m^2당 평균 분양가 6,000만 원대까지 얘기가 나오고 있다. 2018년 중에 3.3m^2당 평균 분양가 5,000만 원 시대가 열릴 수도 있다.

개발이익을 최대화하려는 재건축조합과 최고급 상표 인지도를 앞세우는 시공사들의 '최고가·최고급' 아파트 집착이 부른 고분양가 탐욕은 부동산 시장을 크게 왜곡시키는 일이다. 또 고분양가는 반드시 '미분양 증가와 시장 냉각'이라는 후폭풍을 동반할 가능성이 크다. 고분양가에 따른 주택 가격 거품 형성은 전체 부동산 시장은 물론 국내 경제에 적지 않은 충격을 줄 수밖에 없다. 고

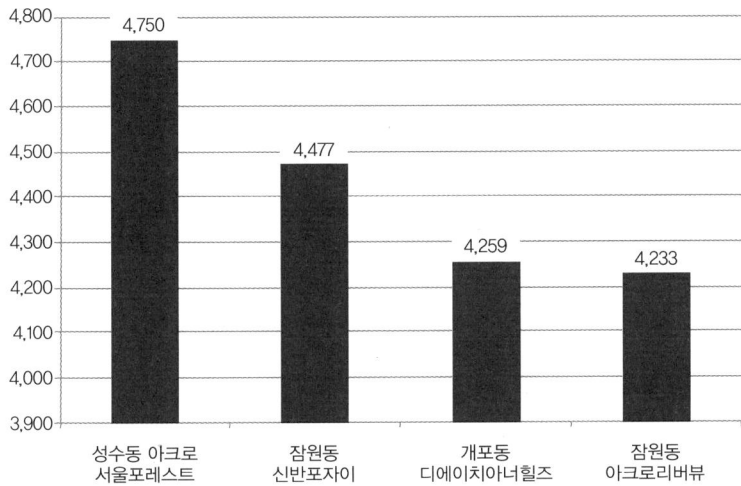

2017년 전후 서울 주요 지역 아파트 분양가 현황 (단위 : 3.3㎡당, 만 원)

- 성수동 아크로 서울포레스트: 4,750
- 잠원동 신반포자이: 4,477
- 개포동 디에이치아너힐즈: 4,259
- 잠원동 아크로리버뷰: 4,233

자료 : 각 분양사

 분양가는 주변 시장 분양가에 광범위하게 악영향을 미쳐 부동산 시장 규제를 부르고, 계층 간 위화감을 조성해 사회 갈등의 원인으로도 작용한다.

 다음 도표에서 보이듯이 전국 민간아파트 3.3m^2당 평균 분양가격은 1,200만 원이 채 되지 않는다. 그런데 서울 강남 재건축아파트 3.3m^2당 평균 분양가격이 5,000만 원에 육박하다는 것은 큰 문제가 아닐 수 없다. 고분양가는 재건축단지 아파트의 가격 급등을 선행시킨다. 재건축사업 착공 전에 이미 가격이 올라 있는 것이다. 문제는 이런 사이에 재건축단지 아파트가 실수요자들의 실거래가 아닌 투자와 투기의 대상이 된다는 점이다.

 2016년 8월 경향신문 등의 조사에 따르면 강남구 개포주공3단

전국 규모별 민간아파트 ㎡당 평균 분양가격

(단위 : 천 원)

규모 구분	2017년 3월 말 기준	2017년 2월 말 기준	2016년 3월 말 기준	변동률	
				전월대비	전년동월대비
전체	2,903	2,906	2,747	−0.10%	5.70%
60㎡ 이하	3,023	2,996	2,794	0.90%	8.22%
60㎡ 초과 85㎡ 이하	2,898	2,900	2,745	−0.08%	5.56%
85㎡ 초과 102㎡ 이하	3,086	3,088	3,032	−0.05%	1.78%
102㎡ 초과	3,405	3,430	3,016	−0.74%	12.89%

월별 평균 분양가격은 공표직전 12개월간(작성기준 월 포함)의 자료를 평균한 최근 1년간의 평균가격, 규모별 평균 분양가격은 전용면적 기준, 전용면적 182㎡를 초과한 자료는 데이터 왜곡 가능성이 있어 분양가격 산정 시 제외. 자료 : 주택도시보증공사

지 전수조사 결과, 빚을 안고 산 사람 비율이 74%(서울 평균 48%), 소유자가 살지 않은 비율이 92.8%였다. 이는 강남권 재건축아파트가 시세차익을 위한 투자와 투기의 대상으로 변질됐다는 것을 의미한다.

런던, LA보다 높은 서울 집값

2017년 들어 서울 집값은 거품 조짐이 확실하게 나타나고 있다. 서울 강남과 양천구 목동아파트 대부분이 2007년 버블시기의 집값(전고점)을 넘어섰다. 2017년 8월 말 목동아파트 3단지 89㎡(27평)은 8억 4,800만 원에 팔렸다. 집값이 고공행진하고 있는 것이다. 이런 서울 집값은 이제 미국 로스앤젤레스(LA)와 영국

런던보다 높은 수준에 이르렀다. 소득대비 주택가격 비율 기준으로 서울 집값이 이들 두 대도시보다 높은 것이다.

한국은행이 2017년 9월 3일 발간한 〈해외경제포커스〉 보고서에 따르면 2016년 3분기 서울의 가처분소득 대비 주택가격 배율(PIR)은 10.3배였다. 이는 10년 3개월간 소득을 한 푼도 쓰지 않고 모아야 서울에서 주택을 구입할 수 있다는 뜻이다.

PIR은 LA가 9.3배, 런던이 8.5배에 그쳤다. 도쿄는 4.7배에 불과했다. 이런 결과는 KB국민은행의 주택가격동향조사와 미국 컨설팅업체인 '데모그라피아 인터내셔널'의 주택구매력 조사 자료를 종합, 분석한 것이다.

중국 주요 대도시의 경우 서울보다 이 비율이 높았다. 베이징은 가처분소득 대비 주택가격 배율이 14.5배를 기록했고 상하이는 14배였다. 한편 2017년 6월 경제정의실천시민연합 자료에 따르면 1인당 국내총생산(GDP)을 감안한 한국의 집값은 1인당 GDP의 8.8배로 주요국 중 2위였다. 서울의 아파트값은 17.3배로 세계 주요 도시 중 1위를 기록했다. 서울 전체 주택 가격으로 따져도 14.6배로 밴쿠버(16.1)와 도쿄(15.1)에 이어 세 번째로 높았다.

부동산 거품 신호, 땅값 상승

2017년 하반기 부동산 시장을 둘러싼 환경은 혼돈스럽다. 정부가 8·2 부동산 대책으로 주택시장의 급등을 더 이상 방치하지 않겠다는 메시지를 보냈기 때문이다. 투기과열지구와 투기지역 지정 등은 상당히 강한 고강도 규제다. 하지만 정부의 부동산 대책에는 토지 규제책이 빠져 있다. 물론 토지는 기존의 규제책만으로도 상승 압력을 충분히 억누를 수 있겠지만 재점검할 필요가 있는데 간과한 측면도 있다. 투자가 가로막힌 주택시장의 뭉칫돈이 토지시장으로 들어갈 경우 전국 땅값이 다시 요동칠 가능성도 있기 때문이다.

문재인 정부 들어 토지시장은 언제든지 개발 호재 등을 업고 상승할 가능성이 있다. 지난 대통령 선거 과정에서 공약한 개발 호재가 지역마다 많기 때문이다. 이런 가운데 2017년 1분기 땅값 오름폭도 심상치 않은 상황으로 나타났다. 전국 지가가 최근 9년 내

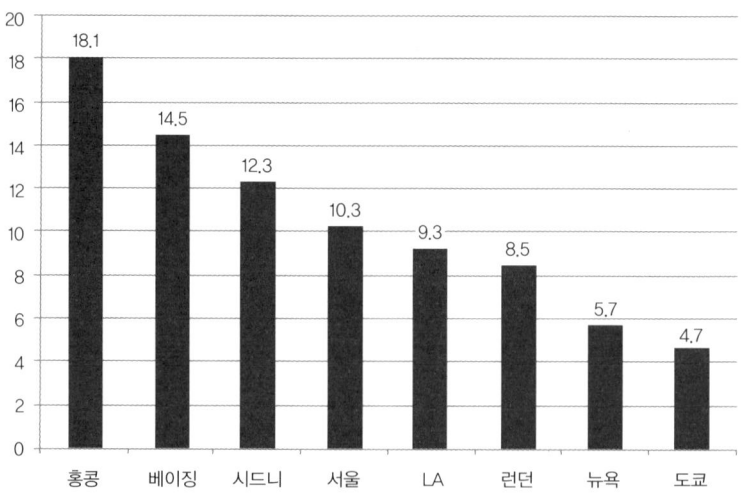

세계 주요 도시 주택가격 수준(가처분소득 대비 주택가격 배율) (단위 : %)

자료 : 한국은행 해외경제포커스(2017.9.3.)

가장 높은 상승률을 기록했기 때문이다.

국토교통부가 발표한 2017년 1분기 지가변동률 자료를 보면 올해 들어 전국 땅값은 0.74% 올랐다. 글로벌 금융위기로 2009년 1분기 1.20% 떨어지면서 하락세로 돌아선 이후 매해 1분기 기준 상승폭으로는 가장 높은 수준이다. 토지도 예상보다 많이 거래됐다. 이 기간 전체 토지 거래량은 총 71만 5,000필지, 면적으로는 532.7km^2에 달했다. 2016년 같은 기간보다 10.6% 늘어난 수치다. 이는 2006년 이후 거래량이 가장 많은 것이다. 부동산 업계에서는 토지 거래가 늘고 땅값이 오른 것은 경기 평택 고덕신도시 개발, 미군기지 이전에 따른 개발호재, 경북 영덕 고속도로 개통, 동해안 토지 투자수요가 몰린 것으로 보고 있다. 하지만 신도시나 강남권 재건축 사업지의 지가 상승도 큰 영향을 미친 것으로 보인다.

땅값 상승은 전체 부동산 시장에서 호재로 보이지만 '악재'가 될 수밖에 없다. 부동산 시장 침체기 개발에 의한 땅값 상승은 적당한 호재로 작용하지만 주택시장 포화상태의 땅값 상승은 결코 호재로 작용할 수 없기 때문이다. 이에 따라 전문가들은 주택 등 부동산 상품 과잉 공급과 가계부채 증가에 이어 전국 땅값 상승도 부동산 다크타임으로 가는 악재가 쌓이는 것이라고 우려하는 상황이다. 부동산 투자자 입장에서는 지가 상승 등 전조 증상을 잘 파악해야 한다.

2014~2017년 부동산 호황의 진짜 이유, 임금피크제와 에코부머

 2014~2017년 부동산 시장 호황은 저금리에 따른 시중의 풍부한 자금 유동성과 오랜 침체 끝의 수요 증가에 따른 활황일까? 아니면 인위적인 부양책에 따른 일시적인 상승일까? 단지 저금리와 장기침체의 후의 기저효과로는 설명되지 않는다. 무엇인가 부동산 상승을 부추기는 플러스알파가 있는 것이다. 가속페달을 돌리는 동력은 무엇일까? 정답은 일자리 연장 수혜 세대인 1960~1965년 사이 출생한 이들이다.

 지난 3년간의 부동산 시장 호황은 저금리에 임금피크제가 맞물린 결과다. 여기에 에코부머 세대에 대한 증여 수요가 겹친 것이다. 박근혜 정부의 임금피크제 시행은 고용 연장과 부동산 시장 호황 등에 필요한 '신의 한 수'였다. 전체 인구의 15%가량인 베이비붐 세대(1955~1963년 출생)는 임금피크제가 없었으면 무조건 만 55세로 정년퇴직해야 할 상황이었지만 은퇴 대신 직장을 다닐 수 있게 되었다.

 임금피크제가 한국 부동산 시장에서 중요한 이유는 자산의 대부분을 부동산으로 갖고 있는 베이비부머들이 당장 자산을 처분하지 않아도 되기 때문이다. 더구나 월급은 깎이지만 정년까지 고용을 보장받으며 최소 60세까지 일을 할 수 있게 된 것은 가계 자금 유동성 유지에 큰 역할을 했다. 2015년부터 5년 동안 최소 250만~300만여 명이 퇴직 아닌 일자리를 지킨 것은 부동산 시장 안정과 상승에 엄청난 효과를 가져올 수밖에 없었다.

이 같은 사실은 수도권 청약시장에 한 번만이라도 가서 들여다보면 쉽게 알 수 있다. 모델하우스를 방문한 일반 수요자는 물론 실제 청약자의 30~40%가량만 완공 후 입주를 선택하는 실수요자이기 때문이다. 사실상 70%가 시세차익을 노리거나 에코부머 세대가 자녀 등에 대한 증여를 염두에 둔 수요자들인 것이다.

시세차익을 노린 수요자가 부동산 시장으로 몰리는 이유는 무엇일까. 한마디로 당장 쓰지 않아도 되는 돈이 있기 때문이다. 풍부한 자금 유동성을 확보하고 있는 것이다. 이들 중 상당수가 임금피크제로 퇴직이 5년간 연장된 베이비부머들이라고 해도 과언

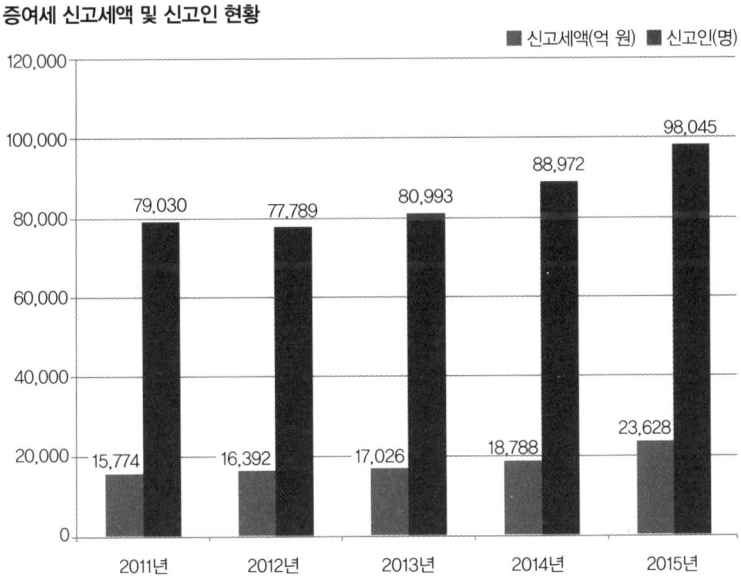

증여세 신고세액 및 신고인 현황

자료 : 국세청

이 아니다. 특히 여유자금을 가진 베이비부머들의 부동산 구입은 적극적이었다. 자신의 은퇴 후 월세 받는 노후를 위해, 혹은 자녀들인 에코부머를 위해 부동산 시장에 적극 진입했다. 이른바 증여를 위한 부동산(아파트) 구입에 나선 경우도 많았다. 실제 베이비부머의 에코부머 증여도 크게 늘어났다.

국세청이 2016년 7월 발간한 〈2016년 1차 국세통계〉에 따르면 2015년 증여세 신고세액도 2조 3,628억 원(신고인원 9만 8,045명)이나 됐다. 이는 2014년 대비 증여신고자가 1만여 명이나 더 늘어난 것이다. 세무업계에서는 이들 중 대부분이 베이비부머와 그 윗세대로 추정하고 있다. 증여가 늘어난 것은 상속에 비해 세금을 40%가량 절감할 수 있는데다 부동산 권력을 자녀에게 안전하게 대물림할 수 있기 때문이다.

03
2020년, 부동산 골든타임과 투자의 미래

자본주의에서 모든 시장은 오르고 떨어지는 것을 반복한다. 정부가 강력한 통제정책을 펴지 않는 한 시장 원리에 따라 등락(騰落)을 하는 것이다. 수요가 많으면 오르고, 공급이 많으면 내리는 것이 시장 이치이다. 부동산 시장 역시 마찬가지다. 다만 우리나라 부동산 시장은 등락이 심한 것이 문제다. 정부의 정책과 경기변동에 따라 오르고 내리는 경우가 많은데, 앞서 설명했듯 고질적인 수급 불일치로 인해 부동산 시장의 불확실성이 심한 까닭이다. 그래서 누구도 부동산 재테크의 왕도(王道)를 쉽게 찾지 못한다.

부동산 시장은 언제나 그렇듯이 호황의 절정에서 '우려의 싹'이 트곤 한다. 정부와 미디어, 전문가의 우려 속에서 부동산 시장 안정 정책과 활성화 대책이 나오기 때문에 '부동산 시장은 우려를 먹고 자란다'는 우스갯소리마저 있다.

부동산 시장의 등락 반복은 누구에게나 돈을 벌거나 잃을 기회를 선사한다. 오를 때 팔고 내릴 때 사는 시장 원리가 철저하게 적용되기 때문이다. 당연히 모든 부동산 수요자나 투자자는 이 등락의 시기를 주시해야 한다. 부동산 시장이 침체하면서 낙폭이 과대하다고 판단되는 시기가 부동산 다크타임의 시작일 수 있기 때문이다. 현명한 투자자라면 이런 시기에 '부동산 골든타임'을 읽어내야 한다. 골든타임으로 가는 길목, 즉 다크타임을 눈여겨보아야 한다. 부동산 시장 침체 초기, 다크타임이 시작될 때 순간의 낙폭이 크다고 섣불리 투자의 칼을 빼 들어서는 안 된다. 부동산 투자의 가장 어두운 시간, 다크타임의 끝물에서 투자의 결단을 내려야 한다.

문재인 정부가 불과 몇 달 사이에 서너 차례의 부동산 규제(금융 대책 포함) 정책을 내놓으면서 주택시장은 꺾일 수밖에 없는 상황이다. 하지만 여전히 특정지역 공급 부족(희소 가치)이라는 호재와 정부 규제라는 악재가 혼돈스럽게 굴러가고 있다. 이런 혼돈의 시기가 지나면 냉각과 침체, 즉 부동산 다크타임이 올 것이다. 그리고 온열과 상승기가 도래할 것이다.

'우려'에서 시작되는 부동산 골든타임

한국경제는 늘 부동산 리스크를 안고 있다. 건설·부동산이 우리나라 내수경제를 떠받치고 있는 상황에서 부동산 시장마저 급속도로 침체할 경우 곧바로 가계와 금융권 부실로 이어지고, 이후 전체적인 경제 시스템에 큰 압박을 가하기 때문이다. 그래서 자칫 부동산 시장이 외부충격 등에 의해 경착륙할 경우 한국경제에 큰 부담으로 작용할 뿐만 아니라 머지않아 다가올 재앙의 단초가 될 가능성이 크다.

부동산 시장 냉각은 소비 감소 등에 따른 경기 침체는 물론 일자리 상실, 하우스푸어의 양산, 뒤이을 사회적 갈등 등 더 큰 문제를 일으킨다. 이런 이유 때문에 정부는 지속적인 부동산 시장 상황 점검에 나서고, 부동산 전문가들도 시장을 향해 우려의 메시지를 보내고 있다.

2016년 말 들어 부동산 전문가들과 미디어들은 일제히 부동산(주택과 수익형 부동산) 과잉공급 우려를 지적하기 시작했다. 인허가 부동산과 분양(공급) 부동산 상품이 3년 사이에 급증했기 때문이다. 실제로 2014년~2016년 3년 동안 전국에 공급된 주거상품(주택과 오피스텔 등 거주형 수익형 부동산 포함)은 300만 가구(실)가 넘을 정도다. 이 같은 부동산 시장을 두고 전문가들은 한결같이 공급과잉을 지적했다. 2017년 들어서는 국책연구기관이나 글로벌 연구기관, 글로벌 투자은행(IB) 등도 '부동산 버블(거품) 조짐'을 우려하고 있다. 특히 올해 미국이 두 번이나 금리를 인상한 후 한국은행 등 기관들의 한국 부동산 시장에 대한 우려는 더욱 높아지고 있다. 보유율은 주택담보 대출자들의 이자 부담을 가중시키기 때문이다.

미국이 금리를 다시 인상할 경우 우리나라도 불가피하게 금리 인상에 나설 수밖에 없다. 금리 인상은 가계경제에 직접적인 부담으로 돌아온다. 실제 부동산 거품 문제와 연관성이 짙은 가계부채는 2017년 8월 1,400조 원이라는 천문학적인 수치에 이르며, 위험수위에 도달한 지 오래다.

2017년 부동산 시장은 문재인 정부에게 서너 차례 '규제 백신'을 맞았지만 정상적으로 작동했다. 다만 규제에 따른 부동산 시장의 침체 '우려'는 광범위하게 확장됐다. 겉보기에는 모델하우스에 수요자가 장사진을 치고 있고 청약 경쟁률도 높다. 하지만 속내를 들여다보면 상당부분은 실수요자가 아닌 차익을 남기기 위한 가짜 수요자다. 실수요자가 아닌 이들은 분양권 프리미엄이 붙지 않을 경우 대부분 계약금을 포기하더라도 입주를 하지 않는다. 청약경쟁률만 높여주는 '허수(虛數)'인 셈이다. 부동산 호황기에는 이런 허수가 기승을 부린다.

내 집 마련이나 부동산 재테크를 위한 수요자들은 이 같은 허수에 현혹되지 말아야 한다. 실제 청약에 들어갈 경우 부동산 시장 피크타임에 나타나는 현상을 눈여겨봐야 한다. 모델하우스 초만원, 떴다방(이동식 중개업자) 등장, 청약경쟁률 치열 등이 허수의 시작이라는 점을 알아야 한다. 이를 무시하고 계약까지 할 경우 부동산 침체기에 올 '매수자 우위의 기회'를 놓치게 된다.

거듭 강조하지만 부동산 시장의 골든타임을 품은 다크타임은 전문가와 미디어의 우려 속에서 그 싹이 튼다. IMF 시기와 글로벌 금융위기 때 마주한 1·2차 부동산 다크타임이 이를 말해주고 있다.

그렇다면 3차 부동산 다크타임은 언제 올까? 2018년은 1차(IMF)에 이은 2차 다크타임(글로벌 금융위기)이 지난 지 10년째 되는 해이다. 때가 온 것일까. 문재인 정부의 6·19 부동산 대책과 8·2 부동산 대책 여파로 부동산 시장이 침체로 이어지는 다크타임이 시작될 수 있다. 정책당국이나 부동산 전문가들이 2018년의 부동산 시장 움직임을 주시해야 하는 이유이다.

경제위기 10년 주기설을 믿지 않고 글로벌 금융시장이 정상 상태라 하더라도 한국 부동산 시장을 둘러싼 제반 환경(금리 등)은 좋지 않다. 부동산 시장 '우려의 심각화' 시기가 2018년 하반기에 도래할 수도 있다.

아파트 입주 폭탄과 부동산 다크타임

2017년 전국에서는 57만여 가구의 주택이 준공됐다. 이는 2016년 51만 5,000가구보다 6만여 가구 많은 수치이다. 2018년은 준공 아파트가 더 많다. 63만 3,000가구나 된다. 이 같은 주택 대거 준공과 입주는 필연적으로 세입자를 못 구해 빈집이 늘어나는 입주 전쟁의 시기를 불러올 수밖에 없다.

2018년 말부터 실입주자가 없는 입주난은 전국적인 현상으로 나타날 가능성이 크지만 수도권은 더 심각할 것으로 보인다.

2017년 17만 가구가 넘는 주택이 입주한 수도권은 2018년 21만 9,000가구나 입주 시기를 맞는다. 이는 2008년과 2009년 합계 입주가구보다 8만 가구 이상 많은 입주물량이다.

전국 아파트 준공 가구 수

(단위 : 천 가구)

연도	2008	2009	2010	2011	2012	2013	2014	2015	2016	2017	2018
전국	32.1	28.4	29.8	21.5	17.8	19.4	43.1	46.0	51.5	57.4	63.3
수도권	15.8	15.7	16.9	12.3	10.8	8.1	10.1	10.3	12.3	17.1	21.9

2018년은 잠정치. 자료 : 주택산업연구원

실제 2017년 하반기부터 입주 폭탄 조짐이 보였다. 수도권 남부 화성 동탄2신도시가 입주물량 증가로 빈집이 늘어났기 때문이다. 이미 준공해 5월 말부터 입주를 시작한 A단지의 경우 전체 아파트의 50%가량만 입주한 상태다. 다른 단지들도 사정은 크게 나아지지 않고 있다. B단지와 S단지, C단지도 주민 입주율(잔금을 완납하고 실제 거주하거나 전월세를 낸 거주 가구 수 비율)이 60~70%에 머물고 있다.

건설사들은 2018년 초까지 입주율 100%를 보일 것이라고 장담하지만 상황이 나아지지는 않을 것이라는 게 현지 중개업소들의 전망이다. 동탄2신도시에는 2017년 하반기에 7,335가구, 내년에 2만 1,982가구가 입주한다. 또 2019년부터 2년여 동안 2만 가구가량이 입주할 예정이다. 동탄2신도시에서 벌어지는 입주 전쟁은 사실 심각하다. 2017년 하반기 새 아파트 입주율은 50%에 그치는 가운데 전셋값도 분양가의 50%에 못 미쳤다. 집주인이 전세 입자를 구하지 못하는 역전세난이 현실화된 것이다.

아파트 입주전쟁은 2017~2018년, 2019년까지 수도권 전역에서 나타날 가능성이 크다. 2018년 초부터 입주 물량이 쏟아지기 때문이다. 화성시 전체로는 2018년까지 5만 5,038가구가 입주 물량으로 나온다. 또 김포시에서 2만 5,692가구, 시흥시에서 2만 4,627가구의 아파트가 준공된다.

수도권 입주폭탄 현실화는 사실상 예고됐다. 주택산업연구원 국내 첫 〈입주경기실사지수〉 조사에 따르면 2017년 6월 전국 신규주택 입주율은 76.4%에 그쳤다. 서울을 제외한 인천과 경기 입주물량은 2018년에만 17만 가구나 된다. 이는 2012년에 전국에서 입주했던 주택 물량과 맞먹는다. 수도권 입주 물량이 전국 입주물량과 같은 상황에 직면한 것이다. 이는 2018년부터 입주 폭탄에 따른 잔금 납부 거부, 입주 포기, 할인분양 등이 현실화될 수 있음을 의미한다.

2020년 전후, 베이비붐 세대 자산정리

부동산 시장에서 베이비붐 세대(1955~1963년생)는 부동산 재테크 수혜를 입은 세대로 분류된다. 물론 일부의 베이비붐 세대는 집이 없는 경우도 있지만 이촌향도(離村向都)의 대명사격인 베이비붐 세대는 내 집 마련과 주택 재테크에 집중했고, 주택 소비에

열광했다. 당연히 베이비붐 세대의 움직임에 따라 집값도 오르거나 내릴 수밖에 없었다. 하지만 2017년 이후 베이비붐 세대의 주택 소비(재테크 등)에 대한 욕심은 과유불급(過猶不及)이 되고 있는 상황이다.

한국은행의 2017년 6월 〈금융안정보고서〉는 베이비붐 세대의 가구당 평균 금융부채가 3월 말 기준 5,800만 원에 이른다고 밝혔다. 이는 전 연령층의 빚 있는 가구의 평균 금융부채 4,400만 원보다 32%나 많고, 주택 구입과 자녀 교육비 등을 위해 많은 빚을 내는 40대의 평균 금융부채 5,000만 원보다도 많다.

베이비붐 세대의 금융부채가 많은 것은 은퇴 후 삶을 불안해하는 중장년층이 저금리 정책기조를 타고 적극적으로 빚을 내 창업과 주택 등 부동산 투자에 나섰기 때문이다. 은퇴를 했거나 앞둔 베이비붐 세대의 이 같은 가계부채 증가는 부동산 시장에 큰 마이너스 요인이다. 지금 당장은 임금피크제로 은퇴를 하지 않은 상당수의 베이비붐 세대들이 2020~2022년이면 은퇴를 한다. 이들이 본격적인 자산정리를 할 수밖에 없는 상황으로 몰리는 것이 2020년 전후인 셈이다.

베이비붐 세대의 자산정리는 부동산 시장에 큰 충격을 줄 수밖에 없다. 이들이 정리하는 자산을 제대로 받아줄 현재의 40대~50대 초반 연령층은 주택 구입자금 대출과 자녀교육비로 더 이상 자금을 마련할 수 없는 구조이기 때문이다. 이것은 부동산 시장 불안의 또 하나의 주요 요소다.

골든타임 전조, 하우스푸어의 재등장(?)

2014년은 그렇다 치더라도 지난 3년여 동안 주택청약시장에 나타난 열풍은 분명 '이상 현상'이다. '청약 당첨은 곧 로또'라는 인식의 확산이 부른 허수(虛數)라 해도 지나친 이야기가 아니다. 주택을 팔려는 건설·시행사, 분양 대행업체들이 허수를 조장한 측면이 강하다. 실제 분양권을 팔아서 돈을 벌었다고 하는 이들이 적은 것을 보면 허수가 많다.

지난 4년여 동안 대부분의 건설사들은 아파트 청약 시 계약금 10%, 중도금 무이자 상황에서 주택을 분양했다. 이에 따라 2~3%대의 초저금리와 풍부한 유동자금, 안전자산 선호 등으로 예상보다 많은 이들이 분양 계약을 한 것으로 보인다. 이들 중 50% 내외는 분양권 전매 시 시세차익 수천만 원 등에 현혹된 '차액을 노린 투기 청약'이라는 게 전문가들의 분석이다. 분명한 것은 언제 착공할지 모르는 재건축 아파트나 높은 청약경쟁률이 분양권 전매 등을 통해 수천만, 수억 원의 이익을 보장해 주지 않는다는 것이다.

부동산 열풍에 편승해 실제 거주할 생각 없이 청약해 당첨될 경우 3년 후 골치가 아플 수 있다. 부동산 시장이 냉각되면서 분양가격 이하로 떨어질 수 있기 때문이다. 이런 경우 분양(입주)권을 포기하지 않은 이상 잔금을 내야 한다. 분양권을 포기할 경우 중도금 대출 이자를 물어내야 하는 경우가 많다. 입주할 수도 없는 상황에서 팔리지는 않는 애물단지 깡통주택의 탄생이다. 물론 부동산 골든타임에 찾아오는 '더 좋은 청약 기회'도 놓칠 가능성이 크다. 이중 삼중의 손해를 보는 셈이다.

주택 공급 과잉 시기에 확실한 자기자본 없는 묻지마 청약은 하우스푸어로 가는 지름길이라고 보면 된다. 청약시장의 분위기에 휩쓸려 청약하는 아파트 단지의 경우 대부분이 프리미엄이 붙지 않는다. 분양가에 시세와 미래가치 등이 반영돼 있기 때문이다. 2017년 미국의 두 차례 금리 인상 여파로 우리나라도 금리가 언제든지 올라갈 수 있다. 2017년 11월 말 0.25% 인상에 이어 2018년과 2019년에 금리 인상이 이어질 가능성이 높다.

전문가들은 2017년 11월 말 금리가 5%에 이르는 주택담보대출의 추가상승을 우려한다. 대출금리가 더 오를 경우 2018년 상반기부터 중도금 집단대출(일정자격을 갖춘 분양 신청자에게 중도금 등을 일괄대출) 연체율이 급상승할 것으로 보이기 때문이다. 중도금 대출자의 연체가 많아지면 잔금 납부도 쉽지 않은 상황으로 이어진다. 분양가 할인을 요구하는 계약자의 입주 예정 아파트 잔금 거부 사태, 계약금 포기 분양권 속출, 30% 내외의 할인분양권 등장 등이 이어질 수 있다는 것이다. 이는 2세대 하우스푸어의 등장을 의미한다.

이런 상황은 2008년 금융위기 이후 5년여 동안 수도권 상당수의 입주예정 아파트에서 나타난 현상이기도 하다. 이른바 하우스푸어가 양산됐던 시기다. 당시 경기 고양 식사지구의 한 아파트 단지는 입주 예정자들에게 총 1,200억 원가량을 집단대출했는데

주택시장이 급락하면서 계약해지가 잇따랐다. 계약자들이 계약해지를 요구하며 중도금을 갚지 않아 연체율 이자가 0.5%대에서 6개월 사이에 1.16%로 치솟기도 했다. 김포한강신도시의 한 아파트단지도 1,058가구 중 절반가량인 500여 가구가 중도금 납부를 거부, 대출 연체율이 5.81%에 이르기도 했다.

부동산 시장에서 아파트 중도금 집단대출 연체율 상승은 부동산 시장 급랭의 심각성을 그대로 드러내는 바로미터이다. 그래서 '부동산 시장 경착륙의 시작'이라고도 한다. 2018년 말부터 대출 연체율이 상승하고 2019년 들어 계약금마저 포기한 마이너스 분양권이 나올 수 있다. 계약금만 내고 3년간 살 수 있는 입주권도 등장할 수도 있다.

이런 상황들로 미루어 볼 때 부동산 시장의 다크타임이 예상보다 이른 2018년 하반기에 도래할 가능성도 있다. 이는 하우스푸어의 재등장과 함께 올 것이다. 다만 이런 위기 속에서 기회의 공간을 확보해야 한다. 부동산 시장의 골든타임은 다크타임 안에 숨겨져 있다는 사실을 잊지 말아야 한다.

다크타임의 끝물이 투자 기회

준비(자금)가 되어 있지 않다면 재테크의 기회가 와도 행동을 취할 수 없다. 종잣돈이 없는 재테크는 성립하지 않는다. 하우스푸어가 되기 전에 과감한 매도를 통한 현금 확보가 중요한 이유이다. 부동산 재테크를 하려면 호재 없는 '악재의 시기'에 행동으로 옮겨야 한다. 부동산 시장은 자금 유동성만 갖추면 악재로 위기에 처했을 때 새로운 재테크의 기회를 주기 때문이다. 일반인들은 부동산 시장이 위기라고 말하는 2018년과 2019년 부동산 시장 흐름을 주시한 후 부동산 부자로 가는 길을 찾아야 한다.

한국경제에 충격을 줄 글로벌 악재가 없더라도 2020년부터는 재테크의 기회이자 부동산 투자방법의 전환기가 될 가능성이 크다. 2022년 이후 부동산 시장은 인구 고령화와 인구 감소, 베이비붐 세대의 은퇴 등으로 큰 수요가 없어 안정화의 길로 접어들 것이기 때문이다. 위기와 기회가 공존하는 2020년 전후 1~2년 동안 투자 행동을 취해야 한다. 다만 '원하는 매물'을 '원하는 시기'에 확보하는 것이 중요하다.

골든타임은 부동산 시장 침체기의 어떤 시기에 존재한다는 점을 명심해야 한다. 2020년 전후 침체기의 어느 시기에 재테크 물건을 확보, 2023년 이후 매도에 나서면 값진 성과를 낼 수 있을 것이다. 예를 들어 베이비붐 세대의 자녀들인 에코 세대의 질 좋은 내 집 마련도 2020년을 지나 2023년 전후 본격화할 가능성이 높다.

앞으로 다가올 부동산 투자의 '골든타임'은 바로 2018년부터 다가올 입주 전쟁과 하우스푸어의 등장에서 시작될 것이다. 부동산 시장은 수요 불균형, 특히 활황기 공급과잉이 직접적인 화(禍)를 부른다. 일반 투자자나 실수요자들은 부동산 활황의 정점에 침체의 씨앗이 뿌려진다는 점을 기억해야 한다. 침체의 씨앗은 부동산 입주 폭탄의 시기에 가격 급락으로 연결돼 지리한 다크타임의 시기를 맞게 된다. 그 다크타임의 끝물이 투자자에게는 기회다. 골든타임인 것이다.

지난 2014~2017년 부동산 시장 공급 폭탄은 2020년을 전후해 한국 부동산 시장이 외부 충격 없이도 출렁거릴 수 있다는 점을 보여줄 것이다. 그것은 2018년 하반기부터 서서히 나타날 수 있다.

마지막 부동산 골든타임이 온다

2018년부터는 신규 아파트 입주물량이 절정으로 진입한다. 2015~2017년 분양한 오피스텔 등 수익형 상품도 입주 봇물을 이루고 있다. 이 시기 한국경제의 상태가 부동산 시장의 명운을 좌우할 것이다. 대내외적으로 호재가 없는 상황에서 주택시장이 입주 폭탄을 만나기 때문이다.

2020년 이후 도래할 부동산 골든타임은 이전의 골든타임과 분명 다를 가능성이 높다. 부동산 시장의 1차 골든타임 전야인 1998년~2001년 시기에는 국제통화기금의 가혹한 통제로 금융정책을 제대로 펼 수 없었고, 부동산 시장에 대한 분석을 제대로 하는 기관도 전문가도 없었다. 하지만 2차 골든타임 전야인 2009년~2012년 시기는 정부가 금융과 공급을 조율할 수 있었고, 부동산 시장 상황에 대한 다양한 분석과 전망도 나왔다. 당시 분석에 따르면 2차 골든타임 전야에는 전세가율(전셋값을 매매가로 나눈 비율)

이 높아질수록 매매가가 오르고 거래도 늘어난 경향을 보였다. 상식과 반하는 현상이 나타난 것이다. 실제 이전 전세가율이 가장 높았을 때는 2001년 10월로 전국 아파트 기준 69.5%였다. 당시는 매매가격이 많이 오르지도 거래가 상대적으로 늘지도 않았다.

2017년 말 전세가율은 75%를 넘어선 곳이 많다. 서울 등 일부 도시 역세권은 90%에 이르는 곳도 나오고, 그동안 투자자들이 눈여겨보지 않았던 강북권 아파트 전세가율이 85%에 이르는 경우도 많다. 전세가율로만 따지면 매수 타이밍이지만 지금은 전세의 월세 전환, 갭투자(전셋값이 높은 집을 대출을 끼고 사는 것) 증가 등 패러다임이 바뀌는 시기여서 전세가율로 부동산 매수 골든타임을 점치기는 어렵다는 것이다.

앞으로 다가오는 부동산 골든타임은 매매 수요가 늘어날 것이라는 기존의 통계분석과 다를 것이 분명하다. 빅데이터가 의미 없을 수 있다는 것이다. 2017년부터 역대 최대 규모의 아파트(2019년까지 한 해 평균 40만 가구) 입주가 시작됐다. 입주물량은 2018년 상반기까지는 전세 등으로 소화할 것이다. 하지만 일부 지역에서는 세입자를 구하지 못해 집을 비워두는 '입주 전쟁'이 시작될 가능성이 높다. 2017년 말 이미 경기 화성 동탄2신도시나 김포한강신도시 등에서는 전세입자를 구하지 못한 아파트가 나오면서 분양가 이하로 떨어진 주택이 나왔다.

베이비붐 세대의 천문학적인 가계대출자금은 부동산 다크타임을 부를 기분 나쁜 전령사에 다름 아니다. 각 가구들은 가계소득의 상당액을 대출 등 빚을 갚는 데 사용할 가능성이 높다. 이렇게 되면 부동산 시장은 공급 과잉⇨미분양 증가·집값 하락⇨입주 포기 및 거부⇨할인 매각⇨금융 부실⇨건설·시행사 부도라는 '악순환 구조'가 도래할 가능성도 배제하지 못한다.

부동산 시장의 악순환 구조는 공급과잉에서 이미 시작됐다. 2014~2016년 인허가된 주택이 본격 입주하는 2018년 하반기부터 부동산 시장은 의외로 쉽게 흔들릴 수 있다. 여기에 2018년에도 금리가 오르거나 경기침체가 가시화할 경우 부동산 시장은 낙폭이 커질 수 있다. 이런 구조가 어떤 형태로 모습을 드러낼지는 2018년 하반기에 알게 될 것이다. 2020년 이후 마지막 부동산 골든타임으로 가는 시작종(始作鐘)이 울리는 것이다.

2부
인구와 부동산 불패 신화의 전개

이촌향도(離村向都)와 부동산 정책의 시작

우리 민족은 유목성(遊牧性)을 잃은 이후 정주(定住)를 위해 늘 주거 문제와 부딪칠 수밖에 없었을 것이다. 무리의 장이나 가족의 우두머리, 부족의 장에게 주거 공간 확보는 최우선적으로 처리해야 할 의무였기 때문이다. 한민족은 유목성을 잃은 때부터 주택 문제와 함께했던 셈이다.

우리나라는 외적의 침입이 쉽지 않은 3면이 바다라는 지정학적 특수성과 함께, 크고 작은 산 위주로 구성된 산지(山地) 국가여서 대규모 전란에 휩쓸리지 않았고, 지도층의 변란 외에는 백성이 연루되는 내란도 의외로 적었다. 자연적으로 장기간 거주할 수 있는 여건이 형성된 것이다.

한반도라는 정주하기에 좋은 땅에 정착한 우리 민족은 이동이 필요하지 않은 만큼 추운 기후를 이겨낼 수 있는 주거시설이 필요했다. 이는 구들장 주택이라는 세계에서 유례가 없는 주거문화를 탄생시켰다. 여염집은 말할 것도 없고, 화전으로 일궈놓은 밭에 구들장이 있는 오두막집이 탄생한 것이다. 하지만 조선시대 양반 사회의 공고화는 주거 문제를 불렀다. 농업중심 사회에서 양반이 부를 독점, 필연적으로 양민(일반 백성)의 주택 문제를 야기했다. 이는 유랑하는 양인과 노비의 증가로 이어져 체제 불안(민란 등)의 요소가 되었다.

1800년대 말 조선의 붕괴과정에서 일반 백성이 외세에 거세게 저항하지 않는 등 별다른 역할을 하지 않은 것은 관(官)이 주거 문제를 해결해 주지 않은 데에 근본 원인이 있다. 500년을 지탱해온 조선이라는 나라가 망하는 과정에서 양민이 아무런 역할을 못한 것은 지배계층이 주거(의식주) 문제에서 신뢰를 상실했기 때문이다. 물론 조선의 '느닷없는 붕괴(지도층 아닌 양민 입장에서는 어느 날 갑자기 붕괴됐다)'는 주택뿐만 아니라 사회 전반에 각종 문제를 일으킬 수밖에 없었다.

1800년대 말 갑오경장 전후 신분제의 변화는 필연적으로 주택 문제를 현안으로 끌어당겼다. 주택 수급이 원활하지 못해 한집에 여러 명이 모여 사는 더부살이 문화를 낳았고, 떠돌이와 화전민도 크게 늘었다. 일본제국주의 침략기와 6·25 전쟁, 1950년대를 거치면서 주택 문제는 늘 현안이었지만 국가 부강, 국민 소득 향상 없이는 해결할 수 없는 현안이었다. 주거를 해결할 수 있는 근본문제, 국가 부강을 위한 공업화와 이촌향도는 필연적일 수밖에 없었던 셈이다. 이에 따라 1960년대 공업화는 이촌향도를 촉발했고, 도시의 변두리에 달동네와 무허가촌을 탄생시켰다.

주거보다 급한 문제, 문맹 탈출

1950년대만 해도 서울 등 주요 도시의 주택 문제는 그렇게 심각하지 않았다. 북한에서 남한으로 피난 온 실향민이 많았지만 인구의 도시 쏠림 현상이 뚜렷하게 나타나지 않아 주택 부족이 현안으로 나타나지는 않았다. 6·25의 전쟁 피해 극복과 워낙 가난한 나라의 살림살이에서 주택 문제는 그다지 중요하지 않았을지도 모른다. 농촌은 대가족 형태로 먹는 문제에 급급했고, 도시인들도 하루 벌어 하루 먹고사는 문제가 더 컸다. 이들이 더부살이와 무허가 판자촌 등에서 생활하다보니 주택 문제가 수면 아래로 잠복한 것이다.

6·25 전쟁을 치른 이승만 정부의 화두는 '주거' 아닌 '먹는' 문제였다. 하지만 전쟁의 폐허 위에서 먹는 문제는 해결이 쉽지 않았다. 외국의 값싼 차관과 원조물자가 들어왔지만 모두 일회성이었다. 이런 단순 원조 물자로는 국민의 먹고 자는 문제를 해결할 수 없었다. 먹고살기 위해서는 투자 재원을 마련해야 하는데 기초 재원 자체가 없었던 것이다. 가내수공업이라도 물건을 만들어 내다 팔아야 돈이 생기는 데 그런 시스템이 갖추지지 않은 나라, 식민지와 전쟁을 겪은 신생 국가의 비애였다. 더구나 먹고사는 문제

를 해결할 수 있는 유일한 출구인 문자 해독 능력이 없어 작은 공장 하나도 제대로 운영할 수 없었다. 국민 문맹률(文盲率)이 워낙 높았던 것이다.

이런 상황에서 이승만 정부의 선택은 문맹타파였다. 먹고사는 문제 해결의 단초를 문맹타파에서 찾았던 것이다. 외국의 원조물자와 차관 등을 국민 문맹타파를 위해 적극적으로 사용했다. 문맹타파는 조국 근대화를 위한 공업화로 가는 작은 포석이기도 했다. 실제 우리나라의 문맹률은 1945년 해방 이전 78%에 달했다고 한다. 전 국민의 22%만 글을 읽고 쓸 줄 알았던 것이다. 또 국민 개개인이 해방과 함께 한글공부에 매진했지만 이승만 정부 수립 때인 1948년에도 문맹률이 41%대였다. 하지만 1950년대 전국 면과 리 단위에 초등(국민)학교를 짓는 등 정부의 적극적인 문맹퇴치 운동으로 1958년에는 국민의 4.1%만이 문자를 읽고 쓰지 못할 정도로 문맹률이 떨어졌다. 이는 초등학생의 취학률에서도 잘 나타난다. 초등학교 취학률은 1946년 53.4%에서 1958년 95.2%에 달했다.

글을 읽고 쓸 줄 안다는 것은 취업한 공장 근로자들이 제품 제조공정 등이 담긴 매뉴얼을 해독할 수 있다는 뜻이다. 공장 건설과 운영이 가능해진 것이다. 박정희 정부의 속성 공업화는 이런 이승만 정부의 문맹퇴치의 바탕 아래에서 가능했던 것이다.

무허가촌과 달동네의 등장

후진국의 공업화는 필연적으로 저임금의 근로자를 필요로 한다. 기술도 자본도 없는 국가가 값싼 노동력 없이 제품 경쟁력을 확보할 수 없기 때문이다. 1961년 쿠데타로 집권한 박정희 정부는 조국 근대화가 화두였다. 속성 공업화를 통해 가난한 나라 탈출에 매진했다.

박정희 정부는 공업화에 필연적인 저임금의 노동력 확보에 총력전을 폈다. 그중의 하나가 농촌 유휴인력의 도시유입 정책이었다. 새마을운동은 겉으로는 농촌 잘 살기 운동이었지만 그 바닥에는 공업화를 위한 노동력 확보 방법의 하나였다. 옛 풍습(구습) 타파, 농촌개혁을 통한 잘 사는 농촌이 목표인 새마을운동은 잉여 인력을 양산했다. 급증한 농촌의 잉여 인력이 갈 수 있는 곳은 도시였다. 이들 농촌의 잉여 노동력은 대도시권으로 모여들었다. 그들은 이승만 정부의 문맹 탈출 정책으로 문자를 읽고 쓰는 일이 가능했다. 공장에 들어가서 매뉴얼을 읽을 수 있는 젊은 노동력이 등장한 것이다.

이촌향도(離村向都), 농촌인구의 도시 집중이 시작되었다. 도시로 몰려든 농촌 저임금 노동력에게 가장 큰 문제는 주거였다. 주택 문제, 급격한 도시화·산업화에 따른 도시 유입인구를 효과적으로 배분하는 '인력 수용 문제'가 본격 대두된 것이다. 하지만 박정희 정부는 국민주거보다는 조국근대화가 우선이었다. 재원만 생기면 공장 짓기에 더 바빴다. 오늘날의 울산, 창원, 구미 등 산업도시의 경우 도시보다 공장이 먼저 생긴 것에서 잘 알 수 있다.

1960년 중반에는 판잣집과 천막, 창고 등이 포함된 거적떼기 집 등이 이촌향도 근로자들의 주거지가 됐다. 1960년~1980년대까지 서울의 주거문제를 일정 부분 해결한 달동네도 1960년대 본격 등장했다.

서울인구는 1960년 당시 244만 5,000명에 달했지만 시민 주거문제는 그렇게 심각하지 않았다. 하지만 1966년 서울 인구는 등록된 공식 통계로 380만(비공식 통계로는 400만 명이 훨씬 넘었음)으로 증가했다. 5년 동안 유입인구가 140만여 명, 1년에 20~30만여 명

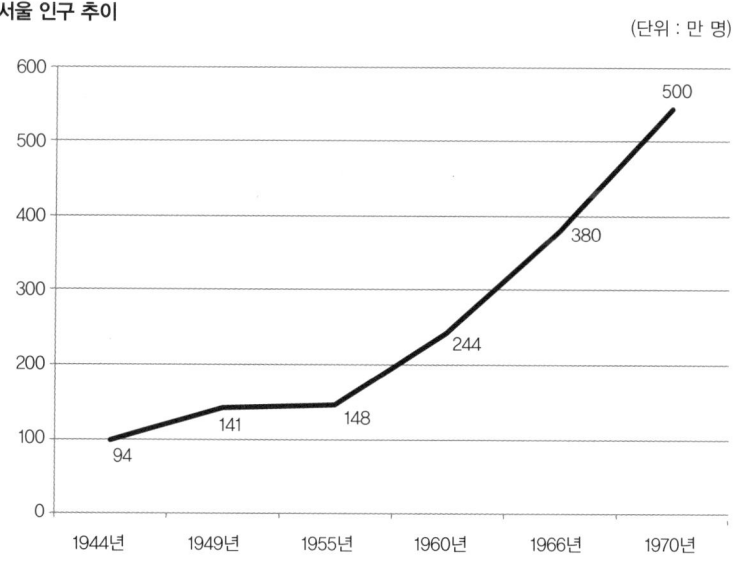

서울 인구 추이 (단위 : 만 명)

자료 : 서울시 서울통계연보(2000)

의 농촌인구가 서울로 유입됐다. '잠 잘 곳 없는 시민'이 대거 등장했고 주택 부족 문제가 본격적으로 시작되었다. 서울 시내 곳곳에는 직장을 찾아 서울로 온 사람들이 들어찼고, 곳곳에 무허가 주거가 형성되기 시작했다. 청계천의 광범위한 판자촌도 그즈음 정점을 이뤘다.

서울 종로구 낙산주변(이화동, 충신동, 창신동 등), 중구 신당동과 옥수동, 관악구 난곡일대, 은평구 신사동 주변, 노원구 상계동 등에는 이른바 판자촌이 형성됐다. 이들 지역 거주민들은 대부분 판자나 흙으로 벽을 세우고 천막 등으로 지붕을 덮는 거적떼기 주택을 짓고 살았다. 임야나 하천변, 성곽 부지 등을 가리지 않았다. 무허가로 지은 만큼 변소시설이나 전기, 수도시설이 갖춰질 수 없었다. 1970년대 중반까지도 종로구 이화동 꼭대기 낙산 근처 주민들은 공동수도, 공중화장실을 이용했다.

무허가촌의 본격 등장은 서울의 인구 폭발을 알리는 전주곡에 지나지 않았다. 서울은 1970년 인구 500만 명을 넘어서면서 수용한계를 드러냈다. 무허가촌과 건물이 우후죽순(雨後竹筍)격으로 들어서고 대충 지은 건물이 난립했다. 인구 분산과 주거시설 확충이 절실했다.

허상의 주택정책과 빈민문제

인구가 서울로 몰려들자 정부가 대책 마련에 나섰다. 하지만 문자 그대로 재원(財源) 없는 '허상의 주택정책'이 시작됐다. 당시 정부는 1960년대 서울로 인구 집중 현상이 심각한 상황으로 치닫는데도 이를 방치했다. 조국근대화를 위한 필수적 문제, 값싼 노동력을 확보할 수 있었기 때문이다.

주택 문제를 해결하기 위해서는 돈이 필요했지만 국가 재원이 없었다. 돈이 없어서 도시로 올라온 인구를 수용할 방법을 찾지 못한 것이다. 이에 따라 서울과 주변도시 곳곳에 무허가 주택이 들어서도 사실상 단속을 포기했다. 거적떼기로 지붕만 씌우고 사는 위험천만한 집 아닌 집들이 들어서도 인력 부족을 핑계로 무허가촌을 방치한 것이다. 이 같은 무허가촌 방치는 나중에 도시 서민층의 주택 문제 해결에 큰 걸림돌로 작용하게 된다. 당시 정부는 고민 끝에 주택 대량 공급을 위한 재원 확보와 실행기구 설립에 나섰다. 물론 정부 정책을 일관성 있게 추진하고, 소득이 생긴 국민 주머니를 제도 금융으로 유인하는 정책이었다.

그것은 1962년 대한주택공사 설립과 1969년 주택은행 설립으로 시작됐다. 정부가 도시 유입인구의 주거 문제 해결에 본격 개입한 것이다. 하지만 주택을 단기간에 날림으로 짓다 보니 대형 사고도 빈번했다. 대표적인 사건이 1970년 4월 8일 서울 와우아파트 붕괴로 30명이 넘는 주민이 사망한 것이다. 이 사건으로 불도저 시장으로 불리던 서울시장 김현옥이 물러났다.

돈 없는 주거정책은 이듬해 빈민 문제를 폭발시켰다. 1969년 5월부터 서울 청계천 등의 판자촌에서 쫓겨나 성남·광주대단지에 모여 살던 5만여 주민들이 1971년 8월 10일 구호를 외치며 성남 출장소에 불을 질렀다. 이른바 광주대단지 폭동사건이었다. 이 사태는 정부의 빈민 주거 문제를 다시 한 번 되돌아보는 계기가 됐다. 이 사건은 소설가 윤흥길의 소설 〈아홉 켤레의 구두로 남은 사내〉 등에 잘 묘사돼 있다.

세상에 없던 '신의 한 수', 선분양제 시행

1960~1980년 사이는 압축 공업화 시기였지만 근로자에 대한 주택 공급이 뒷받침되지 못했다. 열악한 환경에서 노동을 하고 쉴 곳이 없다는 것은 문제였다. 주택난이 정부의 현안, 사회문제로 부상한 것이다. 대한주택공사와 국책 주택은행의 설립은 주거 문제 해결을 위한 시발점이었다.

정부는 주택은행을 통해 주택 짓기를 희망하는 기업에 돈을 빌려주고, 기업은 정부에서 빌린 돈으로 땅을 샀다. 물론 집을 지을 건축비는 태부족했다. 이때 나온 아이디어가 견본주택을 짓고, 주택의 청사진을 미리 보여주는 것이었다. 이른바 '주택 선분양(先分讓)제도'다.

주택 선분양제는 문자 그대로 '선분양 후 시공' 주택제도다. 일반 소비자들에게 본보기집(Model House) 및 카탈로그(Catalog) 등을 보여주고 미리 분양(돈을 받음)한 후에 건물을 완성, 인도하는 주택 공급방식이다. 정부가 만든 주택법 및 주택공급에 관한 규칙에 따라 허용한 것이다. 주택법에 따라 공공이건 민간회사이건 일정한 신용만 있으면 장기 저리로 주택자금을 빌려주었고, 이들 업체들은 청사진 주택만 보여주고 국민(청약자)의 돈(분양대금)을 거둬들였다. 땅 짚고 헤엄치기 장사를 한 것이다.

선분양제는 사실상 세계에서 유례를 찾아볼 수 없는 독특한 주택 공급 방식이다. 완성품 아닌 견본(샘플) 제품을 보고 물건을 예약하는 것으로 1970년 초 수천만 원, 수억 원에 이르는 초고가 상품인 공동주택에 적용됐다. 다소 황당한 주택 공급 방식이었지만 주택이 절대적으로 부족한 상황이어서 도입 초부터 선풍적인 인기를 끌었다. 선분양제는 1975년 무렵부터 법적, 제도적으로 정비되기 시작했고, 이후 선분양제는 우리나라 주택정책의 근간이 됐다. 봉이 김선달 식 주택공급 방식으로 폐해도 많았지만 돈 없는 정부가 무주택 서민들에게 내 집 마련의 꿈을 심어준 '신의 한 수'였다. 하지만 선분양제는 분양권과 입주권 전매, 이른바 물딱지 등 무수한 부작용을 낳았고, 투기꾼이 돈 버는 시대를 촉발했다. 선분양제가 투기의 시대, 부동산 불패 시대를 불렀다고 해도 과언이 아니다.

전세(傳貰)의 탄생과 임대주택제도의 왜곡

전세는 사전적 의미로 보증금을 맡기고 남의 집을 빌린 뒤 계약 기간이 끝나면 보증금을 돌려받는 주택임대차제도다. 목돈만 있으면 월세를 내지 않아서 집 없는 사람들의 안정된 주거를 보장하는 계약이기도 하다. 다만 전세는 목돈이 있어야 성립할 수 있는 제도다.

통계청의 인구주택총조사에 따르면 1975년 전체가구의 17.3%에 불과하던 전세가구 비중은 1995년에는 29.7%로 늘어났다. 이후 2010년에는 21.7%, 376만 6,000가구가 전세주택에 살고 있었다. 사실상 우리나라에만 존재하는 독특한 임대차 문화인 전세제도는 주택 수급 불균형에서 생겨났다. 급격한 도시화로 인구가 특정도시에 집중하면서 주택 공급이 제대로 안 되자 주택이 재테크의 대상이 된 것이 전세제도가 형성된 계기가 됐다. 당연히 주택 가격이 끊임없이 오르면서 전세는 확대됐다.

전세는 주택 가격이 오르지 않으면 유지될 수 없다. 오르지 않는 주택을 사는 사람은 없기 때문이다. 주택소유자는 전세를 내줌으로써 또 다른 주택 매수에 필요한 자금의 전부 혹은 일부를 확보할 수 있다. 주택 가격이 떨어지지 않는 한 이자가 없는 전세자금을 새로운 주택에 투자, 시세차익을 얻을 수 있기 때문이다.

전세제도는 우리나라 임대차 시장을 왜곡시키는 데도 일조했다. 전세로 인해 월세의 발달이 늦어지면서 주거비용 부담을 가중시켰다. 다만 무주택 서민들의 내 집 마련에 큰 영향을 미쳤다. 전셋값을 유지하기 위해 돈을 모으다보니 목돈을 안전하게 보관(?), 주택 마련의 발판이 된 것이다. 하지만 2000년대 들어 부동산 매매 차익을 위해 전세를 끼고 주택을 매집하는 이른바 '갭투자'가 늘었고, 이는 부동산 투기로도 발전, 집값 상승에 촉매제 역할을 했다.

한국, 부동산 불패 시대 열리다

세계에서 전쟁 아닌 평시에 이사(이동)를 가장 많이 하는 나라는 어디일까. 모르긴 해도 아마 한국일 것이다. 서울시민의 이사 비율을 따라잡을 나라는 없다. 실제 주택시장의 불안정도 있지만 우리나라 연간 주택 매매거래 건수는 100만 건에 이르고 있다. 이는 인구가 1억 2,000만 명에 달하는 이웃 일본과 비슷한 수치라고 한다. 인구수 대비 매매거래 건수가 세계에서 유례없는 것이다. 한국 부동산 시장의 역동성은 이런 높은 주택 매매가 뒷받침하는 것으로 분석된다.

아파트는 이사가 많은 한국인에게 안성맞춤 주거형태다. 우리나라에 아파트형 주택이 등장한 것은 일제 강점기 시대이지만 실질적인 아파트가 등장한 것은 1959년 입주한 서울 성북구 종암아파트라고 볼 수 있다. 1962~1964년 사이에는 중규모 아파트 단지인 마포 아파트가 당시로서는 고층인 6층으로 건립됐다. 이후 서울에는 당시 기준으로 고층아파트 건설이 잇따랐다. 13층 높이의 현대 세운아파트·세운상가아파트(1967년), 15층 높이의 낙원상가아파트(1968년), 용산구에 외국인을 위해 건설한 힐탑아파트(11층, 1968년), 종로구에 피어슨아파트(11층, 1970년), 용산구에 성아아파트(11층, 1970년)와 정우아파트(12층, 1970년), 리버뷰아파트(10층, 1971년), 영등포구에 순복음아파트(14층, 1971년) 등이 지어졌다.

아파트는 지금도 마찬가지이지만 당시 기준으로도 가장 저렴한 비용으로 단기간에 대량의 주거지를 비싸게 공급하는 최선의 방법이었다. 하지만 주거시설 공급부족에 시달리는 한국 부동산 시장에서 아파트는 투기를 유발하는 좋은 소재였고, 부동산 불패시대를 여는 첨병이 됐다.

강남 개발과 부동산 투기라는 망국병의 등장

박정희 정부는 공업화에 필요한 주거 안정을 위해 묘안을 짜냈다. 우선 도시 주택 부족문제와 내 집 마련에 대한 사회적 분위기 등을 감안, 이를 실행할 기구를 설립했다. 1962년 설립된 대한주택공사는 60년대 말부터 전국에 대규모 아파트 단지 건설과 신도시 개발, 신시가지 건설 등을 주도하기 시작했다. 서울은 마포, 정릉, 홍제동, 한남동, 화곡동 등에 주공아파트가 잇따라 건설됐다.

하지만 주공이 선도하는 아파트 공급은 언제나 태부족했다. 수요는 엄청난 반면 공급은 쥐꼬리 수준이었기 때문이다. 주택 대량공급이 필요한 시기였다.

서울은 1970년대에도 여전히 인구 집중이 계속되면서 대규모 주거단지를 필요로 했다. 정부는 1972년 유신헌법 공포 직후 국무회의를 통해 250만 가구의 주택을 10년 동안 공급한다고 발표했다. 1972~1976년 100만 가구, 1977~1981년 150만 가구를 건설하는 것이 골자였다. 그해 12월에는 '주택건설촉진법'도 제정했다. 이에 따라 정부는 반포, 영동, 여의도 등 한강이남 지역에 대한 개발에 본격 나섰다. 이른바 강남권 개발의 시작이었다.

첫 지역은 영동지구였다. 당시만 해도 뽕나무 밭이거나 평범한 밭, 야산이었던 이곳은 영등포의 동쪽이라는 뜻으로 '영동(永東)'으로 명명됐다. 강남 개발은 제3한강교 기공식이 열린 1966년부터 예견됐지만 본격적인 시작은 1970년 영동지구 개발이었다. 하지만 강남권 개발은 부동산 투기와 땅값 폭등도 가져왔다. 투기꾼을 지칭하는 복부인(福婦人)도 등장했다.

1963년을 기준으로 1979년 강남구 학동 땅값은 무려 1,300배 이상 올랐고, 압구정동도 875배, 신사동도 1,000배 넘게 올랐다. 1966년 초 평당 200~400원에 불과했던 양재(말죽거리) 땅값이 68년 말에는 평당 6,000원으로 뛰었다. 불과 2년 사이에 30배가 뛴 것이다.

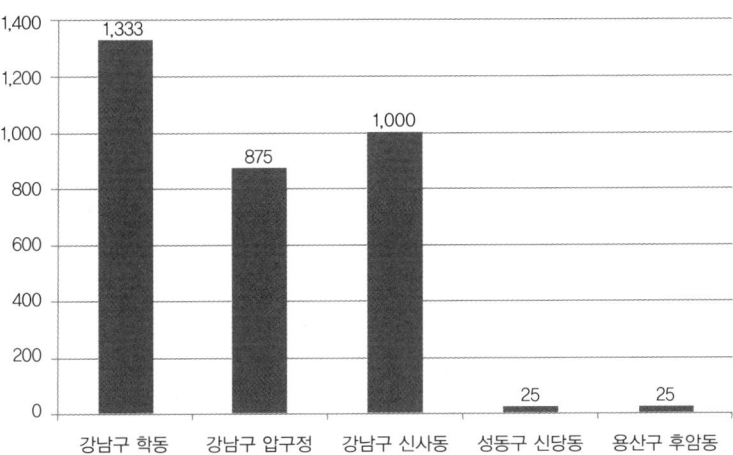

1963~1979년 사이 서울 주요 지역 땅값 상승 현황 (단위 : 배)

자료 : 강남의 탄생(한종수·강희용 공저, 미지북스, 2016)

    1973년 중동 해외건설로 인한 오일머니(Oil Money)의 부동산 투기자금 유입도 부동산 가격 폭등의 기폭제 역할을 했다. 여기에 금융을 통해 기업과 유기적으로 연결, 주택을 분양하는 선분양제가 주택 공급의 중심으로 자리 잡으면서 부동산 투기로 연결됐다. 그러나 기대했던 것과 달리 아파트는 인구가 범람하는 도시의 주거문제를 해결할 수는 없었다. 공급이 수요를 감당하지 못했고, 오히려 도시 인구밀도를 높이는 데 크게 기여했다. 이때부터 '강남 부동산 불패', '강남 공화국 시대'가 열렸고, 망국병인 부동산 투기가 횡행했다.

부동산 공화국의 탄생

1964년 시작된 베트남 전쟁((1955~1975년) 참가와 광부와 간호사 독일 파견(1963~1977년), 해외 건설시장 첫 진출(1966년)은 시중에 풍부한 자금유동성을 가져왔다. 특히 건설근로자의 오일머니와 광부 간호사들이 보내온 돈은 국가 경제 융성의 지름길 역할을 했다. 하지만 이들 외화는 막 불기 시작한 강남권 개발과 연계돼 부동산 시장도 뜨겁게 달궜다.

수요는 많은데 공급은 부족한 수도권 부동산 시장은 1970년대 초부터 주택에 이어 전국적인 토지 투기를 불러 일으켰다. 중동과 독일 등에서 들어온 외화는 시중 자금 유동성을 풍부하게 했다. 중동특수로 벌어들인 오일머니가 부동산 투기에 일조한 셈이다.

당시의 투기 수법도 다양해 돈만 얹어주면 '원장정리'(元帳整理, 최초 당첨자 명의를 시공사나 시행사가 분양권 매입자의 명의로 바꾸는 것)를 비롯, 다양했다. 이후 투기를 잡기 위해 분양권 전매 금지, 투기과열지구 지정 등의 대책이 나왔지만 무용지물이었다. '복등기'(계약자와 매수자가 공증 등기), '은행 자체감정'(주택담보대출 금액을 높이기 위해 은행이 감정가액을 높이는 것), '부담부 증여'(과세표준을 낮추기 위해 일부러 담보 대출하는 것) 등이 이때부터 암암리에 등장했다.

이처럼 시중의 풍부한 유동자금과 다양한 투기수법이 동원되면서 부동산 시장은 열기를 더해갔다. 이른바 '부동산 불패 시대'

가 개막한 것이다.

부동산 지상주의는 결국 1978년 사회지도층이 대거 연루된 '압구정동 현대아파트 특혜분양' 사건을 불러 일으켰다. 당시 사원용으로 지은 900여 가구 가운데 600여 가구를 정치인, 언론인, 기업인 등에게 특혜 분양한 사건은 사회적으로 엄청난 반향을 일으켰다. 사건은 폭로 열흘 만에 유야무야로 마무리됐고, 분양받은 이들은 당시로는 엄청난 규모인 4,000만~5,000만 원의 프리미엄을 고스란히 챙겼다. 이 사건으로 압구정동 현대아파트는 고위층, 부자들이 사는 동네로 각인됐다.

부동산 시장과 인구 폭발 시대

우리나라의 베이비붐 기간은 아직 정립되지 않고 있다. 통상 1955년~1963년 태어난 이들을 베이비붐 세대(712만여 명, 전체 인구의 14.6%)라 말하지만 정확하다고 볼 수 없다. 공식 통계로 출생아가 가장 많았던 해는 1970년과 1971년이기 때문이다. 1971년에는 태어난 아이들이 102만 4,773명, 1970년은 100만 6,646명이나 된다. 그렇지만 1955년~1963년 태어난 이들을 베이비붐 세대로 지칭하고, 이들 세대의 일거수일투족을 주시하는 것은 한국경제의 눈부신 발전과정은 물론 각종 사회현상과 궤를 같이하기 때문이다.

이들은 한국경제 도약의 주역이기도 하다. 6·25 전쟁이 마무리

된 후에 태어난데다 1960년 초등학교 의무교육, 1970년 고교평준화, 1980년대 민주화 운동과 아시안 게임(1986년), 서울올림픽(1988년), 1997년 국제통화기금(IMF) 사태, 2002년 월드컵, 2008년 글로벌 금융위기, 2016~2017년 대통령 탄핵 등과 맞닿아 있다. 베이비붐 세대는 이런 국가 중대시기에 주요한 역할을 했다고 볼 수 있다.

부동산 시장도 베이비붐 세대의 출생과 성장, 결혼, 자녀 교육과 밀접하게 연결된다. 이들이 사회 전면에 등장해 값싼 노동력을 제공했고, 결혼에 이르면서 최악의 주택 부족 사태와 대량 소비 시대를 열었다.

한국 현대사에서 베이비붐 세대는 불만과 불운의 세월로 이어졌다. 일부는 의무교육만 받은 후 공장에서 일했고, 일부는 치열한 교육 경쟁 끝에 배움의 길로 나아갔다. 특히 대부분의 베이비붐 세대는 이촌향도의 중심에 있었다. 이들은 무작정 도시로 나와서 저임금에 시달렸다. 국가 성장의 발판이 되었으면서 정작 그 수혜를 입지 못한 이들도 많았다. 1977년 한국의 국민소득 1인당 1,000달러 달성은 이들의 고생이 없었으면 이루지 못했다고 해도 지나친 말이 아닐 것이다. 하지만 베이비붐 세대는 정작 과실은 제대로 따먹지 못하고 자녀 뒷바라지로 이어졌다. 결혼과 동시에 직장, 처자식, 재테크 등 삼중고에 시달린 것이다.

부동산 시장에서 베이비붐 세대의 어려움은 더 컸다. 대부분의 베이비붐 세대가 1970년대 말 강남권 개발을 거의 알지도 못했다. 일부는 강남권 개발 건설현장의 노동자로 일하면서도 그 의미를 잘 알지 못했다. 그 후 1970년대 말과 1980년 초는 부동산이 돈 되는 것임을 알았음에도 정작 종잣돈이 없어서 투자를 하지 못했다. 베이비붐 세대는 1985~1990년대 초를 전후해 결혼을 했지만 내 집을 갖지 못하고 세살이로 시작했다.

절대 부족한 주택난으로 인해 전세와 월세를 사는 이들이 대부분이었다. 이 틈을 이른바 '집장사'(주택을 마구잡이로 지어 팔아먹는 건설시행업자)들이 파고들었다. 1980년대 초부터 국적 불명의 단독주택과 빌라, 다세대주택이 폭발적으로 생겨났다. 베이비붐 세대는 이들 주택의 소비자들이었다.

1980년대는 아파트 건설 사업이 대규모로 추진되면서 양천구 목동 등이 개발됐다. 1986년 서울 아시안게임을 치르기 위해 생긴 잠실 선수촌아파트는 서민들의 아파트 구입 욕구를 대폭 확대시켰다. 아파트가 무주택자의 로망이 된 것이다. 이는 전셋값 급등과 주택 가격 상승으로 이어졌다. 결국 1988년 서울 올림픽을 전후해 아파트 가격은 천정부지로 치솟았다. 1980년 아파트는 전국주택 물량의 7% 수준이었으나 1989년에는 20.9%로 뛰었다. 그러나 수요에 비해 공급은 턱없이 부족했다.

1980년대 말 주택가격 상승은 일반인까지 투기 붐 형성에 휩쓸리는 사태로 내몰았다. 전셋값과 집값이 폭등하면서 자살하는 무주택자가 나오기까지 했다. 이는 1989년 노태우 정부의 신도시개발과 주택 200만 가구 공급이라는 극약처방으로 이어졌다. 한국 부동산 시장 최초의 대규모 공급 충격이었다.

부동산 투기와 내 집 마련 전쟁

1980년대 말에는 아파트가 주거의 중심으로 부상했지만 대부분의 베이비붐 세대에게는 '그림의 떡'이었다. 아파트는 중산층 중에서도 상류계층의 것이었고, 다세대주택, 빌라가 서민 중산층의 보금자리였다.

1985년 전후 다세대주택의 본격적인 등장은 필연적이었다. 집주인은 2~3층을 지은 뒤 자신이 1개 층에 살고 나머지는 임대했다. 특히 대부분의 다세대주택 주인들은 지하실이나 주차장을 개조, 이른바 반지하 다세대주택을 만들어냈다. 2~5가구가 거주할 수 있도록 지은 집에 6~10가구가 거주하기도 했다. 1980년대 서울 종로구 효제, 충신동 등의 다세대주택은 반지하에 2가구 1층에 2가구, 2층에 2가구, 3층 1가구의 주택이 많았다. 베이비붐 세대는 이 같은 다세대주택에 살면서 주택청약예금(청약저축)에 가입하고, 아파트 당첨을 학수고대했다. 물론 당첨되면 중도금을 넣고, 잔금을 치른 후 아파트라는 내 집 마련의 꿈을 실현했지만 100명 중 1~2명에 불과했다.

1980년대 중반부터 본격화한 주택을 활용한 부동산 투기의 만연은 베이비붐 세대의 내 집 마련을 더욱 어렵게 했다. 복부인 등 투기꾼들은 가수요를 부추겨 토지와 주택 가격을 끌어올렸고, 코

끼리 바늘구멍 뚫기 같은 청약자 당첨이 아니면 내 집 마련 길은 요원했다.

서민들의 내 집 마련 꿈을 어렵게 하는 부동산 투기의 수법은 정말 다양했고, 정부 단속은 큰 의미가 없을 정도로 치밀했다. 전두환·노태우 정부는 부동산 투기를 '망국병'이라고까지 규정했지만 발본색원은 애초부터 불가능했다. 투기꾼은 부자와 공무원, 권력층이 대부분이었기 때문이었다. 부동산 투기가 기업화된 기획부동산도 이때부터 등장했다. 초기의 기획부동산 회사들은 탈세와 뇌물 등 불로소득으로 얻은 돈을 가진 부유층에게 접근, 전국의 땅값 상승을 부추겼다.

베이비붐 세대, 재테크에 눈뜨다

노태우 정부의 200만 가구 건설에도 불구, 베이비붐 세대 중 내 집 마련에 성공한 이들은 극히 일부에 불과했다. 물론 1기 신도시를 분양받은 극히 일부 베이비붐 세대 역시 재테크 차원에서 부동산에 접근하지 못했다. 아직 재테크에 눈을 뜨지 못했기 때문이다.

신도시 아파트를 분양받았어도 수년 동안 집값은 움직이지 않았다. 그러다 1996년 신도시 집값이 약간 오르면서 '집값 상승의 맛'을 보았지만 곧이어 국제통화기금 사태로 집값은 폭락했다. 부동산 시장에 관심 없는 베이비붐 세대라도 부동산 재테크가 무엇인지를 깨달은 것은 IMF사태를 극복하는 과정이었다. 부동산 시장이 본격 상승한 2001~2007년 동안 주택을 사고 판 수많은 베이비붐 세대가 수혜를 입었다. 이 기간 동안 집값이 연평균 7.6%씩 올랐기 때문이다. 6년간 45%가량 오른 것이다.

2001~2007년 전국아파트 매매가 상승률 (단위 : %)

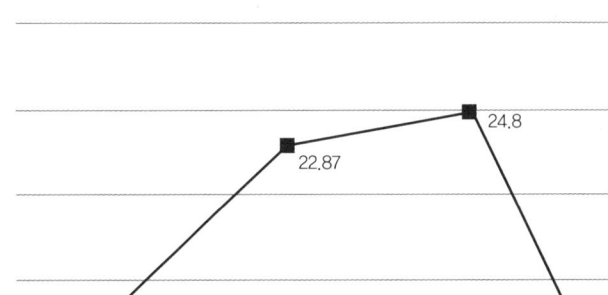

자료 : 부동산114

실제로 부동산정보업체(부동산뱅크)의 아파트값 변화를 들여다보면 당시 아파트 가격상승률을 유추해 볼 수 있다. 분당신도시 정자동의 한 아파트(공급면적 155㎡, 47평형 중간 가격)는 2000년 6월 말 3억 5,000만 원선이었지만 2006년 초 6억 4,000만 원으로 올랐다. 서울 송파구 잠실동 주공5단지 119㎡(36평형)도 2000년 6

월 3억 1,000만 원에서 2006년 초 7억 3,000만 원으로 상승했다. 이 아파트는 2007년을 거치면서 10억 원을 넘어서기도 했다.

뒤늦게 재테크에 관심을 가진 베이비붐 세대는 주택 가격 상승 혜택을 톡톡히 보았다. 한국은행과 국토연구원, 주택산업연구원 등의 연구 결과를 종합해 보면 베이비붐 세대의 대부분은 주택 가격 상승으로 차익을 보는 경우가 많았다(국토연구원 천현숙 박사팀의 〈세대 간 세대 내 주거특성 변화 연구〉 등 참고).

2005~2017년, 치솟는 부동산 버블과 추락, 찜찜한 활황

우리나라 부동산 시장은 수요가 공급을 이끌고 간다. 공급이 수요를 창출하는 경우는 극히 드물었다. 국가 경제가 휘청거릴 정도의 외부 충격 때 나타난 일시적 현상 외에는 없었다. 이승만-박정희-전두환-노태우-김영삼 정부까지 수요는 넘치는데 공급이 따라주지 못한 게 부동산 시장이었다.

우리나라 주택은 주거의 질은 낮았지만 집값만큼은 세계 주요 나라보다 상승률이 낮았다. 물론 지역 간 가격 편차는 세계 어느 나라보다 심한 만큼, 대도시를 기준으로 하면 한국 집값은 결코 상승률이 낮지 않았다. 역대 정부는 주거시장 안정을 위해 다양한 정책을 펼쳤다. 하지만 대부분의 부동산 정책은 실패했고, 서민 중산층의 내 집 마련 부담은 오히려 커져갔다. 고질적인 공급 부족은 집값이 정부의 정책기조와 거꾸로 가도록 했고, 당연히 부동산 시장은 정책과 관계없이 춤추는 상황이 됐다.

한국 집값, 정부 따라 춤추다

1970년대 전국에 공단 개발과 사회간접자본(SOC) 확충은 전국에 부동산 붐을 일으켰다. 도로가 건설되거나 공장이 들어서는 곳은 땅값이 천정부지로 치솟았다. 특히 수도권의 경우 강남권 개발이 시작되자 연간 토지가격이 수십 배 뛰기도 했다. 16년 사이에 1,000배가 넘게 뛴 곳도 나왔다. 당시는 일부만 이런 사실을 알고 있어서인지 부동산 시장 거품 논란도 없이 토지와 집값 상승으로 이어졌다.

1980년대 서울에는 집값이 1년에 50% 내외로 오른 시역이 많았다. 더구나 1986년 아시안게임, 1988년 서울 올림픽 개최는 서울 집값을 더욱 치솟게 했다. 전세시장은 방을 구하지 못한 신혼부부와 젊은이들로 아우성이었다. 우리나라 주택사의 극약처방인 200만 가구 공급이 나온 이유였다. 1990년 초 200만 가구 주택 건설과 입주로 안정을 찾기 전까지 주택 시장은 투기가 범람했다고 해도 과언이 아니었다.

하지만 국민 소득이 급격히 증가하고 주택 공급이 부족해 집값이 천정부지로 치솟아도 거품 논란은 일어나지 않았다. 부동산 시장의 거품 논란은 IMF외환위기 전까지 사실상 없었던 셈이다. 세계 각국과 비교해도 우리나라 집값은 그렇게 많이 오르지 않았기

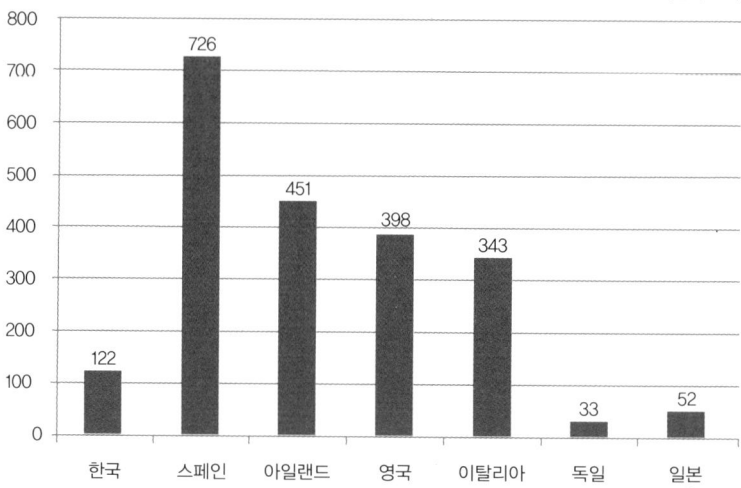

1980~2001년 세계 주요국 집값 상승률 (단위 : %)

자료 : 조세연구원, 노영훈 〈주택시장 문제점과 조세정책 방향 보고서〉(2002)

때문이다.

1998년 출범한 김대중 정부는 IMF외환위기 극복 차원에서 수도권 민간택지 분양가 자율화와 양도세, 취·등록세 감면 등 대대적인 규제완화에 나섰다. 하지만 불과 3년 후부터 집값과 전셋값이 꿈틀거리며 주거환경은 크게 나아지지 않았다. 그러나 IMF외환위기를 극복하고 내수 시장이 활성화되면서 2001년부터 집값이 지속적으로 상승하자 2006년 들어 부동산 시장 거품 논란이 고개를 들었다. 이른바 버블세븐 지역(서울 강남구와 서초구, 송파구, 양천구 목동, 경기 성남시 분당, 용인, 안양시 평촌)의 부동산 가격이 급등했기 때문이다. 이들 지역은 2006년과 2007년 집값이 지역별로 40~50% 올랐다.

2003년 출범한 노무현 정부는 김대중 정부의 규제완화에 따른 부동산 폭등을 막기 위한 뒤치다꺼리에 나설 수밖에 없었다. 규제도 대폭 강화했다. 2003년 임기 첫해 재건축 안전진단 기준 강화, 투기과열지구 확대, 보유세 강화 등 규제 일변도의 정책이 임기 말까지 이어졌다. 하지만 2006년 집값은 천정부지로 올라 거품 논란을 일으켰다.

이명박 정부가 출범한 해인 2008년, 미국에서 금융위기가 시작되자 부동산 규제 완화에 들어갔다. 취·등록세율 완화, 고가주택 기준 상향 조정 등을 통해 주택시장 정상화에 나선 것이다. 하지만 부자감세라는 비판을 면치 못했고, 부동산 시장은 활성화되지 못했다. 이명박 정부 5년은 무주택 서민들에게는 하우스푸어라는 고통스러운 단어를 선물했지만 집값과 전셋값은 안정됐다. 물론 부동산 투자자나 하우스푸어에게는 우울한 침체기로 기억되고 있다.

2013년 출범한 박근혜 정부는 초기 1년 동안 내수 침체가 이어지자 대폭적인 부동산 규제 완화에 나섰다. 신도시 개발 중단, 공공분양 공급 축소, 취득세 한시 면제, 9억 원 이하 신규·미분양주택 구입 시 양도세 한시 감면 등 부동산 부양책이나 다름없었다. 이에 따라 2013년 말부터 부동산 시장은 활성화 단계로 접어들었다. 이후 주택은 물론 수익형 부동산까지 대거 분양되면서 공급과잉 논란에서 자유롭지 못했다.

부동산 시장 10년 주기로 등락

한국 부동산 시장은 10년 주기로 롤러코스터를 탔다. 1960년대는 정부 경제개발 5개년 계획이 수립된 이후부터 전국 땅값이 급등했고, 집값도 치솟았다. 봉제 등 가공 수출증가, 베트남 전쟁과 중동특수 등으로 한국경제가 호황을 누리던 1970년대는 토지와 집값 모두 급등했다. 특히 1975~1979년 강남개발 붐과 투기세력이 맞물리면서 부동산 가격이 지역에 따라 수십, 수백 배 폭등했다. 당시는 전국 대부분의 지역 땅값과 주택가격이 치솟았다. 박정희 정부는 부동산 투기억제 및 지가 안정대책, 경제안정화 종합대책 등으로 시장 안정에 나섰지만 쉽게 수그러들지 않았다.

전국의 땅값은 전두환 정부와 노태우 정부를 거치면서 가속도가 붙었다. 수출 호조와 3저 호황, 아시안게임과 서울올림픽을 거치며 큰 폭으로 오른 것이다. 노태우 정부 집권 첫해인 1988년 아파트값이 20% 이상 올랐고, 1990년에는 32%나 올랐다.

노태우·김영삼 정부 때에도 주택 문제가 불거졌고, 가격은 오름세를 지속했다. 노태우 정부는 신도시 아파트 200만 가구 공급, 다세대주택 대거 허용 등으로 잠잠한 시기를 맞았다. 다만 노태우 정부 시기 등장한 토지공개념 3법(택지소유상한법·토지초과이득세법·개발이익환수법) 제정 등의 영향으로 김영삼 정부 들어 IMF 직전까지는 전국 평균 지가상승률이 마이너스를 기록했다. 토지공개념의 일부는 1999년 위헌판결을 받기도 했다.

노태우 정부 이후 정부별 집값 변동률 현황

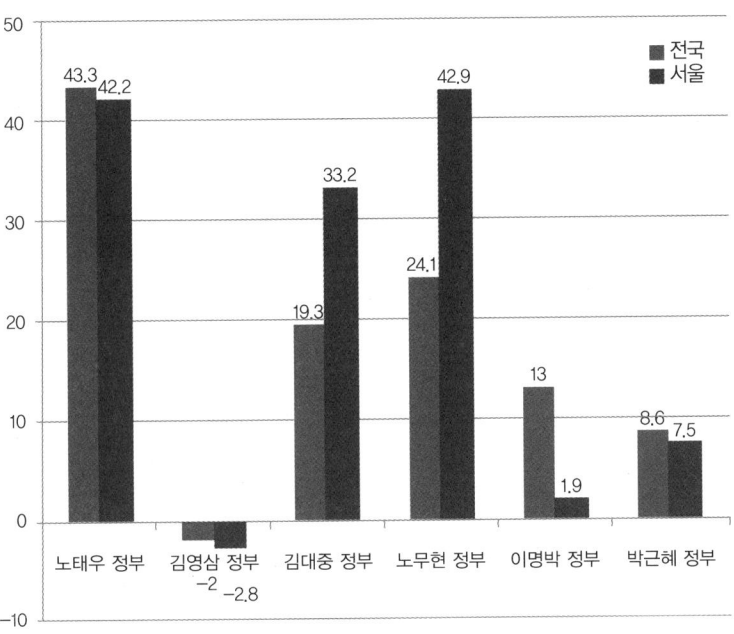

자료 : 주택산업연구원

　김대중 정부는 외환위기 극복을 위해 1998년부터 2001년까지 토지규제 완화, 토지공개념 폐지, 양도소득세 인하, 분양권 자율화 및 전매제한 폐지 부동산 부양책을 단행했다. 이에 따라 시중 유동자금이 부동산 시장으로 몰리면서 2001년 들어 토지와 아파트값이 본격 상승국면으로 진입했다. 다음해인 2002년엔 전국 아파트값이 22.8% 올랐다. IMF사태 직후 서울 강남구 도곡동 13평짜리 아파트는 1억 4,000만 원이었는데 2005년 6억 원에 이르렀다. 또 목동아파트 27평형도 1998년 1억 2,500만 원 선이었는데 2005년 5억 원을 넘어섰다.

아파트값 꺾이다, IMF사태

한국 정부는 1997년 11월 21일 밤 10시 IMF에 구제금융을 요청했다. 당시 임창열 경제부총리가 서울 정부종합청사에서 기자회견을 열고 "금융 및 외환위기 타개를 IMF에 구제금융을 요청한다"고 발표했다. 그 이전인 7월 태국이 IMF에 구제금융을 신청했고, 이어 10월 인도네시아가 아시아에서 세 번째로 IMF에 구제금융을 신청했다.

1960년대 이후 경제적으로 승승장구하던 한국에 첫 시련인 IMF사태의 시작이었다. 물론 IMF사태는 2001년 8월 23일 IMF 차입금 195억 달러를 예정보다 3년 빨리 갚으면서 막을 내렸다. 그러나 IMF사태는 부동산 시장에 엄청난 파장을 몰고 왔다. 전국 집값이 급락했고, 시세보다 훨씬 싸게 내놓아도 매수자가 없었다. 분양시장에서는 청약통장 1순위로 당첨된 사람들이 분양권을 팔려고 아우성쳤지만 살 사람이 없었다.

1998년 8월 아파트값이 바닥을 쳤을 때는 서울 기준으로 강북권 집값이 절반 가까이 떨어졌다. 강남권도 급매물은 반토막 난 아파트가 많았다. 서울 양천구 목동아파트 3단지 27평형의 경우 IMF사태 이전 2억 원대에 거래됐으나 1998년 8월 1억 2,000만 원에 거래됐다.

미분양 사태로 도산 위기에 몰린 건설사들은 1998년 가을부터 분양가 할인 등으로 청약자 확보에 안간힘을 썼지만 백약이 무효였다. 건설사들은 이 해에 미분양 주택 박람회도 열고 판촉활동에 나섰다. 일부 건설사들은 미국 로스앤젤레스로 건너가 교민들을 상대로 한국 부동산 판촉 활동을 벌이기도 했다. 정부는 경제위기 극복을 위해 부동산 시장 규제완화에 적극 나섰다. 정부와 건설업체들의 노력 등으로 1998년 하반기부터 유동성 자금이 부동산에 유입되기 시작했으나 시장을 정상화시키기에는 역부족이었다.

미분양 사태는 2000년까지 이어졌다. 서울 강남구의 한 아파트 단지는 서울 동시 분양에서 청약자가 예상보다 적자 분양을 포기한 후 2001년에 재분양에 들어가기도 했다. 1998~2000년은 부동산 시장의 암흑기였다.

버블세븐의 등장, 2006년~2007년의 경우

2006년 5월 노무현 정부는 수도권 부동산 가격에 거품(버블)이 많이 끼었다며 대책 마련에 나선다. 당시 정부가 거품으로 지목한 7곳으로 서울 강남 3개구(강남·서초·송파구)와 양천구 목동, 경기도 용인 수지구와 분당신도시, 평촌신도시다. 이른바 '버블세븐'의 등장이었다. 실제 당시 버블세븐 집값은 자고 나면 오른다고 할 정도로 가파른 상승세를 보였다. 2005년과 2006년, 2년 집값 상승률이 70%를 넘는 아파트단지도 등장했다. 강남구의 한 아파트는 2006년 말 3.3m^2당 3,635만 원에 이르기도 했다.

집값이 급등하자 정부는 각종 부동산 규제대책을 쏟아냈다. 분양가 상한제와 재건축초과이익환수제, 종합부동산세, 다주택자 양도소득세 중과, 부동산 실거래가 과세, 총부채상환비율(DTI), 담보대출인정비율(LTV) 축소 등이 시행됐다. 하지만 정부의 규제 정책은 백약이 무효였다. 노무현 정부 5년(2003년 3월~2008년 2월)간 전국 아파트값은 59.52%, 서울 아파트값은 78.88% 상승했다.

부동산 시장이 가라앉기 시작한 것은 노무현 정부의 규제 대책이 약발을 받기 시작한 이명박 정부 출범 이후였다. 2008년 6월 들어 버블세븐 지역 아파트값도 재건축 단지를 중심으로 하락세로 돌아섰다.

2008년 하반기부터 2013년까지의 부동산 시장 침체는 노무현 정부의 각종 규제책이 위력을 발휘했기 때문이지만 외부충격이 더 영향을 미쳤다. 미국의 서브프라임모기지가 촉발한 글로벌 금융위기였다. 2007년 4월 2일, 미국 서브프라임모기지 대출업계 2위인 뉴센추리파이낸셜이 파산신청을 했다. 서브프라임모기지는 우리나라로 따지면 제3금융권의 주택담보대출 상품이었다. 하지만 세계금융시장에 미치는 위력은 컸다. 글로벌 대형 금융기관들이 잇따라 파산·구제금융 신청을 했기 때문이다.

이유는 의외로 간단했다. 서브프라임모기지 회사들이 위험 회피 차원에서 자사 채권을 증권화해 다른 금융기관에 판매한 것이 빌미가 됐다. 이 상품이 또다시 새로운 파생금융상품으로 재판매되면서 글로벌 금융시스템을 흔든 것이다.

서브프라임모기지 판매업체들의 파산은 제1금융권으로 이어져 2008년 9월 미국 '빅5' 투자은행 리먼브러더스가 파산을 선언했다. 전 세계 금융시장이 충격에 빠지면서 글로벌 금융위기가 본격화됐고, 우리나라 부동산 시장은 직격탄을 맞았다. 물론 이 시기의 집값 하락에는 각종 규제책이 약발을 받은 것과 함께 생색내기 반값 아파트로 대표되는 보금자리주택 정책 등도 한몫했다.

2014년, 뜻밖의 부동산 부양

2008년 글로벌 금융위기 이후 맥을 못 추던 한국 부동산 시장은 4년 동안 침체의 늪을 벗어나지 못했다.

건설업계 입장에서는 부양책(浮揚策)이 필요한 시기였지만 정부 차원에서는 아니었다. 정부가 건설부동산 부양책을 쓰는 이유는 단순하다. 일자리 창출 효과가 크기 때문이다. 한국경제에서 건설 기능인력(단순노무직과 일용직 등)을 포함한 고용 인원만 430만여 명(2017년 초 기준, 대한건설협회 자료)에 이른다. 3명 가족 기준으로 1,300여만 명에 이르는 인구의 생계와 연결돼 있는 것이다.

건설부동산 부양책은 부동산 경기를 살리는 것이다. 주택산업 활성화 없이는 건설경기를 이야기할 수 없고, 주택경기 활성화는 부동산 시장 부양 외에는 대안이 없다. 이 때문에 역대 정부는 한국경제 위기 때마다 부동산을 경기 부양책으로 활용한 경우가 많았다. 1970년대의 강남개발, 1980년대의 양천구 목동, 노원구 상계동 개발, 1990년대 초의 수도권 1기 신도시 개발 등은 모두 경기 부양책의 하나였다. 물론 2000년대 초에도 정부는 부동산 부양에 나섰다. 1997년 IMF사태 이후 2000년을 전후해 부동산 규제를 집중 풀었다. 이후 부동산 경기가 살아나면서 내수도 살아났지만 부동산 열풍은 2005년 말부터 광풍으로 바뀌며 2008년 글로벌 금융위기를 맞을 때까지 거품 논란을 낳았다.

인구 고령화 시대를 맞은 2009년 이후 부동산 시장은 침체가 이어졌다. 이런 상황에서 2013년 집권한 박근혜 정부가 4월 들어 첫 부동산 대책인 '서민 주거안정을 위한 주택시장 정상화 종합대책'을 내놓으며 부동산 시장 침체에서 빠져나오려고 안간힘을 썼다. 이 대책에는 다주택자 양도세 중과폐지, 주택구입자 양도세 한시 감면, 수직 증축 리모델링 허용 등이 포함됐다. 그러나 상당한(?) 규제 완화 대책이 나왔지만 부동산 시장의 반응은 미지근했다. 부동산 전문가나 일반 주택 수요자는 물론이고, 건설 시행사들조차 이 대책을 체감하지 못한 것이다. 그러자 정부는 뜻밖에도 2014년 들어 노골적으로 부동산 부양에 나섰다.

박근혜 정부는 경기 침체에서 벗어나기 위해 2014년 4월 관료 출신인 최경환 국회의원을 기획재정부 장관 겸 부총리에 임명했다. 최 부총리는 취임하자마자 내수경기 부양책에 나섰다. 그것은 주택담보인정비율(LTV)과 총부채상환비율(DTI) 등의 대출 규모를 늘리는 등 금융 규제를 확 푸는 것이었다.

"지금은 부동산이 불티나게 팔리던 '한여름'이 아니고 '한겨울'이다. 여름이 다시 오면 옷을 바꿔 입으면 되는데, 언제 올지 모른다고 여름옷을 계속 입고 있어서야 되겠나?"

2014년 최경환 부총리 겸 기획재정부 장관 후보자의 말이다. 노골적으로 부동산 부양정책에 나설 것을 시사했다. 정부가 국민에게 집을 사라는 신호를 준 것이다. 문제는 최 부총리의 발언 이후 부동산 빙하가 소리 없이 녹기 시작했다는 것이다.

여기에 공공택지 전매제한 완화와 청약가점제와 민간택지 분양가 상한제를 사실상 폐지했다. 또 야당에서 반대하던 재건축 초과이익환수제 유예(2017년 말 일몰), 재건축 조합원 1가구 다주택 허용 등 이른바 '부동산 3법' 개정을 국회에서 관철시켰다. 부동산 시장을 둘러싼 규제를 사실상 대부분 없앤 것이다. 이 같은 부동산 시장 부양책에 시장은 반응하기 시작했다. 2014년 주택 인허가 실적이 급격히 늘어나고 분양시장도 활성화됐다.

부동산 부양책은 일부의 비판을 받았지만 경기 활성화에는 일조했다. 하지만 과도한 부동산 시장 부양책은 부작용을 불러왔다. 인구 고령화와 감소에 대한 우려와 주택 공급과잉 경고에도 부동산 시장은 2017년 말까지도 호황을 누렸다. 이 기간 부동산 호황은 강남권 재건축단지 가격 급등과 청약시장 과열, 공급 과잉, 가계부채 증가로 이어졌다.

2014년 최경환 부총리 취임 전후 주택 인허가 실적　　　　　　　　　(단위 : 천 건)

```
800
750                                          ■ 765
700
650
600
550
515 ■
500
450
440 ■
400
350
300
     2013년              2014년              2015년
```

자료 : 온누리부동산포털

부동산 부양의 그늘, 가계부채 증가

한국은행은 2017년 6월 낸 〈2016 금융시장 보고서〉에서 금리가 1%포인트 오르면 부채 고위험 가구가 34만 가구로 증가할 것이라 예측했다. 고위험 가구는 빚으로 인해 자칫 파산에 이를 수 있는 가구다. 이미 위험 가구로 분류되는 가계는 126만 3,000가구(2016년 3월 기준)에 이르렀다. 이들이 지고 있는 빚만 186조 7,000억 원에 달했다.

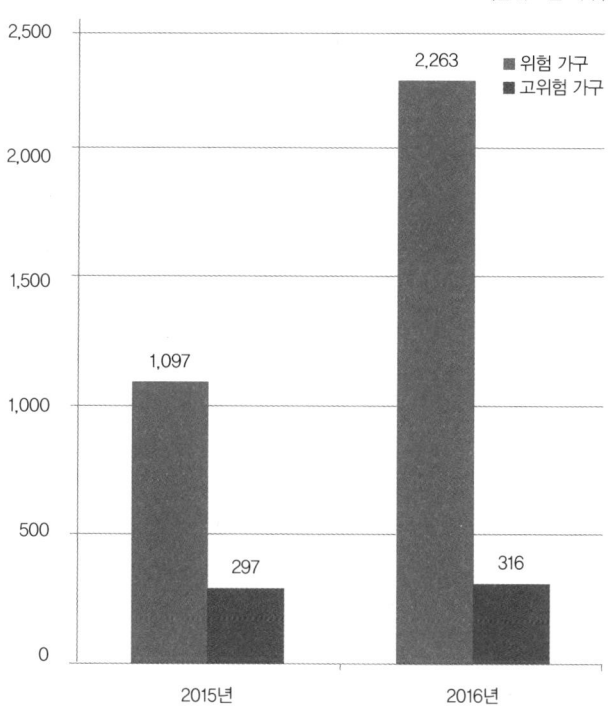

자료 : 한국은행(2017)

　가계부채는 어느 나라나 골칫거리로 등장한다. 가계부채가 증가할 경우 소비 발목을 잡은 것은 물론 지속적인 경제 성장의 저해 요인으로 작용한다. 우리나라도 이제 가계부채가 한계에 이른 만큼 시급히 대책을 내놓아야 한다. 우리나라는 당장 2017년 8월부터 65세 인구가 전체 인구의 14% 이상을 차지하는 고령 사회가 시작됐다. 고령 사회와 부동산 시장 변화를 고민해야 할 이유다.

　문재인 정부 5년 동안 공공임대주택이 약 80만 가구 공급된다.

물론 민간아파트도 2017년부터 5년 동안 200만 가구가 입주한다. 또 2021년이면 그동안 공급된 공공임대주택도 300만 가구에 이르게 된다. 이는 부동산 시장이 안정을 찾게 된다는 것을 뜻한다. 그리고 부동산 시장의 안정은 그만큼 투자이익을 남기는 기회도 줄어든다는 것을 의미한다. 전세시장이 대폭 축소되고 월세 시대가 더 빨라진다는 의미이기도 하다.

문제는 2017년 말 1,400조 원을 넘어선 가계부채다. 각 가정이 지고 있는 빚이 천문학적이기 때문이다. 문재인 대통령은 취임 두 달이 지난 2017년 7월 21일 "지금 가계부채(가구당 지고 있는 빚) 문제는 다들 시한폭탄이라고 말할 정도로 반드시 우리가 해결해야 될 과제"라며 가계부채의 위험성을 경고했다. 대통령이 나서서까지 가계부채의 위험성을 드러내놓고 얘기한 것이다.

가계부채는 전 정부의 경기 부양 과정에서 생긴 부득이한 빚이다. 최근 5년 사이에 가계부채가 급증한 것은 경고음을 울려야 할 금융기능이 정부의 경기부양 의지에 눌렸기 때문이다. 가계부채는 박근혜 정부에서 가파르게 상승했다. 노무현 정부 5년 동안 200조 7,000억 원이 증가했고, 이명박 정부에서는 298조 4,000억 원 증가하는 데 그쳤다. 하지만 박근혜 정부 4년 동안 연간 323조 5,000억 원이 증가했다. 연간 노무현 정부의 두 배가 넘는 81조 원이 증가한 것이다. 하지만 연평균 경제성장률은 각각 4.9% ⇨ 3.2% ⇨ 2.95% 순이었다.

모든 정권이 그렇듯이 전 정부도 경기 부양을 위해 돈을 풀고,

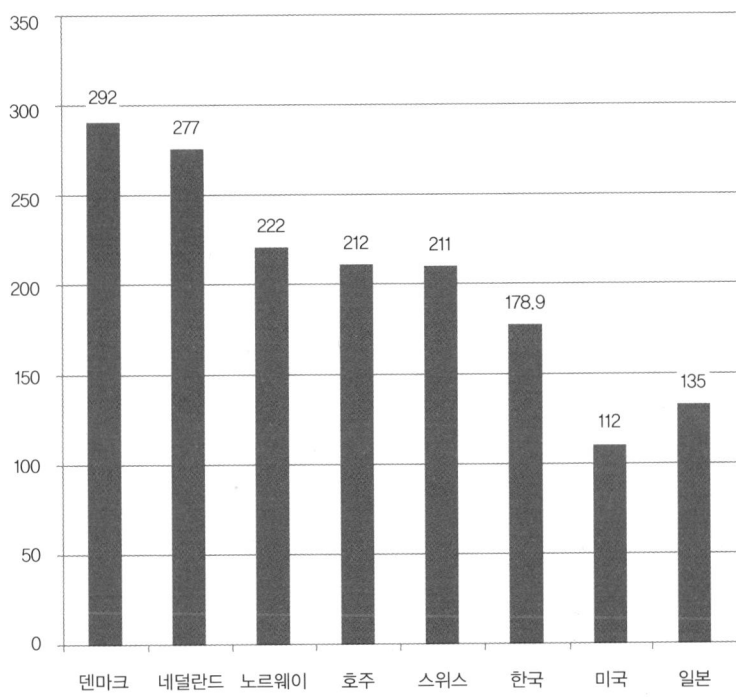

세계 각국 가계 가처분소득 대비 부채비율 (단위 : %, 기준 = 100)

한국은 2016년 말, 외국은 2015년 말. 자료 : 한국은행, OECD 등

가계 대출을 지원했다. 사실상 집을 사라고 부추기는 경우도 많았다. 가계의 소비 없이는 경기 침체를 벗어나지 못하기 때문이었다. 하지만 가계부채는 커질수록 부담이다. 이제 짐이 되고 있다. 여기서 더 확대되면 개인경제는 물론이고 국가경제에 큰 마이너스가 될 가능성이 높다.

가계부채 급증은 가계의 소비 위축을 부른다. 써야 할 돈이 크게 줄기 때문이다. 실제 가계의 가처분소득 대비 부채비율은

2016년 말 기준 180%(178.9%)에 육박했다. 이는 2015년 말 기준이긴 하지만 미국(112%), 일본(135%)에 비해 크게 높은 것이다.

2015년 말 기준으로 한국보다 높은 나라가 있지만 이들 나라들은 사회보장제도가 제대로 갖춰진 국가다. 한국보다 가계부채가 높은 나라는 덴마크(292%), 네덜란드(277%), 노르웨이(222%), 호주(212%),스위스(211%) 등이다. 사회보장제도가 발달한 나라는 가계가 신용불량으로 전락해도 최소한의 생활을 국가가 보장해준다.

부동산 시장 냉각 경고에도 찜찜한 활황

2017년 부동산(주택) 시장의 '찜찜한 활황'은 이어졌다. 건설업계는 물론 전문가들조차 현재의 부동산 시장에 대해 '불안한 활황'이라는 말을 꺼낸다. 하지만 가계대출, 지방 청약경쟁률 하락, 기존 아파트 매매 감소 등 시장 곳곳을 들여다보면 '냉각'이라는 음험한 그림자가 어른거린다. 그럼에도 마이너스 통장의 주택 관련 대출은 크게 줄지 않고 있으며, 은행권 가계 대출 잔액은 700조 원을 넘어섰다. 특히 금융권 가계대출 잔액의 대부분을 차지하는 주택담보대출 잔액은 2017년 말 600조 원을 향해 치닫고 있다. 기타 대출 잔액(마이너스통장 등)도 200조 원, 전체 가계대출은 1,400조 원을 넘어섰다. 실로 어마어마한 돈이 가계의 빚으로 있는 것이다.

2007년 당시 미국에서는 주택담보대출 파생상품인 서브프라임 모기지업체가 잇따라 도산했지만 한국 부동산 시장은 위험을 감지하지 못하고 있었다. 외국의 금융 움직임에 효과적으로 대응하지 못하고 방심했던 것이다. 특히 국내 부동산 시장은 2008년 9월 리먼브러더스 사태가 터지기 전까지 아무 일도 없는 듯한 태평성대(太平聖代)를 누리고 있었다. 금융 시스템이 그만큼 부실했던 것이다.

2017~2018년 부동산 시장도 그때를 닮아가고 있다. 공급과잉 경고로 한동안 위기의식이 퍼지는 듯 했으나 5·9 대통령 선거 이후 불확실성이 걷히자 다시 청약 붐이 일어나고, 강남권 재건축단지는 급등했다. 정부의 8·2 부동산 대책으로 한풀 꺾이긴 했지만 청약 시장은 수요자들이 여전히 북새통을 이루는 등 찜찜한 호황 상태를 유지하고 있다.

한국경제를 둘러싼 대내외 환경은 결코 낙관적인 전망을 할 수 없다. 한반도를 둘러싼 지정학적 리스크, 금리, 부동산 공급과잉 등은 당장 해결할 수 없는 악재 중의 악재이다. 지정학적 리스크는 우리나라 홀로 해결할 수 없다는 데 심각성을 찾을 수 있다.

저성장 리스크 역시 문제다. 2018년 한국경제 성장률에 대해 각 기관들은 3% 내외로 전망하고 있다.

경제성장률뿐만이 아니다. 구체적으로 부동산 시장을 둘러싼 먹구름은 쉽게 걷힐 수 없는 상태다. 우선 1,400조 원에 달하는 천문학적인 가계부채가 억누르고 있다. 금융권이 대출 최소화에 들어

각 기관의 한국경제성장률 전망치

(단위 : %)

기관명	2017년 전망치
한국은행	3.0
OECD	2.6
IMF	2%대 (구체적 수치 미공개)
KDI	2.4
현대경제연구원	2.3
LG경제연구원	2.2
한국금융연구원	2.5
모건스탠리	2.3
골드만삭스	2.4
JP모건	2.3
노무라	2.0

가고 정부도 '관리가 가능하다'고 하지만 '불안한 상태'가 이어질 수밖에 없다.

부동산 상품 공급과잉은 발등의 불이다. 2014~2017년 4년간 300만 가구(실)가 넘는 아파트와 오피스텔, 도시형생활주택 등 주거 상품이 공급됐음에도 2018년에 30만 가구가 넘게 공급될 예정이다. 포화상태를 넘어 범람의 단계에 와 있는 것이다.

국내외 대형 경제 악재로 인해 잘 보이지 않지만 주택 공급과잉 문제는 심각하다고 해도 과언이 아니다. 2017년과 2018년에 정책적으로 공급 과잉 문제를 해결하지 않으면 2018년 말부터 부동산 시장은 대내외 경제 상황과 관계없이 입주 폭탄과 역전세난 등의 현상을 보이며 '급랭'으로 갈 수도 있기 때문이다.

04
문재인 정부와 부동산 시장

 2017년 5월 출범한 문재인 정부는 적폐청산, 복지 등을 주요 국정 정책으로 내세웠다. 국정 곳곳의 적폐를 청산하고 복지를 확대하겠다는 게 골자다. 부동산 정책에서도 주거복지를 강조했다. 고분양가와 고가 아파트는 최소화하되 질 좋은 공공주택을 대폭 늘리겠다는 것이다.

 다만 부동산 정책의 시작은 '규제'였다. 한국경제에서 건설부동산 산업은 어느 산업보다 중요해 '규제 폭탄'은 전반적인 경기 침체로 이어질 수 있다. 전 산업에서 차지하는 비중은 높지 않은 것으로 나오지만 파생산업과 연관 효과, 일자리 등을 따지면 단단한 위치를 점유하고 있기 때문이다. 기능인력(단순노무직과 일용직 등)을 포함한 전체 건설 고용 인원만 430만여 명(2017년 초 기준, 대한건설협회 자료)에 이른다.

한국경제에서 430만여 명의 근로자가 종사하는 산업 분야는 드물다. 건설부동산 산업이 침체되면 소비가 감소할 수밖에 없는 이유다. 누가 뭐래도 건설부동산 산업은 내수 경기와 불가분의 관계에 있는 것이다. 정부가 2018년에 어떤 부동산 정책을 펴나갈지 주목되는 이유다.

문재인 경제팀과 부동산 정책의 방향

일반 국민이 가장 피부로 느끼는 것은 부동산 정책이다. 특히 부동산 시장의 침체와 활성화에 따라 내수 소비가 좌지우지되면서 국민 대부분이 부동산 정책에 대해 민감하게 반응한다.

문재인 정부는 출범 직후부터 고공행진하는 부동산이 발목을 잡았다. 주거복지 정책을 국민에게 제대로 설명하기도 전에 서울 강남권 재건축단지를 중심으로 가격이 급등한 것이다. 이에 따라 2017년 6월 19일 첫 부동산 대책이 나왔지만 시장은 정책을 비웃었다. 강력한 규제책이 나올 것으로 본 시장과 전문가들의 예상에 훨씬 못 미친 저강도 규제 정책이었기 때문이다. 부동산 시장 냉각을 우려해 솜방망이 규제 정책을 낸 것이 화근이었다.

시장은 즉각 반응했다. 서울 강남 재건축단지를 중심으로 급등한 것이다. 이른바 6·19 대책 후 한 달 사이에 2억 원 넘게 오른 재건축 단지도 나왔다. 이에 문재인 정부는 여름휴가의 절정기인 8월 2일 초고강도 부동산 규제대책을 내놨다. 서울 전역을 투기과열지구로 지정하는 등 강도 높은 규제로 대응에 나선 것이다.

8·2 부동산 대책은 시장에 대한 경고 이상이었다. 밑바닥에는 정부가 부동산 투기세력에 더 이상 밀리지 않겠다는 의지가 배어 있었다. 노무현 정부의 전철을 밟지 않겠다는 것이다. 8·2 대책은 정부와 시장 간 '전쟁의 시작'이라 해도 지나친 말이 아니다.

문재인 대통령은 2017년 7월 28일 기업들과 만난 자리에서 "부동산 가격 잡으면 피자를 쏘겠다"고 말했다. 강남 재건축단지를 중심으로 집값이 급등하자 경제팀의 강력한 대책을 촉구한 것이다. 문 대통령은 이어 8월 17일 기자회견에서 "더 강력한 부동산 대책을 주머니 속에 가지고 있다"고 말했다. 부동산이 더 오르면 세금 문제를 꺼내겠다는 의지를 보인 것이다.

문재인 정부 경제팀은 사실 부동산 정책에서 집값 상승에 대해 강력한 억제 의지를 갖춘 인물들이 포진해 있다. 청와대 사회수석 김수현, 정책실장 장하성, 공정거래위원장 김상조, 국토교통부 장관 김현미 등은 집값 급등에 따른 국민 위화감 조성 등을 용납하지 않겠다는 의지를 가진 이들이다. 특히 주택정책을 관할하는 김수현 사회수석은 8월 3일 "강남권을 포함해 일부 지역의 부동산 가격 급등은 지극히 비정상적"이라며 "이 정부가 부동산 가격 문제에 대해 물러서지 않겠다"고 강조하기까지 했다. 김 수석은 저서 《꿈의 주택정책을 찾아서》(2017)와 《부동산은 끝났다》(2011), 《주택정책의 원칙과 쟁점》(2008) 등에서 보유세인 종합부동산세(종부세) 강화에 강력한 의지를 밝혔다. 8·2 대책 이후 집값이 조금이라도 꿈틀거리면 정부는 즉각 구두발언 등으로 시장에 개입했고, 10월 들어서는 가계부채 종합대책 등을 내놓았다. 앞으로 민간택지 분양가상한제, 재건축초과이익환수제 등이 시행된다.

이처럼 문재인 정부 경제팀은 부동산 정책에 관한 한 집값 안정에 대한 의지가 확고하다. 이에 따라 부동산 가격이 잡히지 않을 경우 종부세 강화라는 '칼'이 나올 가능성도 있다.

8·2 부동산 대책과 그 전망

2017년 6·19 대책과 8·2 대책에서 보듯이 문재인 정부는 부동산 시장 규제를 통한 집값 안정에 방점을 찍었다. 철저히 실수요자 위주 시장 재편에 나서 집값을 안정시키겠다는 것이 속내다. 실제 강남 재건축단지의 경우 8·2 대책 영향으로 1~2억 원이 내린 급매물이 나오고 신규분양 연기가 속출했다. 문재인 정부는 8·2 대책에 이어 10월 가계부채 대책을 내놓고 11월 말에는 주거복지 로드맵도 발표했다. 다음 수순은 재건축초과환수제로 2018년 1월 시행된다.

2014~2017년 기간 집값 상승 등 부동산 시장 호황은 2017년 8월 2일 '실수요 보호와 단기수요 억제를 통한 주택시장 안정화 방안'(8·2 부동산 대책)이라는 초고강도 규제를 불렀다. 지난 4년여 동안 집값 고공행진은 실수요자보다는 베이비붐 세대의 증여 수요, 시세차익을 노린 투기성 투자자, 높은 전셋값이 한몫했다. 특

히 고질적인 전세난은 갭투자라는 병폐를 가져왔다. 매매가격과 전세가격의 격차(gap)가 줄면서 이른바 내 돈 없이 대출을 활용한 '갭투자'를 부른 것이다. 정부도 갭투자를 집값 상승의 한 원인으로 지목했다. 이런 영향으로 서울 강남권 재건축 아파트는 올해 3.3m^2당 평균 가격이 4,500만 원을 돌파, 임계점에 이르렀다. 8·2 대책이 나온 배경이었다.

8·2 대책은 수년 동안 잠자고 있던 '투기과열지구'와 '투기지역' 지정이라는 규제를 불러들였다. 투기과열지구는 서울 전역, 경기 과천, 세종시(행정중심복합도시 건설지역)가 지정됐다. 서울 강남, 서초, 송파, 강동 등 강남 4개구와 용산, 성동, 노원, 마포, 양천, 영등포, 강서 등 11개 구, 세종시는 추가로 대출 규제가 적용되는 투기지역으로 묶였다.

이들 지역은 주택담보대출비율(LTV)과 총부채상환비율(DTI)이 40%로 내려간다. 투기과열지구에서 재건축 조합원 지위 양도가 금지되고 투기지역에서는 주택담보대출 건수가 세대당 한 건으로 제한된다. 투기과열지구는 3억 원 이상 주택 구매 시 자금조달 및 입주계획 등을 밝혀야 한다. 증여세 등 탈세나 실거주 여부 등을 확인받는 주택거래신고제 적용도 받는다.

다주택자 규제도 강하게 나왔다. 주택담보대출을 1건 이상 보유한 세대원은 LTV·DTI 비율이 10% 포인트 내려간다. 2주택자가 청약조정지역 내 주택을 팔 때 양도세율은 기본세율에 10%포인트, 3주택자의 경우는 20%포인트 중과된다. 청약조정지역 내 1세대 1주택이 양도소득세 비과세 혜택을 받으려면 2년 이상 실거주해야 한다. 분양권 전매 시 양도세율은 보유기간과 관계없이 50% 일괄 적용된다.

투기과열지구나 청약조정지역에서 청약 1순위 자격이 되려면 통장 가입 후 2년이 넘어야 한다. 전용면적 $85m^2$ 이하 주택의 청약가점제 비율은 투기과열지구에서는 75%에서 100%로, 청약조정지역에서는 40%에서 75%로 조정된다. 1순위자가 청약에 당첨되고서 분양권을 전매하고 6개월 후 또 청약하는 편법을 막고자 가점제로 당첨된 경우 2년간 가점제 적용을 배제한다.

8·2 대책이 본격 운용될 경우 유주택자가 집을 분양받기는 쉽지 않다. 실수요자인 무주택자도 대출 제한 적용을 받는다. 특히 30~40대 종잣돈이 없는 실수요자의 경우 내 집 마련이 더 멀어졌다고 볼 수 있다. 8·2 부동산 대책이 무주택자 혹은 집 없는 일반인 투자자와 다주택자에게 동시에 '고민의 시간'을 주었다. 대다수의 내 집 마련 희망자들이 집을 사려고 하는 이유는 '집값이 오를 것'으로 보기 때문인데 8·2 대책은 집값이 오를 가능성을 차단했다. 이는 결국 집값이 떨어진다는 것을 의미해 실수요자가 시장을 좌지우지할 매수 세력으로 등장할 가능성은 낮다.

문재인 정부 5년 동안의 부동산 시장은 결국 철저히 무주택 실수요자 위주로 재편될 것이다. 당첨 가능성이 없는 유주택자가 선호하는 분양권 전매도 극히 제한적으로 이뤄질 가능성이 크다.

투기과열지구 주택법 제63조 2항에 지정요건이 명시돼 있다. 주택가격 상승률이 물가 상승률보다 현저히 높아 주택투기가 성행할 우려가 있는 지역이라고 판단될 때 건설교통부장관 또는 시·도지사가 지정해 규제하는 제도다. 주택공급이 있었던 직전 2개월간 해당 지역에서 공급되는 주택의 청약경쟁률이 5 대 1을 초과하는 등의 요건을 충족해야 한다. 2002년 8월 주택건설촉진법 개정으로 처음 도입됐다. 투기과열지구로 지정되면 재건축 조합원 지위 양도 전면 금지, 6억 원 이상 주택에 대한 총부채상환비율(DTI)·주택담보대출비율(LTV) 40%까지 강화 등의 규제가 적용된다.

투기지역 소득세법 104조의 2항에 명시돼 있다. 직전월 주택가격상승률이 전국 소비자물가상승률의 130% 이상이면서 직전 1년간 주택가격상승률이 직전 3년간 연평균 전국 가격상승률보다 높거나, 직전월 주택가격상승률이 전국 소비자물가상승률의 130% 이상이면서 직전 2개월 평균 주택가격상승률이 직전 2개월 평균 전국가격상승률의 130% 이상인 지역 가운데 지정이 가능하다. 기획재정부장관이 지정하며 2003년 도입됐다.

정부 규제 없어도 대형악재 많아

2018년 부동산 시장을 둘러싼 환경은 녹록치 않다. 먼저 금리 인상 가능성과 8·2 대책에 따른 부동산 시장 침체다. 금리는 언제든지 오를 가능성이 있고, 2017년 8월에 나온 8·2 대책 영향으로 매매 거래가 급감하는 등 거래절벽 현상을 보이고 있다.

진짜 문제는 상반기부터 본격화되는 입주물량 급증이다. 2014~2017년 4년 동안 전국 부동산 시장에는 300만 가구(실)의 부동산 상품이 쏟아졌다. 이 때문에 전문가들은 국내외 기관들의 한국경제 성장률 전망 상향 조정에도 불구, 머잖아 '부동산 시장 급랭'이 현실화할 수도 있다는 전망을 내놓고 있다. 여기에 문재인 정부의 부동산 정책도 공공임대주택 대거 공급을 통한 국민 주거안정과 주거복지에 초점이 맞춰져 있는데다 규제 중심으로 가고 있어 당분간 부동산 시장 활성화 정책을 기대하기 어려운 상황이다.

금리 인상과 과잉 공급은 부동산 시장의 최대 악재다. 고금리는 대출이자에 고스란히 반영돼 가계 부담으로 올 수밖에 없고, 과잉공급은 주택 가격 하락으로 연결되기 때문이다. 더 큰 악재는 2018년~2020년 한국 부동산 시장 상황이 과잉공급 후폭풍에 따른 입주 폭탄을 맞는 시기에 미국의 금리 인상이 이어질 가능성이 높다는 것이다. 미국은 2017년 두 번이나 금리 인상을 단행했다. 미국 금리 인상은 글로벌 부동산 시장을 짓누르는 압박붕대 역할을 하고 있다. 한국 부동산 시장은 이런 악재를 두고 2018년 ~2020년을 견뎌야 한다.

문재인 정부 5년, 살 것인가 팔 것인가

문재인 정부는 8·2 대책으로 부동산 시장을 꽁꽁 묶었다. 앞으로 더 묶을 가능성이 상존하고 있다. 이는 부동산 경기 침체로 이어지고 2008년 금융위기 때처럼 외부충격과 연결될 경우 한국경제 위기와 궤를 같이 할 수도 있다. IMF사태나 글로벌 금융위기 같은 경착륙의 시기가 올 수도 있다는 것이다.

한국경제가 이대로 현상을 유지한다고 해도 부동산 시장은 강도 높은 각종 규제로 인해 하향세가 나타날 수밖에 없을 것이다. 물론 투자자가 일부 지역이나 상품으로 몰리는 풍선효과가 있겠지만 그 영향은 미미할 것이다. 다주택자 등 부동산을 많이 보유한 이들은 이런 시장 상황을 감안해 '팔 것이냐, 지켜볼 것이냐'를 결정해야 한다. 소유 부동산이 '짐'이 되는 시기가 올 수 있기 때문이다. 정부도 다주택자는 2018년 4월까지 팔기를 권하고 있다. 특히 집값이 2018년 상반기에도 안 잡힐 경우 2018년 하반기 이후 보유세(재산세, 종합부동산세 등) 강화가 등장할 가능성이 높다. 약칭 종부세는 징벌세 성격이 강하지만 부동산 시장 안정을 명분으로 시행할 수 있다. 다만 보유세 중 재산세는 집을 가진 모든 이가 해당되기 때문에 시행이 쉽지 않으며, 재산세 인상은 조세저항을

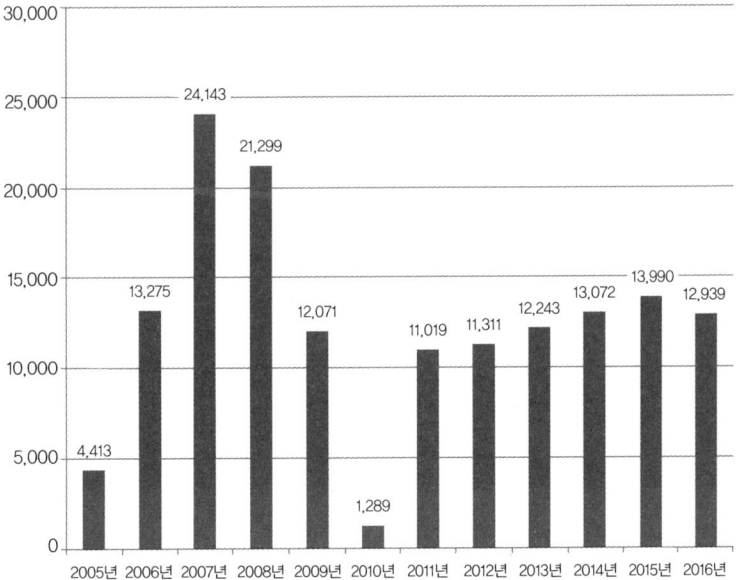

종합부동산세 부과 현황 (단위 : 억 원)

자료 : 국세청

부를 수 있다. 공시지가 조정 등 '꼼수(?)'가 등장할 수도 있다. 반면 종부세는 저항이 약하다. 2016년에도 1조 2,939억 원이 걷히는 등 아직 명맥을 유지하고 있다.

정부의 각종 규제와 주거시설 공급과잉 상황 등 종합적인 부동산 시장 상황을 고려해볼 때 외부충격이 없더라도 2018년 하반기~2020년 집값은 약세를 보일 가능성이 크다. 무주택자 등 실수요자들은 고민만 하지 말고 이 시기의 특정 시점에서 선택을 할 필요가 있다. 내 집 마련이든, 재테크를 위한 투자든 결단을 내리면 좋은 결과를 얻을 수도 있다. 문재인 정부 5년차를 전후해 다시 부동산 시장이 호황의 시기를 맞을 수도 있기 때문이다.

특히 실수요자는 규제의 절정기(2017년 6월~2018년 상반기)와 입주의 절정기(2019년)를 지나면, '정부라는 규제신(規制神)'을 지나치게 믿기보다는 내 집 마련이라는 결단을 내리는 것도 재테크의 길이 될 수 있다. 떨어지는 부동산 가격에는 날개가 있다는 것을 명심하고, '더 떨어질 것'이라는 악마의 속삭임에서 자유로워야 한다. 내 집 마련 적기는 문재인 정부 3년차부터 올 가능성이 크다.

문재인 정부 부동산 시장은 규제 중심의 정부 정책에 의해 억눌려 있는 것이어서 언제든지 틈새를 뒤집고 솟구칠 수 있다. 어떤 시장이든지 규제 강화는 또 다른 충격만 없다면 머지않은 시간에 기회의 장이 열리는 것을 뜻한다.

3부

저출산 고령화 시대의 부동산 생존법

인구 고령화와 부동산 시장의 변화

한국은 앞으로 5년 후에 베이비붐 세대(1955~1963년 사이에 태어난 이들)가 노동시장에서 사실상 완전 은퇴한다. 2022년 기준으로 1963년생이 60세가 되는 것이다. 노동시장의 중추 세력인 베이비붐 세대의 은퇴는 경제 전반에 다양한 영향을 미칠 수밖에 없다.

이와 관련, 한국은행은 15년 내(2030년 전후)에 우리나라가 '노동력 부족을 겪을 것'(〈인구 고령화가 노동력 부족 현상에 미치는 영향〉, 이철희 서울대 경제학과 교수, 이지은 한국은행 경제연구원 부연구위원 보고서)이라고 경고했다. 하지만 이는 인구의 급속한 고령화와 저출산을 간과한 느슨한(?) 보고서다. 고령화와 고학력에 따른 노동력 분배와 2005년 이후 급격히 저하된 출산율을 제대로 반영하지 못했기 때문이다. 실물 경제 현장인 기업의 총무 관련 담당자들은 당장 5년 후부터 업종별 편차는 있겠지만 노동력 부족이 나타날 것으로 보고 있다. 5년 후면 2022년 베이비붐 세대의 완전은 퇴와 맞물려 있기도 하다.

인구 고령화 시기 한국경제에서 건설부동산의 역할은 더욱 중요해지고 있다. 국가 경제에서 부동산 연관 산업이 사양화할 경우 경기 침체는 물론 일자리가 급격히 사라지기 때문이다. 더구나 저유가로 해외 건설 수주시장이 맥을 추지 못하는 상황에서 문재인 정부는 2018년부터 국내 사회간접자본(SOC) 투자액마저 축소했다. SOC 축소는 일자리 감소로 이어질 수밖에 없고, 이는 경기 침체의 단초가 될 수도 있다.

부동산 시장은 부가가치가 높은 산업이다. 고령화로 주택 수요가 감소한다고 해도 상업용 건축 등 수익형 부동산은 명맥을 유지할 가능성이 높다. 또 인구가 늘거나 감소한다고 부동산 수요가 줄어드는 것도 아니다. 금리가 갑자기 급등하지 않는 한 부동산은 지속가능한 재테크 테마이기 때문이다. 다만 고령화 시대에는 금리보다 높은 수익률을 내는 것이 관건이 될 것이다.

경제활동인구 감소, 예상보다 빨라진다

우리나라 인구는 2017년 8월 말 기준 약 5,175만 3,820명에 이른다. 행정안전부의 주민등록 통계다. 정부의 공식적인 발표 인구는 2015년 11월 1일(인구주택총조사 기준) 4,942만 6,000명이다. 우리나라는 5년마다 인구주택 총조사를 하기 때문에 현재 인구의 정확한 통계는 2020년에 나온다.

통계청의 인구 추계에 따르면 우리나라 인구는 앞으로 14년 후인 2031년 5,296만 명을 정점으로 거의 모든 시도의 인구가 감소한다. 2045년에는 5,105만 명까지 줄어든다. 생산가능인구(15~64세)는 이미 2016년 3,763만 명을 정점으로 감소하고 있으며, 2020년부터는 연평균 30만 명 이상 줄어든다. 주요 경제활동인구도 2015년 1,979만 명을 정점으로 줄기 시작했다.

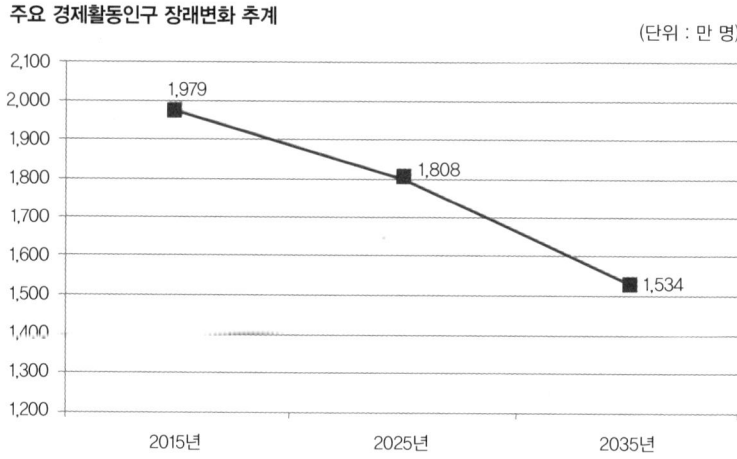

주요 경제활동인구 장래변화 추계 (단위 : 만 명)

자료 : 통계청

여기에 합계출산율(Total Birth Rate, 출산 가능한 여성(15~49세)이 평생 낳는 자녀의 수)이 급격히 떨어지는 상황이어서 인구 감소 시기는 더 빨라질 수 있다. 일부 학자들은 현재의 합계출산율 하락세를 감안해 볼 때 한국의 인구 감소는 2025년부터 시작될 것이라고 경고하고 있다.

우리나라의 합계출산율 (단위 : 명)

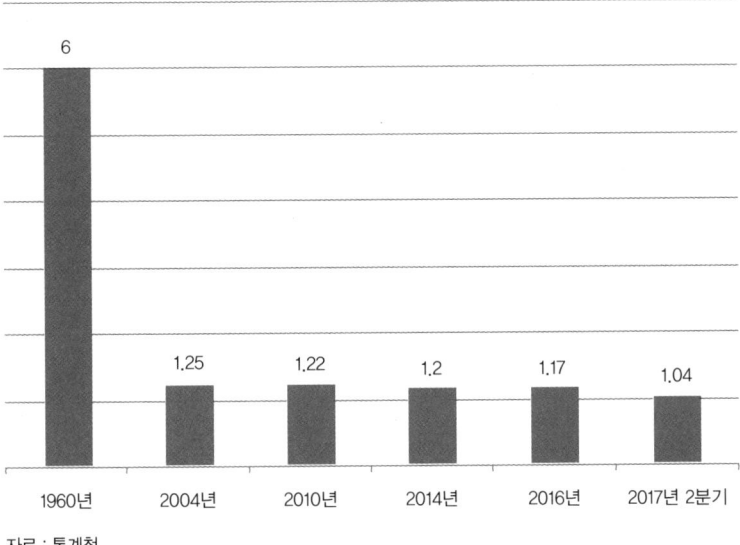

자료 : 통계청

　인구 감소는 출산 절벽에서 실감할 수 있다. 2016년 우리나라 합계출산율은 1.17명으로 1960년 6.0명에서 4.83명이나 떨어졌다. 더구나 올 들어 1분기 1.16명, 2분기 1.04명까지 떨어졌다. 인구 감소 시기가 빨라지고 있는 것이다.

　통계청이 2017년 8월 발표한 6월 인구동향을 보면, 6월 출생아 숫자는 지난해 같은 달보다 12.2% 감소한 2만 8,900명으로 집계됐다. 월별 출생아 숫자가 3만 명 미만을 기록한 건 지난해 12월(2만 7,200명)에 이어 두 번째다. 6월까지 누적 출생아 숫자는 전년 대비 12.3% 감소한 18만 8,500명으로 역대 최저였던 지난해(40만 6,300명) 상반기(21만 5,000명)보다 적다. 이런 추세라면 연간 출생아 수가 30만 명대로 주저앉을 가능성이 높다.

출생에 가장 큰 영향을 미치는 결혼인구도 급감하고 있다. 2017년 1~4월 혼인건수는 8만 8,800여 명에 그쳤다. 이는 1~4월 누적 기준 역대 최저치다.

유출입 인구 늘고 1인 가구 급증

2017년 8월 한국 사회가 고령 사회(유엔 기준 전체 인구 중 65세 이상 고령 인구 14%)로 진입했다. 2045년에는 세종시를 제외한 모든 시도에서 65세 이상 고령인구가 30.0%를 초과한다.

65세 이상 고령인구는 2017년 8월 말 기준 725만 7,288명으로 전체 5,175만 3,820명의 14.2%에 달한다. 유엔은 65세 이상 노인 인구가 7%를 넘으면 고령화 사회, 14%를 넘으면 고령 사회, 20%를 넘으면 초고령 사회로 분류한다. 한국은 다른 나라보다 빠르게 고령 사회로 진입했다.

전국 고령인구는 베이비붐 세대의 중간인 1960년생이 65세가 되는 2025년 1,000만 명을 넘어선다. 앞으로 수년 후에는 노인인구가 1,000만 명을 돌파하는 것이다.

1,000만 명의 고령 노인인구 사회에서 자산(부동산)의 역할은 더 중요해질 수밖에 없다. 미래 부동산 시장을 제대로 읽고, 투자의 방향을 설정하기 위해서는 노인인구 1,000만 명 시대 부동산의 변화를 전망할 수 있어야 한다.

각국 고령화 속도(고령화 사회 ⇨ 고령 사회) 진입기간 (단위 : 년)

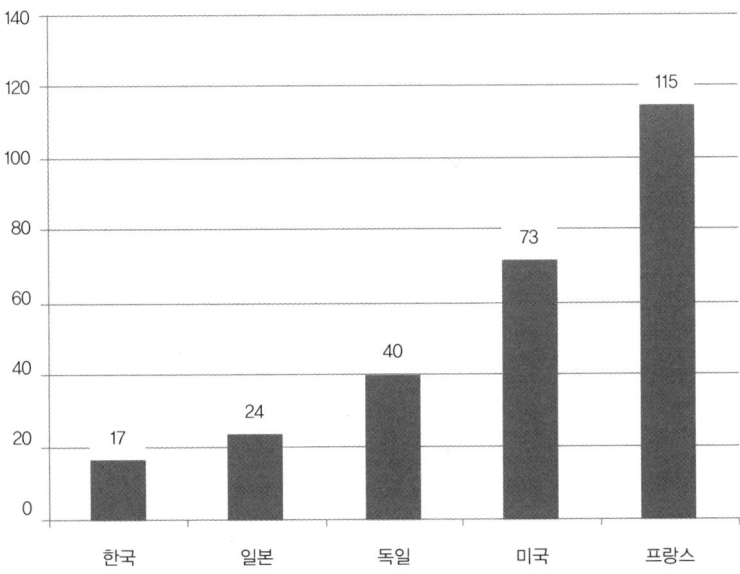

자료 : 행정자치부

고령 사회에서는 부동산 시장에 큰 영향을 미치는 인구 유출입, 1인 가구 증가를 주목할 필요가 있다. 수도권의 경우 유출입 인구가 부동산 가격에 적지 않은 영향을 미치기 때문이다.

서울시 인구는 2045년에는 900만 명 아래로 떨어질 것으로 추정되고 있다. 서울 인구 유출이 갈수록 심해진다는 의미다. 경기도 인구도 앞으로 10여 년 동안 유입 인구가 더 많을 것으로 전망된다. 예측치로는 2034년 1,397만 명으로 정점을 찍는다. 세종시 인구는 2015년 19만 명에서 2045년 56만 명까지 늘어날 것으로 전망됐다. 다만 이는 낙관적인 인구 유출입 전망에 따른 것이다.

2015년 인구주택총조사에 따르면 5년 전(2011년) 거주지를 기준으로 수도권으로 전입한 인구는 238만 7,000명, 수도권에서 전출한 인구는 255만 명이었다. 이는 연간 50만여 명이 이사를 다닌 것으로 해석된다.

수도권 순유출 인구는 16만 3,000명이다. 전체 인구가 줄지 않았는데 수도권 순유출 현상이 사실상 처음으로 나타난 것이다. 수도권 유출 인구는 대부분 세종특별자치시와 혁신도시로 이동했다. 또 귀농귀촌 인구가 늘면서 충남, 충북, 강원으로 이동도 많았다.

인구 고령화와 대도시 유출 인구 증가는 도시권 부동산 시장의 침체와 위기를 가져올 수밖에 없다. 다만 1인 가구의 증가는 부동

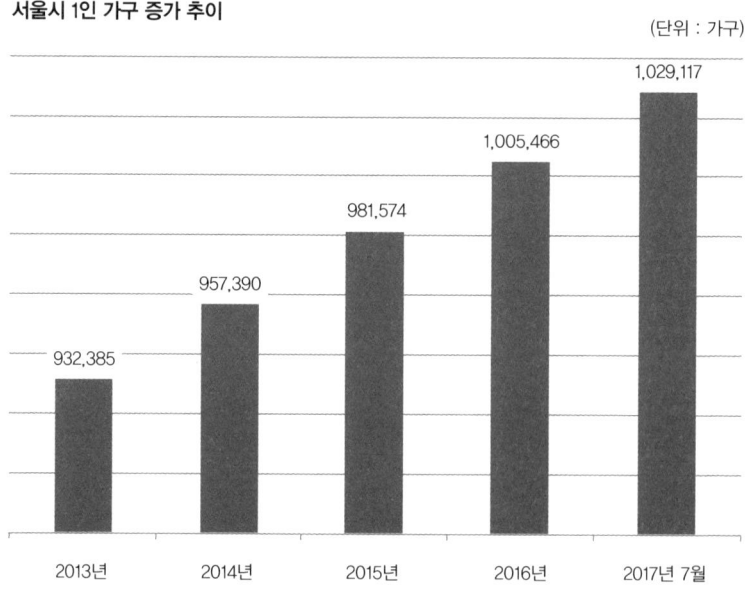

서울시 1인 가구 증가 추이

(단위 : 가구)

산 시장의 활력소다. 서울 기준 1인 가구는 2013년 93만 2,385가구였지만 2017년 7월에는 102만 9,117가구로 늘었다.

1인 가구는 2013년 이후 매년 2~3만 가구나 증가했다. 이는 매년 이만큼의 원룸이나 오피스텔 등 주거시설이 필요하다는 얘기다.

자가주택 보유는 정체

인구 증감이나 고령화 등은 국민 전체의 삶에 지대한 영향을 미친다. 이 때문에 인구 증감과 주택 수급, 인구 고령화와 부동산 시장의 변화는 전문가뿐만 아니라 부동산에 관심 있는 일반인들도 주목하고 있다. 이에 따라 전문가들은 그동안 인구 변화에 따른 주택 등 부동산 수급문제에 많은 관심을 보여왔다. 특히 인구 고령화와 한국 부동산 시장을 이웃한 일본과 비교하는 연구도 많이 진행돼 왔다.

우리나라의 인구 고령화와 주택 수급 문제를 들여다보기 위해서는 한국인의 부동산 소유, 특히 자기 집 보유 본능을 잘 파악해야 한다. 한국인에게 부동산은 '자산 가치' 이전에 '소유욕'의 발산이다. 이는 유목성(遊牧性)을 잃어버린 정주(定住) 민족의 특성이기도 하다. 정주민들은 주거지에 대해 점유해서 소유해야 한다는 관념이 지배하고 있다. 한국인에게 주거시설 등 부동산은 소유욕과 상속할 유산의 하나인 것이다.

이런 소유본능 문화는 정부 조사에서도 잘 드러난다. 국토교통부가 2017년 4월 말 발표한 〈2016년도 주거실태조사〉 결과에 따르면 우리 국민의 82.0%는 '반드시 내 집 마련을 해야 한다'고 생각하고 있었다. 한국인의 주거지 소유 본능을 잘 드러내주는 대목이다. 이에 따라 현재 한국인의 자가(自家)보유율을 잘 분석해보면 당장 2018년 이후 미래 주택시장의 변화를 점쳐볼 수 있다.

2016년 우리나라 국민의 자가보유율은 56.8%에 그치고 있다. 1,911만 1,030가구 중 내 집을 갖고 있는 경우는 1,084만 9,628가구에 불과하다. 아직도 25% 이상이 내 집을 장만하지 못한 채 내 집 소유의 꿈을 키우고 있는 셈이다. 자가보유율은 2008년 이후

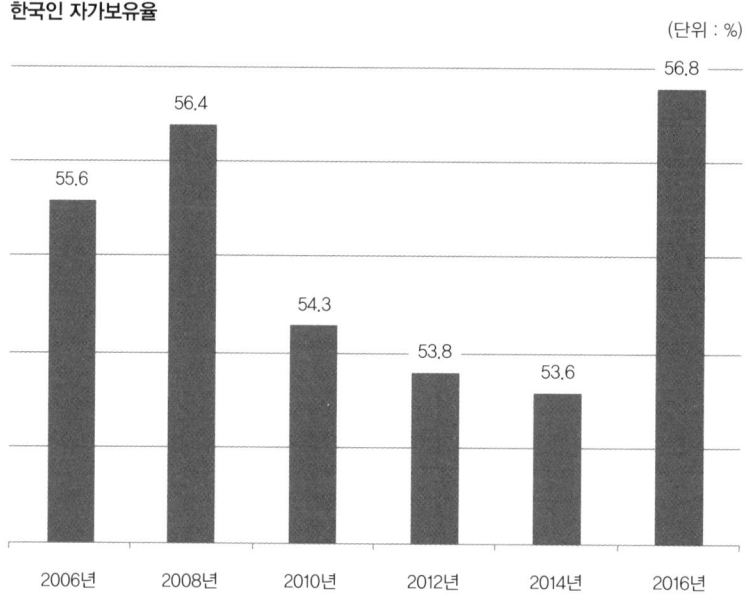

한국인 자가보유율
(단위 : %)

자료 : 국토교통부

점차 감소하는 추이를 보이다 2014년 이후 증가했다.

자가보유율은 광역도와 광역시, 수도권 순으로 높게 나타나며, 2014년에 비해 모두 증가했다. 농촌지역, 집값이 싼 지역일수록 자가보유율이 높았다.

인구주택 총조사에 나타난 각 행정체계(수도권, 광역시, 도)별 자가보유율

(단위 : %)

구분	2005년 인구주택 총조사	2006년도 주거실태 조사	2008년도 주거실태 조사	2010년 인구주택 총조사	2010년도 주거실태 조사	2012년도 주거실태 조사	2014년도 주거실태 조사	2016년도 주거실태 조사
전국	55.6	55.6	56.4	54.2	54.3	53.8	53.6	56.8
수도권	50.2	50.2	50.7	46.4	46.6	45.7	45.9	48.9
광역시	55.1	54.8	57.4	56.6	56.6	56.3	56.5	59.9
도지역	63.7	63.8	64.0	64.1	64.2	64.3	63.8	66.7

자료 : 국토교통부, 국토연구원

우리나라는 저소득층일수록 내 집보다는 전월세 주택에 살고 있다. 소득이 낮은 계층일수록 자가보유율이 낮은 것이다. 적은 소득 중 전월세 비용이 나가면 저축할 여유자금이 그만큼 줄어서 내 집 마련 저축이 쉽지 않다. 하지만 우리나라에서 집값은 수급 불균형, 부동산 소유욕 등의 문제로 해를 거듭할수록 더 올라가는 특성을 갖고 있다. 집값이 상승하면서 저소득층 입장에서는 자가보유를 더 어렵게 하는 셈이다.

다음 도표의 소득계층별 자가보유율에서도 나타나듯이 저소득층의 자가보유율은 갈수록 낮아진 반면 중고소득층은 증가한다. 2016년 경우 2014년에 비해 중고소득층의 자가보유율은 각각

7.2%포인트, 4.1%포인트 증가했다. 하지만 저소득층의 자가보유율은 1.3%포인트가 하락했다.

소득계층별 자가보유율   (단위 : %)

구분	2006	2008	2010	2012	2014	2016
저소득층	49.7	51.9	46.9	50.4	47.5	46.2
중소득층	55.3	54.7	54.0	51.8	52.2	59.4
고소득층	67.0	69.4	69.5	64.6	69.5	73.6

자료 : 국토교통부

저금리 지속과 부동산

우리나라는 1990년 이전만 해도 금리가 부동산 시장에 큰 영향을 미치지 않았다. 주택공급이 턱없이 부족해 금리 상승보다 집값 상승률이 높았기 때문이다. 실제 1987~1990년 은행의 대출금리는 연 12% 내외였다. 하지만 수도권을 중심으로 주택가격이 급등하자 이 기간 주택가격은 연평균 30%가량 올랐다. 금리가 12%인데 집값은 30% 오른 것이다. 단순 계산해도 돈을 빌려 집을 사놓으면 연간 18%의 수익을 낸 것이다. 다른 나라와 달리 우리나라에서 벌어진 기이한 현상이다.

이제 상황은 다르다. 금리는 한국은행 기준금리 기준 1.5%이고, 대출금리도 4~5%에 달해 수익을 낼 수 있는 부동산을 찾기가 쉽지 않다. 땅값과 기획, 개발, 운영 비용, 세금 등을 계산하면 지속가능한 수익을 내지 못할 수도 있기 때문이다.

금리는 부동산 시장과 떼려야 뗄 수 없는 관계에 있다. 금리가 오르면 부동산 구매 심리가 위축되기 때문이다. 더구나 가계부채 1,400조 원 시대의 금리 상승은 가계소비, 나아가 내수 경기에 큰 부담을 줄 수밖에 없다. 금융권 주택담보대출 금리가 상승하면 이미 대출받은 가계의 이자 부담은 커진다. 대출이 어느 정도 있는 가계의 경우 주택 구매 심리가 크게 위축될 수밖에 없다. 금리 인상은 이뿐만 아니라 건설원가 상승과 직결된다. 특히 프로젝트파이낸싱(PF) 개발사업의 경우 고금리로 건설수행자금을 조달하는 경우가 많아 이자 부담이 눈덩이처럼 불어날 수밖에 없다.

한국 가계는 대개 변동금리로 대출받는다. 개인이 원해서이기도 하지만 대출하는 금융권이 이를 강권하는 경우가 많다. 우리나라 가계대출에서 변동금리가 차지하는 비율이 높은 이유다. 2017년 5월 말 기준 은행권의 가계대출 중 변동금리 대출 비중은 65.4%에 이르고 있다. 금리가 오르면 이들 가계대출자들이 고스란히 피해를 볼 수밖에 없다.

미국은 2018년 초에 추가로 금리를 인상할 가능성이 높다. 한국 부동산 시장은 미국 금리가 오를 경우 영향을 받을 수밖에 없다. 특히 미국 금리가 한국 금리보다 높아지는 역전현상이 발생하면 한국은행이 금리 인상을 실행하는 수밖에 없게 된다. 이렇게 되면 대출 이자가 상승, 가계가 쓸 수 있는 돈이 줄어드는 등 유동성 제약을 받는다. 개별 가구 소비도 줄고 주택시장 매수세도 타격받는다. 그렇지만 금리가 오른 초기에 한국 부동산 시장은 대개 집값이 오름세를 보였다. 금리 인상은 모든 산업 생산성이 좋아서 전체적으로 경기가 활황이라는 것으로 해석, 부동산 자산이 오른 것이다.

다만 한국 부동산 시장은 문재인 정부를 거치면서 급등에 이은 급락 이후 안정될 가능성이 높다. 안정적인 부동산 시장에서 돈 벌기는 쉽지 않다. 시중 은행금리보다 더 수익을 낼 수 있는 부동산을 찾기가 쉽지 않아서다. 특히 주택 시장의 안정은 고령층의 투자 기회를 점차 줄게 만든다.

02
인구 고령화와 감소, 외국 부동산 시장 현황

2017년 들어 세계 부동산 시장은 우리나라와 마찬가지로 열기가 높아졌다. 대부분의 국가 집값이 2008년 글로벌 금융위기 수준에 근접했다. 이에 따라 세계 투자은행과 연구기관들은 부동산 시장 '과열'을 경고하고 있다.

2017년 6월 말 주요 64개 국가를 대상으로 산출한 부동산 평균가격지수인 국제통화기금(IMF)의 세계 주택지수(Global Housing Index)는 16분기 연속 전년동기 대비 오름세다. 2008년 금융위기로 폭락했던 미국의 주택 관련 지표는 2012년 이후 상승세를 지속, 미국 연방주택금융청(FHFA, Federal Housing Finance Agency)과 연방주택담보대출공사(FHLMC · Federal Home Loan Mortgage Corporation)의 주택가격지수가 사상최고치를 경신하기도 했다.

일본과 유럽 부동산 시장도 2014년부터 가파른 상승세다. 특히 유럽에서 영국은 집 없는 노숙인이 폭증할 정도다. 서민주택이 재개발되면서 비싼 주택으로 옮겨가지 못한 이들이 노숙인으로 전락한 것이다. 거품 우려의 중국 부동산 시장도 오름세가 꺾이지 않고 있다. 홍콩 부동산은 이미 꼭대기에 와 있다. 이들 나라뿐만 아니다. 최근 몇 년 사이에 세계 거의 모든 나라가 부동산 거품 가능성을 보이고 있다. 세계의 부동산 시장은 지금 부풀려진 풍선 상태가 지속되고 있다고 해도 지나친 말이 아니다. 부동산 거품이 글로벌 경제의 뇌관이 될 수도 있는 상황인 것이다.

한국 부동산 시장, 일본과 다르다

우리나라의 거의 모든 전문가들은 경제 등의 분야를 일본과 비교하는 습성을 갖고 있다. 부동산 정책입안자나 강단의 학자, 시장 전문가들도 마찬가지다. 일본 부동산과 한국 부동산을 비교하며 비슷한 현상을 보일 것이라고 지레 점치고 있는 것이다.

일본은 1945년 2차 세계대전 패전 후 정부 주도의 주택 공급(1950년 공영주택법 시행) 정책을 펴왔다. 또 인구집중에 따른 도시 형성, 집단주택 문화 등을 형성했고, 1980년대 이후 도시 재개발 재건축사업을 추진해왔다. 한국이 1953년 종전 이후 지리멸렬한 원조물자 의존 시기를 거치며 주택 부족 문제를 해결하지 못한 반면 일본은 패전 후 5년 만에 공영주택 공급에 매진했다. 우리나라가 일본의 주택공급 정책을 따라간 것은 1960년대 후반이다. 당시 대한주택공사와 주택은행 설립 등은 일본의 부동산 정책 영향이 크다고 볼 수 있다.

하지만 한국 부동산 시장은 일본과 다른 점이 너무 많다. 굳이 '일본 따라가기' 식으로 비교 분석과 전망을 할 필요는 없다고 본다. 실제 우리나라는 기마민족(유목) 전통, 국민 특성, 주거 형태와 삶의 습관, 바닥난방 등 주택 사용방법, 인구 고령화 추세 등에서 일본과 다른 점이 너무 많다.

일본은 자신들이 만세일계(萬世一系)라고 주장하는 일왕 제도에서 나타나듯이 부동산에서도 전통과 일사불란함을 중시한다. 이는 주거시설의 급격한 변화를 싫어하는 경향으로 나타나고 있다. 일본인은 주거 형태도 아파트보다 단독형 주거시설을 좋아한다. 대다수 주택이 바닥 난방이 되지 않는 다다미방의 가옥형 주거인 이유이다.

일본인은 특히 낡은 주택을 싫어하고 신축(튼튼한) 주택을 선호하는 국민 성향을 갖고 있다. 이것은 1800년대 중반까지 이어졌던 끊임없는 내란과 섬나라라는 폐쇄성, 강력한 태풍과 지진 등에서 연유한 것으로 보인다. 그래서 주택이 남아돌고 있음에도 연간 90만 가구 내외의 신규 주택이 불과 최근까지(2016년)도 공급됐다. 이는 예상보다 많은 공급량으로 주거시장이 안정화된 선진국에서는 사례를 찾기 힘들다.

일본은 우리나라와 달리 아파트 집중 문화가 아닌 단독주택, 다세대주택이 많은 형태로 주택시장이 발전해왔다. 일본은 2013년 조사 기준 총 6,063만 가구의 주택을 보유하고 있다. 하지만 빈집이 의외로 많다. 2013년 일본 빈집은 820만 가구(일본 전체 주택의 13.5%, 도쿄는 81만 가구)이며, 자산가치로 따지면 50조 엔(약 500조 원)에 달했다. 2023년에는 1,397만 가구(전체의 21%)에 달할 것으로 예상하고 있다.

일본의 주택 수 변화

(단위 : 만 가구, 괄호 안은 빈집 비율)

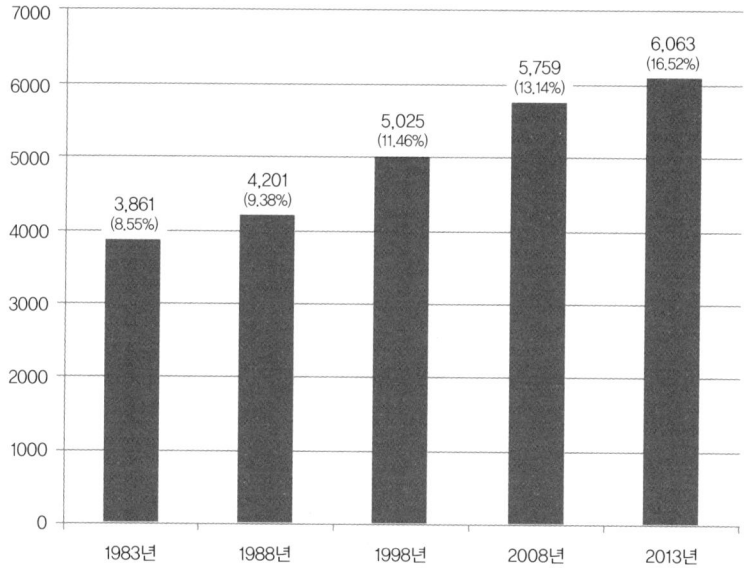

자료 : 일본 총무성, 주택토지통계조사(2013)

일본의 빈집 증가는 단순히 고령화에서 나타나는 것이 아니다. 새 집을 좋아하는 국민 속성과 주택제도 문제에서도 기인한다. 우선 빈집 철거 비용이 예상보다 비싸다. 공공 지원도 사실상 없다. 집주인 입장에서는 사용하지 않는 빈집을 굳이 비용을 들여 철거

할 이유가 없는 것이다. 빈집보다 철거 후 나대지(裸垈地, 건축물이 없는 땅)가 세금이 훨씬 높은 것도 문제다. 토지에 집이 지어져 있으면 연간 7만 엔(약 70만 원) 내외의 세금을 내지만 철거 후 대지로 방치하면 40만 엔(약 400만 원) 이상으로 올라간다는 것이다.

이와 함께 주택 수급 문제도 근본적으로 다르다. 일본은 우리나라와 달리 주거 공급이 상대적으로 원활했다. 우리는 늘 공급이 절대적으로 부족했지만 일본은 반드시 그렇지는 않았던 것이다. 더 중요한 것은 일본은 우리나라와 달리 주택거래가 활발하지 않다. 연간 100만 가구도 거래되지 않는다. 이는 인구(1억 2,000만 명)에 비해 턱없이 낮은 거래량이다. 우리나라는 인구가 5,000만 명임에도 2014년 이후 3년여 동안 매년 100만 가구 가량의 주택이 거래됐다. 일본은 기존 주택을 적극적으로 사지 않는 반면 우리는 기존 주택(재건축 아파트 등)을 자산 증식 차원에서 사는 것도 다르다. 이에 따라 학자들이나 일부 언론에서 주장하는 '인구 고령화로 부동산 시장이 혼돈에 빠지고 장기적으로 일본과 같은 장기 침체의 늪에 빠질 것'이라는 논리는 틀릴 가능성이 크다. 이는 일본 주택시장과 한국의 주택시장을 너무 동일시하고 있기 때문이다.

일본 부동산 시장은 그야말로 참고만 해야 한다. 특히 '정부와 시장에 대한 경고' 이상의 의미로 해석하면 우리나라 현실과 맞지도 않을 뿐더러 이를 수용할 경우 자칫 잘못된 방향으로 주택정책이 흐를 수 있다. 주택정책을 펼치는 정부 관료들이 명심해야 할 부분이다.

일본 부동산, 교훈은 없다

한국과 일본은 문화를 받아들이는 데 비슷한 특성을 지니고 있지만 결정적으로 다른 점이 있다. 같은 점은 새로운 문물에 대해 베끼는 데 능하다. '카피(베끼기)경제'에서 1, 2등이라 해도 과언이 아니다. 하지만 문화든, 물건이든 무엇인가를 포용해 재가공, 다른 나라로 전하는 한국과 달리 일본은 지정학적 문제로 인해 내부에서 순환하는 특성을 지니고 있다.

일본 문화는 불과 100여 년 전만 해도 다른 나라로 전파되지 못했다. 유사 이래 끊임없이 각 세력들의 경쟁으로 내란에 시달리면서 형성된 일본 문화는 다른 곳으로 전파하거나 직접적인 접촉을 극히 싫어하는 특성을 갖게 됐다. 일본의 주거 문화도 이런 지정학적 특수성과 국민성 영향을 받아 '단독형'으로 발달했다. 일본 국민이 기존의 주택을 멀리하고 신축주택, 아파트보다 단독형 주거시설을 선호한 이유이다.

앞서 말했듯이 한국 부동산 시장에 일본이 주는 교훈을 확대 해석하면 안 된다. 도심 빈집이 늘고 아파트 가격이 정체돼 있다는 것에서 한국이 얻을 교훈은 거의 없다고 본다. 다만 한국 부동산 시장과 정책입안자들이 일본에서 얻을 것은 부동산 트렌드와 재개발·재건축 정책이다. 도시정비사업과 도시재생에 대해 배울 점은 많기 때문이다.

한편 2017년 2/4분기 일본 아파트 한 채(70㎡) 평균 가격은

1,550만 엔(약 1억 5,652만 원)에 불과하다. 국민소득 등을 따져보았을 때 너무 싼값이다. 이마저도 지난 1/4분기에 비해 3.8% 오른 가격이다. 일본 닛케이신문이 대형 부동산 정보제공업체 켄비야(KENBIYA)의 자료를 인용해 보도한 기사에 따르면 지난 2006년 1/4분기 이후 11년 만에 최고 상승률이라고 한다. 다만 일본 주택시장도 올 들어 정점으로 치닫고 있는 모양새다. 2017년 1분기 일본 국토교통성 집계 전국 주택가격지수도 109.9를 기록해 2008년 집계 시작 이후 사상 최고 수준에 이르렀다. 2016년 신규 주택 착공건수도 96만 7,000건을 기록, 2014년 이후 최고를 기록했다.

일본 아파트값 상승과 주택 착공이 늘어난 이유는 '차이나머니'의 유입 때문이라는 분석이다. 일본 자체적인 시장 활성화로 부동산 가격이 오르는 것이 아니라 중국인의 부동산 매매 등 외부 영향 때문이라는 것이다.

다시 정점 치닫는 미국 부동산 시장

미국 부동산 시장이 다시 꼭대기를 향해 순항(?)하고 있다. 모기지(대출)가 증가하면서 2017년 들어 가계부채 등이 다시 2008년 금융위기 직전 수준에 이르고 있다. 2017년 6월 기준 미국 집값은 2011년보다 50%나 올랐다. 뉴욕연방은행은 2017년 1분기 미국 가계부채가 총 12조 7,300억 달러(약 1경 4,321조 2,500억 원)로 2008년 3분기 12조 6,800억 달러를 넘어섰다고 발표했다. 가계부채 및 신용이 2008년 글로벌 금융위기보다 높아진 것이다.

미국 연방주택금융청(FHFA, Federal Housing Finance Agency)과 연방주택담보대출공사(FHLMC, Federal Home Loan Mortgage Corporation)의 2017년 6월 주택가격지수는 사상 최고치를 보이고 있다. 뉴욕이나 시카고 등 대도시의 부동산 가격도 도널드 트럼프 정부 출범 이후 빠르게 오르고 있다. 급증하는 주택담보 대출이 부동산 가격을 올리고 있는 것이다. 실제 미국은 2017년 6월까지 주거비 상승률이 소비자물가 상승률을 상회(연속)한 기간이 62개월이나 된다. 이는 소비자물가 통계가 작성된 1953년 이후 최장 기록이라고 한다.

미국 부동산 시장이 이처럼 호황을 보이는 것은 외국인 투자 때문이라는 데 이론의 여지가 없다. 미국 전국부동산협회(NAR)에 따르면(머니투데이 2017년 7월 19일자 재인용) 2016년 4월부터 2017년 3월까지 미국 주거용 부동산에 대한 외국인 투자 규모가 1,530억 달러(약 171조 7,884억 원)라고 발표했다. 이는 2015년의 1,039억 달러를 약 500억 달러나 넘는 역대 최고액에 해당한다. 거래 가구 수 기준으로는 28만 4,455가구, 같은 기간 미국 전체 주택거래의 5%에 달한다.

주택을 산 이들은 역시 주로 중국인이었다. 중국인은 이 기간 4만 572가구, 317억 달러(약 35조 7,195억 원)어치의 주택을 샀다. 주거용 부동산 상승을 중국인 투자자가 떠받친 셈이다.

2017년 8월 15일 경제전문지 포브스는 미국인 1,079명을 상대로 조사한 결과를 보도했는데 설문 응답자의 58%가 "2년 안에 주택가격 조정이 있을 것"으로 답변했다고 보도했다. 또 83%는 "지금이 집 팔 적기"라고 응답했다고 한다.

중국, 그리고 홍콩 부동산 버블 조짐

중국 부동산 시장도 2017년 들어 심상찮은 상황으로 치닫고 있다. 베이징 시는 2017년 3월 주택 매매 시 계약금비율을 기존 50%에서 60%로 올렸다. 계약금과 잔금으로 나눠 치르는 매매거래과정에서 계약금 비율을 10%포인트나 올린 것이다. 중국 부동산 시장 거품 조짐에 대해 외국 언론까지 우려하고 있다. 2017년 5월 29일 영국의 주류 언론 파이낸셜타임스(FT)는 중국이 일본과 같은 장기침체에 빠지고 있다고 보도했다. FT는 중국은 그동안 일본식 장기 침체에 빠지지 않기 위해 고민했지만 일본과 같은 운명을 맞을 것이란 우려가 커지고 있다고 보도했다. 국가 부채, 자산가격 급등, 투기적 금융상품 증가 등의 부작용이 일본의 전철을 밟고 있다는 것이다.

국제신용평가사 무디스도 중국 경제의 미래에 대해 비관적이다. 2017년 5월 말 무디스는 중국의 국가 신용등급을 Aa3에서 A1으로 한 단계 내렸다. 한국(Aa2)보다 두 단계 아래 등급이다.

중국은 여러 분야에서 성장통(成長痛)을 겪고 있다. 자산 시장은 더욱 그렇다. 특히 주택시장은 공급부족으로 주거난이 심각해지고 있다. 수많은 농민공(農民工, 중국에서 농촌을 떠나 도시에서 일하는 하급 이주 노동자)이 수입을 얻기 시작하면서 주거문제에 눈을 돌렸기 때문이다. 실제 중국은 자산 버블이 심각해지고 있는 상황이다. 중국 부동산은 2015~2016년에 이어 올해도 활기를 띠고 있다. 중앙일보 보도(2017년 4월 19일)에 따르면 2017년 3월 기준 중국 70개 도시의 최근 1년간 신규주택가격 평균 상승률(전년 대비)은 10.0%에 이르렀다.

베이징 중심가의 주택 가격은 m^2당 15만~20만 위안(약 2,484만~3,312만 원)에 달한다. 한국 기준 100m^2형(약 33평형) 아파트 거래가격이 20억 원에 이르는 셈이다. 이는 서울 강남권 주택보다 배이상 높은 가격이다. 너무나 비정상적인 주택가격으로 전문가들은 명백한 부동산 버블로 보고 있다. 중국 부동산 시장이 위기를

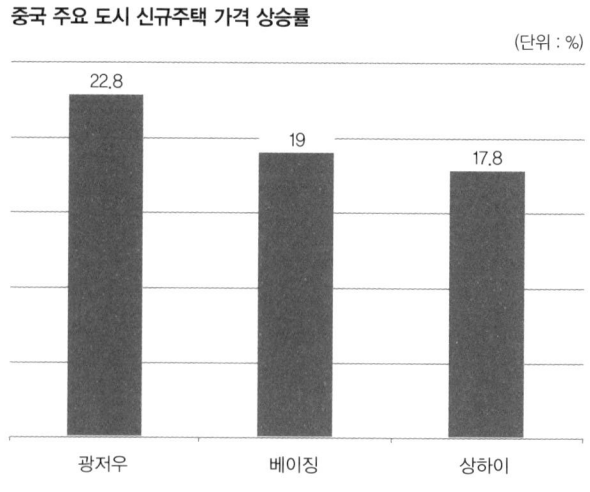

중국 주요 도시 신규주택 가격 상승률

(단위 : %)

광저우 22.8 / 베이징 19 / 상하이 17.8

2016년 3월 대비 2017년 3월 기준. 자료 : 중앙일보

맞고 있는 것을 단적으로 보여주는 사례라고 볼 수 있다.

2017년 들어 홍콩 부동산 시장도 과열로 치닫고 있다. 2017년 8월 홍콩의 빈과일보(뉴스1 재인용)에 따르면, 홍콩에서 가장 가난한 지구 중 한 곳인 AVA 61 프로젝트의 14m^2 크기 쪽방 가격이 280만 홍콩달러(약 4억 원)에 달한다고 한다. 블룸버그는 14m^2는 자동차 한 대보다 조금 더 큰 수준이라고 보도했다.

거품 우려 속 유럽, 캐나다와 호주 부동산 시장

유럽 부동산 시장은 2014년부터 가파른 상승 추세다. 유럽 통계청이 집계한 2016년 4분기 유럽연합(EU) 28개국의 주택가격지수는 전년동기대비 4.8% 상승한 107.8을 기록했다. 유로존 19개국 역시 3.7% 상승한 103.8을 기록했다.

유럽 자산 시장 붕괴 조짐은 곳곳에서 포착되고 있다. 그중 하나가 전 세계 국부펀드의 이탈이다. 파이낸셜타임스(FT)가 2017년 7월 초 보도한 이탈리아 보코니대 연구에 따르면 2017년 세계 국부펀드의 유럽 투자 규모는 72억 달러로 전년도 투자 총액인 162억 달러에 비해 절반에 불과했다고 한다.

영국 부동산 시장도 2017년 7월 8년 만에 오름세가 꺾일 정도로 고공행진하고 있다. 주택난은 심각한 수준을 이미 넘어섰다. 영국 매체 가디언에 따르면(한겨레 2017년 8월 10일자 재인용) 잉글랜드 주택가격은 지난 20년 동안 259%(평균임금상승률 68%) 올랐다. 임금은 1년에 겨우 3% 웃돌게 오르는 등 정체상태였는데 집값은 매년 13%가량 폭등한 것이다.

캐나다 부동산 시장도 거품 논란에 시달리고 있다. 2008년 금융위기 이후 밴쿠버와 토론토 등의 주택가격이 두 배가량 상승했기 때문이다. 주택 수요도 늘면서 2017년 신축 주택이 25만 가구가 넘을 것으로 예상되고 있다. 캐나다 부동산 시장 버블에 대해서는 여러 기관에서 경고하고 있다. 국제통화기금(IMF)은 2017년 5월 캐나다 주택시장 과열을 경고하며 캐나다 정부의 대책 마련이 시급하다고 주장했다. 국제신용평가기관인 피치레이팅스(Fitch Ratings)도 주택가격 상승이 이어지면 캐나다 은행들에게 심각한 타격을 줄 수 있다고 지적했다(조선비즈 2017년 6월 12일자). 이 때문에 캐나다중앙은행은 2017년 8월 들어 기준금리를 0.50%에서 0.75%로 인상하는 등 시장 안정에 주력하고 있다. 또 밴쿠버 시는 2017년 들어 투자자가 집을 사서 6개월 이상 비울 경우 집값의 1%에 해당하는 세금을 부과하는 방안을 도입했다. 부동산 시장 버블 우려로 58%의 캐나다인이 주택시장 안정화에 연방정부가 개입할 것을 원했다고 한다(캐나다 캠페인 리서치(Campaign Research)의 3월 조사).

호주 부동산 시장도 정점으로 치닫기는 마찬가지다. 시드니와 멜버른의 주택 가격이 2009년 3월 이후 두 배로 올랐다. 호주 최대도시 시드니의 주택가격은 2009년 1월부터 올해 6월까지 110.9% 올랐다. 같은 기간 멜버른 집값도 95.3% 상승했다. 이처럼 집값이 뛰자 시드니가 속한 뉴사우스웨일스 주정부는 2017년 7월 외국인주택 구매자에게 부과하는 특별세율을 4%에서 8%로 올렸다. 다만 호주 부동산 시장은 거품이 꺼질 조짐을 보이고 있다. 글로벌 신용평가사 스탠다드앤푸어스(S&P)는 2017년 5월 23개 호주 금융 기관의 신용등급을 하향 조정했다. 호주의 주택융자 제공 금융기관의 위험이 높아지고 있는데 따른 것이다.

저출산 고령화와 한국 부동산 시장의 변화

인구와 부동산과 관련한 재미있는 보고서가 있다. 한국보건사회연구원이 2016년 말 펴낸 〈결혼·출산 행태 변화와 저출산 대책의 패러다임 전환〉 보고서는 주택 매매 가격과 전셋값이 오르면 혼인율과 출산율이 낮아진다고 밝혔다. '부동산이 상승하면 인구가 줄어든다'는 무리한 논리이긴 하지만 그만큼 부동산 시장은 인구 문제와 직결되어 있다. 이 보고서에 따르면 주택매매 가격은 조혼인율(粗婚姻率, 인구 1,000명당 혼인비)에 부정적 영향을 미쳤고, 전셋값 상승은 특히 합계출산율에 안 좋은 영향을 주었다.

2014년 국토교통부의 신혼부부 가구의 주거실태조사 자료도 신혼부부의 출산 행태에 주거비(주거 생활비와 대출상환금을 합한 월평균 지출액) 부담과 주거 안정성, 적정 주거 규모가 출산 결정에 중요한 역할을 했음을 보여준다. 주거비가 부담되거나 주택 규모가 작으면 출산을 연기했다. 이 두 가지 보고서에 의하면 부동산 가격 상승이 인구 감소를 부르는 셈이다.

인구 고령화와 낮은 출산율은 부동산 시장의 다양한 변화를 가져올 것이다. 고령화는 경제활동인구의 감소를 의미하고, 낮은 출산율은 인구 감소를 뜻한다. 부동산 트렌드 변화, 아파트 투자의 불안정성, 임대사업자 확산 등을 가져올 수밖에 없다.

부동산 트렌드가 바뀐다

인구 고령화 및 감소와 관계없이 부동산 시장 트렌드는 변한다. 인구의 급격한 고령화는 부동산 투자도 고수익보다 안정을 찾는 방향으로 간다는 것을 의미한다. 주택산업연구원이 2016년 5월 조사 전문기관 갤럽에 의뢰해 1,020명의 표본을 분석한 결과 베이비붐 세대와 에코 세대의 본격 수요 교체, 실속형 주택, 주거비 절감 주택, 주택과 공간기능 다양화, 첨단 기술을 통한 주거 가치 향상, 임대사업 보편화 등이 미래 주거 트렌드가 될 것으로 전망됐다. 이런 트렌드 변화는 이미 시작됐고, 새로운 부동산 시장을 창출하고 있다.

인구 고령화 시대, 주거공간이 1~2인 가구 위주로 변한 것은 이미 10여 년 전에 예고됐다. 직주근접(職住近接) 주택도 30여 년 전에 트렌드로 등장했다. 외국에서는 잘 보이지 않는 다운타운 옆 주거시설 등도 수십 년 전부터 트렌드화된 것이다. 주거중심의 주상복합 아파트 등이 그것이다. 2008년 글로벌 금융위기 이후 주거시장의 주류가 된 수익형 부동산도 트렌드 변화의 길목에서 나타난 현상이다. 지금은 누구나 시세차익은 물론 임대수익을 얻을 수 있는 부동산을 원하고 있다.

그렇다면 향후 5년 전후, 10년 후 부동산 트렌드는 어떻게 변할까? 문재인 정부 5년은 여러 가지 측면에서 변화의 시대다. 4차 산업혁명 등이 우리 앞에 성큼 다가오고 다른 산업도 비약적인 발전 단계로 접어들 것이기 때문이다. 부동산과 부동산 시장, 부동산 투자 트렌드도 큰 변화를 겪을 수밖에 없다. 문재인 정부의 공공주택 대거 공급(85만 가구)이 부동산 시장 변화의 중심이 될 것이다.

단기적으로는 베이비붐 세대의 전면 은퇴와 맞물려 아파트보다 단독주택, 오피스텔보다 상가 선호 현상이 더 뚜렷하게 나타날 것이다. 아파트와 오피스텔은 공급 측면에서 '과잉'에 근접하고 있기 때문이다. 장기적으로는 1인 가구 증가와 함께 소형아파트가 지금보다 더 인기를 끌 것이다. 1인 가구는 2017년 8월 현재 전체 가구의 28.5%에 그치고 있지만 2025년 31.9%, 2035년 34.6%까지 높아진다.

정부의 주거복지 정책이 가져오는 주거시설의 질적 향상도 시작될 것이다. 임대주택이라도 질 좋은 임대주택이 등장하는 것이다. 정부가 공급하는 공공임대주택, 또 도시재생 빅딜에 의해 탄생한 주거 공간 등이 살만한 주택으로 나올 것이다.

인구 고령화에 따라 직주근접을 넘어 '직장과 의료가 함께하는 주거시설'(의식주(醫職住) 주택)이 인기를 끌 것이다. 여기에 맞벌이 부부의 육아문제를 해결할 수 있는 3세대 동거형 주택의 확산도 눈여겨 볼 필요가 있다. 중산층 베이비붐 세대는 텃밭이나 소규모 농사가 가능한 주택을 선호할 수 있다. 실제 2017년 들어 이런 트렌드가 현실화되고 있다.

저출산 고령화에도 부동산 수요는 증가

우리나라 역대 정부가 부동산 등 주택 중심의 건설산업을 내수경기 부양의 큰 축으로 이끌어 온 것은 부인하기 어렵다. 부동산 열풍으로 '빈익빈 부익부(貧益貧 富益富)'이 더 공고화될지라도 부동산 부양 정책을 은연중 활용한 것이다. 정부 정책을 굳이 언급하지 않더라도 인구가 늘어간다고 부동산 재테크의 종말은 오지 않는다. 오히려 인구 고령화로 자산을 지키기 위한 부동산 수요가 증가할 가능성이 높다.

현실에서 인간의 욕망은 자산 소유를 통해 표출되며, 주거에 대한 기본적인 욕구는 더 나은 환경을 찾는 특성을 갖고 있다. 특히 더 좋은 주거지를 찾아가는 것이 인간의 기본 욕구라는 점을 명심할 필요가 있다.

우리나라는 가용 토지가 정해져(?) 있고, 수도권의 경우 공급할 토지가 한계에 다다랐기 때문에 부동산은 여전히 좋은 투자처이다. 더구나 한국 부동산 시장은 공급이 수요를 따라가지 못했다.

한국은행이 2017년 6월 발표한 〈금융안정보고서〉에 따르면 재미있는 사실이 발견된다. 베이비붐 세대가 임대사업을 위해 빚내서 집을 사는 경우가 늘었다는 이야기다. 실제 주택이나 수익형 부동산을 매입해 임대소득을 올리는 60대 이상 가구 수는 2012년 27만 7,000가구에서 2016년 42만 7,000가구로 무려 15만 가구나 증가했다. 이 보고서에 따르면 임대사업에 나선 베이비붐 세대가 가계부채 증가에 한몫했다.

이 보고서의 내용은 고령 사회로 가면 부동산 수요가 감소할 것이라는 전망을 보기 좋게 틀리게 만들었다. 인구 고령화가 자산 지킴이 혹은 자산 불리기로서 부동산 수요를 증가시키는 데 일조하고 있다는 것으로 해석되는 대목이다.

압축성장의 시대에 부동산이 자산 불리기의 절대요소였다면 저출산 고령화 시대에는 자산 지킴이의 필수불가결한 요소다. 제1금융권이 자산을 지켜주는 안전지대이긴 하지만 금리가 낮고 제2, 제3금융권은 금리가 높지만 안전을 보장하지는 않는다. 주식이나 펀드는 리스크(위험)가 크다. 이 때문에 여유자산을 가진 이들 대부분은 자산 지킴이로 부동산을 선호한다. 특히 월세가 나오는 부동산은 자산 지킴이 1순위로 꼽히고 있다. 2008년 글로벌 금융위기 이후 지난 10여 년 동안 소형주택이나 오피스텔 등 수익형 부동산이 인기를 끌고 있는 이유이다.

인구 고령화가 심각할수록 부동산 임대업은 앞으로 더 활성화될 가능성이 크다. 최근 몇 년 사이에 전세보다 월세주택을 찾는 이들이 급속히 늘고 있는 것도 이를 방증한다.

다음 표에서 나타나듯이 10여 년 전인 2006년에는 수도권주택의 전세 비중이 62.1%를 차지했다. 하지만 2016년에는 46.7%에 그치고 있다. 10년 사이에 월세비중이 15%포인트나 늘어난 것이다. 이에 따라 수도권 주택의 월세 비중은 53.3%에 달하고 있다.

우리나라 주택의 전월세 비중

구분	2006		2008		2010		2012		2014		2016		계
	전세	월세	전세	월세	전세	월세	전세	월세	전세	월세	전세	월세	
전국	54.2	45.8	55.0	45.0	50.3	49.7	49.5	50.5	45.0	55.0	39.5	60.5	100.0
수도권	62.1	37.9	62.7	37.3	57.1	42.9	55.9	44.1	53.9	46.1	46.7	53.3	100.0
광역시	50.5	49.5	49.9	50.1	44.3	55.7	43.9	56.1	37.7	62.3	31.8	68.2	100.0
도지역	39.8	60.2	42.5	57.5	38.7	61.3	38.0	62.0	28.7	71.3	27.8	72.2	100.0

월세에는 보증금 있는 월세, 보증금 없는 월세, 사글세, 연세, 일세 포함. 자료 : 온나라부동산 포털

여기에 상업업무용 부동산 거래도 급증하고 있다. 국토교통부 온나라부동산에 따르면 2017년 전국의 상업업무용 부동산 거래량은 1월부터 6월까지 24만 6,774건에 달했다. 이는 지난해 총 25만 7,877건이 거래돼 관련 통계가 집계된 2006년 이후 최고치를 기록한 것과 비슷한 수준이다. 상업시설과 오피스텔 등 상업업무용 부동산 거래 급증 현상은 초저금리에 따른 투자금 유입도 있지만 안정적인 월세 수익을 추구하는 베이비붐 세대 임대사업자 증가 현상 등이 복합적으로 작용한 것이라는 분석이다.

한국 부동산 시장이 앞으로도 여전히 매력적인 투자처임에는

이론의 여지가 없다. 인구 고령화로 부동산 수요가 줄 것이라는 주장은 실물 부동산 경기를 무시한 이론에 불과하다. 늙어갈수록 자산 지킴이의 중요성을 새기는 한국인의 부동산 소유와 상속 본능을 간과한 것이기 때문이다.

'인구 감소=부동산 재테크의 종말론'은 허구

고령화와 인구 감소는 현재는 물론 미래 부동산 시장의 화두다. 흔히 어떤 국가든 부동산 재테크는 고령화로 끝물을 보이고, 인구 감소로 마침표를 찍는다고 말한다. 다른 선진국들이 인구 고령화 과정을 거치며 부동산 시장이 안정화(침체) 단계로 접어든 것에서 나온 말이다. 이른바 '인구 감소=부동산 재테크의 종말론'이다. 그래서 인구 고령화가 심각한 우리나라 부동산 시장에 강단의 학자 일부 등을 중심으로 벌써부터 '부동산 불패 시대는 지났다'는 말을 한다.

하지만 우리나라처럼 이사를 빈번하게 하고 부동산 상품 수급이 불안정한 시장은 다른 나라와 분명히 다르다. 특히 주택시장이 불안정한 우리나라는 언제든지 부동산 시장이 요동칠 수 있다. 실제 부동산 시장을 조금만 들여다보아도 '부동산 불패 시대 끝'이라는 말처럼 공허하게 들리는 말은 없다. 전세시장이 불안정하고 이사 비율이 높은 나라에서 부동산은 영원성을 지니고 있기 때문이다.

부동산 시장은 수요와 공급에 따라 춤추는 움직이는 생물이다. 특히 우리나라는 수요가 공급을 창조하는 특수한 시장이다. 세계에서 유례없는 이상한 부동산 유통 구조를 갖고 있는 나라다. 한국 부동산 시장은 많은 물건 중에서 수요자가 마음에 드는 물건을 고르는 것이 아니다. 부동산을 획득하기 위해서는 대부분의 수요자가 쫓아가서 입도선매(立稻先賣)한다. 선분양제 탓도 있지만 이것이 우리나라 부동산 시장의 현실이다. 이런 부동산 시장은 약간의 부침을 겪어도 결코 실패하지 않는다. 한마디로 부동산 불패가 이어지는 것이다.

모든 시장이 그렇듯이 부동산 시장도 불황과 호황을 반복하지만 활황기는 물론 불황기에도 그 나름대로 투자의 묘수가 숨어 있다. 더구나 수급 조절이 어려운 한국 부동산 시장은 더욱 기회와 리스크(위험)가 도사리고 있다. 한국 사회가 인구 고령화 사회로 진입하는 2018년 이후 부동산 시장은 일시적 침체를 겪을 가능성이 높다. 2017년 문재인 정부의 두 번째 부동산 대책인 8·2 대책이 초고강도로 나왔고, 이어질 정책들인 분양가상한제, 재건축초과이익환수제 등도 시장에 적대적인 정책이기 때문이다.

다만 우리나라 부동산 시장은 수요가 공급을 창출하는 시장이다. 그리고 거의 모든 이들이 부동산 재테크에 나서거나 기회를 노리고 있다. 글로벌 시장 불안에 따른 외부 충격만 없다면 2~3년의 침체과정을 거친 후 부동산 재테크의 기회가 다시 올 것이다.

인구 고령화는 임대사업자를 부른다

대한민국에서 주거시설 임대소득은 사각지대에 놓여 있다. 그동안 주거시설에 대한 임대사업에 관대해 임대사업등록자가 미미하기 때문이다. 통계청에 따르면 2015년 기준 임대주택사업자 수는 13만 8,230명에 불과하다. 이것도 집을 지어 임대를 놓는 건설임대주택사업자를 포함한 수치다. 건설임대주택사업자를 제외하면 12만 4,380명에 그친다. 이는 전국 다주택자의 5%에도 못 미치는 수치다.

전국의 다주택 가구가 272만 5,000가구임에도 등록된 임대주택사업자가 이처럼 적은 것은 의무등록이 아니기 때문이다. 정부는 주택 임대사업자에 대해 많은 혜택을 제공하지만 대부분의 다주택자가 등록을 꺼리고 음지에서 임대사업을 하고 있다. 소득 노출을 꺼리기 때문이다.

시민단체 참여연대가 2017년 7월 13일 발표한 〈조세정의 실현을 위한 임대소득과세 개편방안〉 보고서에 따르면, 2015년 기준 다주택자의 연간 월세소득은 20조 6,125억 원에 달한다. 하지만 신고된 월세소득 총액은 1조 6,209억 원이었다. 문재인 정부는 이같은 조세 사각지대에 있는 주택 임대사업에 대해 당근과 칼을 동시에 빼들었다. 등록 임대업자에게는 혜택을 주되 그렇지 않을 경우 강력한 추징에 나서겠다는 의지다. 국세청이 2017년 8월 9일 부동산세 탈루 혐의가 있는 다주택자, 중개업자 등 286명에 대한 세무조사에 착수한 것도 전체 주택임대소득자에 대한 경고성 성격이 강하다.

부동산 시장 트렌드는 이자보다 월세로 변하고 있다. 하지만 다주택자에게는 다양한 세금 등 규제가 심한 것이 우리나라다. 문재인 정부도 다주택자 규제 부동산 정책을 펴고 있다. 이에 따라 보유하고 있는 주택 수가 2가구 이상일 경우 임대주택 사업자로 등록하면 규제를 피할 수 있다. 또한 우리나라는 임대소득자에게 다양한 혜택도 주고 있다. 서민주거안정지원 및 주택임대소득 양성화 차원에서 주택 임대사업자(최소 4년 이상 임대)에게 각종 절세 혜택을 부여하고 있는 것이다.

임대사업자로 등록하면 전용면적 $60m^2$ 이하 신규로 분양된 공동주택 혹은 오피스텔의 경우 취득세가 100% 감면된다. 또 4년 이상 임대하면 종합소득세와 법인세의 30%(준공공 임대는 75%까지)를 감면받을 수 있다. 다만 민간 임대주택 사업자가 되면 취득세와 양도소득세 등 세금 감면 혜택을 받을 수 있지만 임대료 인상 상한선(연 5%)을 적용받는다. 세입자는 임대의무기간(단기 4년, 장기 8년)을 법적으로 보호받을 수 있다.

인구 고령화는 필연적으로 임대사업자 증가를 부를 수밖에 없다. 직장이 없는 상황에서 월세 등을 받는 부동산은 필수이기 때문이다. 베이비붐 세대의 은퇴가 정점을 이루고 있는 2015년~2022년 사이 임대사업은 부동산 수요의 주요 축이 될 것이다. 2014~2017년 주택가격 급등도 월세 받는 부동산을 보유하려는

임대주택에 대한 각종 혜택

(단위 : 천 가구)

구 분		주택규모(전용면적)			
		40㎡ 이하	40~60㎡	60~85㎡	85㎡ 초과
수도권	일반형임대	면제	면제		
광역시	기업형·준공공임대	면제	면제	50%	
도지역	미등록임대				
취득세	지원요건 등	• 공동주택 건축 또는 공동주택·오피스텔을 최초로 분양받은 경우에 한정 – 60㎡ 이하 : 공동주택, 오피스텔을 취득 – 60~85㎡ : 장기임대(8년 이상)를 목적으로 20호 이상 취득 또는 20호 이상 보유자가 추가 취득 시			
	근 거	지방세특례제한법 제31조			
재산세	일반형임대		50%	25%	
	기업형·준공공임대	면제	75%	50%	
	미등록임대				
	지원요건 등	• 공동주택 건축 또는 공동주택·오피스텔 매입 – 2호 이상 임대목적에 직접 사용			
	근 거	지방세특례제한법 제31조, 제31조의3			
양도 소득 금액 공제율	일반형임대	• 3년~4년 : 10% / 4년~5년 : 12% • 5년~6년 : 15% / 6년~7년 : 20% • 7년~8년 : 25% / 8년~9년 : 30% • 9년~10년 : 35% / 10년 이상 : 40%			
	기업형·준공공임대	• 8년 이상 50%, 10년 이상 70% 적용			
	미등록임대	• 3년~4년 : 10% / 4년~5년 : 12% • 5년~6년 : 15% / 6년~7년 : 18% • 7년~8년 : 21% / 8년~9년 : 24% • 9년~10년 : 27% / 10년 이상 : 30%			
	근 거	소득세법 제95조, 조세특례제한법 제97조의 3, 제97조의 4			
소득세 법인세	일반형임대	30% 감면			
	기업형·준공공임대	75% 감면			
	미등록임대				
	지원요건 등	• 3호 이상 – 3주택 이상 소유, 보증금 등 3억 원 초과 시 초과금액에 대해 소득 간주			
	근 거	조세특례제한법 제96조			

자료 : 국토교통부

베이비붐 세대의 공격적인 투자성향에서 비롯됐다는 분석도 있다.

문재인 정부의 다주택자 규제도 임대사업자 증가를 가져올 전망이다. 정부는 2주택 이상 다주택자의 임대사업 등록을 종용하는 상황이다.

인구 고령화 시대의 부동산 생존법

부동산 시장에서 투자의 정답은 없다. 인구 고령화 시대도 마찬가지다. 하지만 부동산 트렌드를 잘 읽으면 새로운 투자처가 보인다.

오랜 정주 민족인 한국인에게 부동산 임대차 문화는 맞지 않는다는 의견이 많다. 부동산은 단지 빌려주고 빌려 쓰는 것이 아니라 소유(사유재산 ⇨ 상속)라고 생각하는 한국인의 특성상 임대주택이나 임대토지(소작농)제도는 맞지 않다는 것이다. 이것은 앞에서도 살펴보았듯이 꼭 틀린 말은 아니다. 하지만 가용토지의 한계로 인해 주택과 지가의 급속한 상승은 결국 '임대차 부동산'이 대세가 될 수밖에 없다는 점을 보여주고 있다. 특히 인구 고령화를 넘어 정체기에 들어서면 젊은 층보다 고령층이 많아진다. 이런 시대에는 기간이 오래 걸릴 뿐, 임대(임차)주택이 새로운 주거문화로 정착할 수밖에 없다. 고령층의 부동산 월세소득 선호 현상은 세계 어느 나라나 마찬가지이기 때문이다. 부동산 임대차 문화가 트렌드로 등장할 때 임대인이 될 것이냐, 임차인이 될 것이냐는 개개인의 재테크 능력에 달려 있다. 물론 증여나 상속이 많은 개인도 있지만 재테크 능력이 없으면 받은 재산 지키기도 쉽지 않다는 것은 모두가 다 느끼는 것이다.

문재인 정부의 부동산 정책도 변수다. 인구 고령화의 초기, 인구 정체기의 초기인 문재인 정부 5년은 부동산 시장의 변화가 빠르게 진행될 것이다. 당장 정부가 공공임대주택을 5년 동안 80만 가구 넘게 공급하는 것도 부동산 시장 변화를 촉진할 것이다. 또 강남권 재건축단지를 중심으로 한 고가주택 규제, 다주택자 규제 등도 임대차 문화를 앞당길 수 있다.

주택 투자에 의존한 재테크를 해왔다면 문재인 정부 5년은 '부동산 생존 연구'에 나서야 한다. 주요 경제활동인구가 급격히 줄어드는 시기에 공공임대주택 대거 공급, 주택시장 초강력 규제가 이어지기 때문이다. 시련의 시기를 이겨내기 위해서는 한발 앞서가는 전략적 판단을 해야 한다.

앞으로 3년, 급락 없지만 침체

2015년 11월 1일 기준 수도권 인구는 2,527만 명으로 전체 인구의 49.5%에 달한다. 총 가구 1,956만 가구 중 수도권 가구도

48.7%다. 1인 가구는 520만(27.2%)이나 된다. 이는 2010년보다 99만 가구가 증가한 것이다. 2015년 말 기준 외국인은 136만 명이다. 이는 2010년 96만 명에 비해 40만 명이나 늘어난 것이다. 다문화 가구도 계속해서 증가해 2015년 30만 가구, 가구원은 89만 명에 달했다.

인구학자나 경제 전문가들은 머잖아 한국 인구가 정체 후 감소하고, 결국 부동산 시장의 침체를 가져올 것으로 우려하고 있다. 주택은 과잉공급으로 포화상태인데 인구 고령화와 정체, 감소로 수요가 줄기 때문이란다. 하지만 한국 부동산 시장을 면밀히 따져보면 주택이 포화상태도 아니고 인구가 급격히 줄지도 않는다. 인구는 앞으로 10년은 지나야 감소시기를 맞는다. 그나마 외국인 등록(이민 등)이 현재처럼 정체돼야 감소한다.

부동산 시장은 인구가 고령화로 치닫고 줄어든다고 해도 수요 감소로 이어지지 않는다. 오히려 소유 본능과 상속을 위해 수요가 늘 가능성도 있다. 여기에 주택의 경우 기본적으로 신규주택을 찾는 이는 많은데 빠르게 노후화해 공급이 따라가지 못한다. 그래서 주택시장이 안정되려면 주택보급률이 일정하게 120% 정도를 유지해야 한다. 이는 집값 안정을 위해서는 멸실주택, 공실, 40년 전후 낡은 주택 등을 감안한 것으로 20%의 여유물량이 있어야 한다는 것이다.

우리나라 노후주택은 해를 거듭할수록 늘고 있다. 통계청이 2015년 조사한 기준으로 20년 이상 노후주택은 716만 가구에 이른다. 전체 주택의 43.8%나 된다. 이중 30년 이상 노후주택만 267만 가구로 전체의 16.3%에 이른다.

인구가 정체해도 인구 구조 변화가 또 다른 주택 수요를 촉발한다. 우선 정부의 공급축소 정책이다. 정부는 인구 정체를 감안, 중장기적으로 공급을 축소할 수밖에 없다. 2020년 이후 인구정체에 상응한 정부의 공급 축소가 현실화할 경우 가수요를 유발할 수도 있다. 베이비부머(1955~1963년생)의 자녀들이 아이를 낳고 키우는 과정에서 새로운 주택 수요를 창출한다. 흔히 에코부머(1980~1995년 생)로 불리는 세대로 풍요의 시대를 산 세대다. 이들은 좋은 환경에서 자란 세대여서 과거 베이비붐 세대가 살았던 주택에서는 살 수 없다. 새로운 주택수요를 유발하고, 새로운 주거문화를 형성할 수밖에 없는 것이다.

해방 이후 가장 많은 아이들이 태어난 해인 1971년을 전후한 세대도 주택시장의 큰 변수다. 이들은 그해 102만 4,773명이 태어났다. 흔히 1968~1974년 사이에 태어난 '제2의 베이비붐 세대'다. 이들의 자녀들도 2025년을 전후해 본격적인 결혼에 들어간다. 주택시장의 또 다른 가수요가 생기는 것이다.

결론적으로 한국 부동산 시장에서 앞으로 10년 동안 인구 고령화와 정체로 인한 부동산 수요가 급감하는 사태는 일어나지 않을 것이다.

빌라는 무조건(?) 팔거나 개축하거나

인구 고령화 시대에 투자할 부동산은 가급적 단출해야 한다. 세금과 건강보험 등을 생각해야 하기 때문이다. 부동산이 많을 경우 예상보다 많은 세금과 건강보험료를 감내해야 한다. 이에 따라 똑똑하고 비싼 부동산을 소유하는 것이 좋다. 이는 빌라(다세대 다가구, 연립주택) 등을 보유하는 것보다 주요 지역에 소형아파트를 보유하는 것이 좋다는 의미다.

빌라를 보유하고 있다면 팔거나 입주가구 동의하에 질 좋은 주택으로 개축해야 한다. 조매익선(早買益善, 빨리 파는 것이 좋은 것)을 권유하는 전문가도 있다. 2017년 말 기준으로도 주거여건이 좋지 않은 지역에 낮은 가격의 빌라가 과잉을 넘어 범람하는 형국이기 때문이다. 서울지역 빌라가 재개발로 줄어든 반면 경기도는 최근 4년여 동안 우후죽순처럼 생겨나 포화상태를 맞고 있다.

주택 형태 중 빌라처럼 애매한 이치를 차지한 상품도 없다. 빌라는 단독주택도 다가구도 아닌, 이름도 애매한 다세대주택이다. 이런 빌라가 한때는 집 없는 서민들의 내 집 마련 혹은 전셋집 역할을 톡톡히 했으나 향후 5년 안에 슬럼화로 치달을 가능성이 크다. 실제 2017년 11월 현재 경기도 일대 신축 빌라촌은 심각한 수준으로 가고 있다. 경기 광주시 오포읍 신현리 빌라단지의 경우 다세대·다가구가 대거 분양되고 있으나 매수자는 거의 없다. 벽면마다 '파격 할인분양' 현수막만 나부끼는 곳이 많다. 이들 빌라는 대부분 공실이다. 광주 오포읍 일대, 용인 처인구 일대, 남양주 화도읍 등도 빌라촌이 형성됐지만 빈집만 늘어가고 있다.

경기도 일대 빌라가 이처럼 된서리를 맞고 있는 것은 공급 과잉이 주원인이다. 국토교통부와 경기도에 따르면 2015년부터 2017년 6월 말까지 경기도에 신축된 빌라만 18만 6,600가구에 이른다. 경기도에는 2010~2014년에만 25만여 가구가 지어졌다.

경기 지역 다세대 다가구 연립주택 신축 물량 (단위 : 가구)

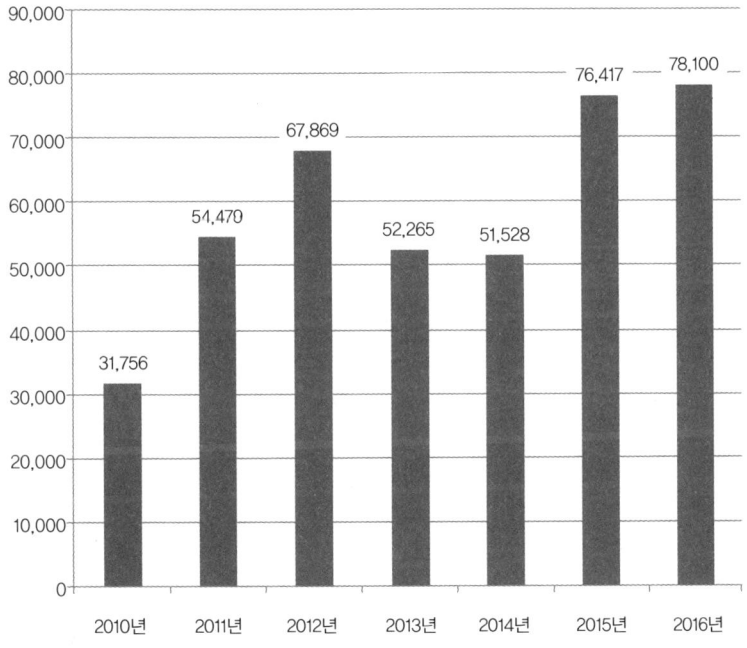

자료 : 국토교통부 등

서울이나 수도권에 있는 빌라도 장차 애물단지가 될 수 있다. 신도시 아파트가 대거 입주하고 주거개선사업이 진행되면서 세입자들이 빌라를 기피하는 현상이 벌써 나타나고 있기 때문이다. 빌라촌의 개선 없이는 장차 슬럼화의 길을 갈 수도 있다. 빌라를 소유하고 있다면 팔아야할 때인 것이다. 아니면 입주가구가 합작, 고급빌라로 개축할 필요가 있다.

대학 주변 부동산에서 빠져나와라

인구 고령화와 출산율 저하로 대학도 구조조정 시대를 맞고 있다. 또 지방대학의 입학 학생 수가 줄면서 수도권에 캠퍼스를 마련하는 사례도 늘고 있다.

충남 홍성군에 있는 청운대는 인천 남구 도화동 전 인천대 부지에 제2캠퍼스를 설립했고, 강원도 고성군의 경동대는 경기 양주군에 캠퍼스를 지어 개교했다. 또 충남 금산군의 중부대도 경기 고양시에 캠퍼스를 마련했다. 이밖에 지방 대학 상당수가 수도권에 캠퍼스를 마련하기 위해 머리를 짜내고 있다. 이에 따라 이들 대학 본교가 있는 지역 부동산들은 이미 가격이 하락하는 등 찬바람을 맞고 있다. 일부 발 빠른 투자자들은 지방대학 주변에 있는 부동산 자산을 모두 팔았다고 한다. 지방대학 주변 투자를 고민하는 이들은 생각을 바꿔야 한다.

대학의 형성은 학교 주변 상가와 오피스텔, 원룸 등에 중대한 영향을 미친다. 대학 주변 지역 임대사업이 활성화된다. 2007년 9월 단국대가 캠퍼스를 옮겨간 경기 용인시 죽전 일대는 급속한 개발로 농사를 짓던 지주들이 하루아침에 부자가 되기도 했다. 경동대와 예원예술대가 둥지를 튼 양주시 덕정역 일대도 초기 투자자들에게 대박을 안긴 곳이다. 이들 지역 투자자들은 대부분 장기간 선점 투자해 수익을 얻었다고 한다.

하지만 대학의 구조조정은 앞으로 더 강해질 수밖에 없다. 대학생 수는 1970년만 해도 20만 1,400여 명에 불과했다. 이후 1980년에는 170만 명, 2000년에는 300만 명을 넘어섰다. 하지만 2017년 기준 250만여 명으로 줄었다. 이중 4년제 대학생은 2017년 210만 명 아래로 떨어졌다.

불과 5~6년 후면 대학생 수가 급속하게 줄어든다. 2023년 대학 입학자 수는 2017년보다 30%가량이 줄어든 40만여 명에 불과할 것으로 추계되고 있다. 이 시기에는 서울 소재 대학 학생도 줄어든 시대가 될 것이다.

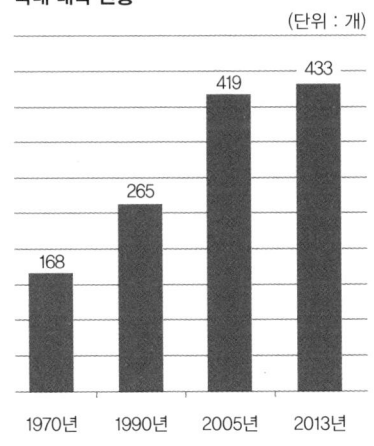

대학생의 감소는 대학상권의 몰락을 가져올 수밖에 없다. 지방 대학의 수도권 입성도 이제 한계에 와 있다. 대학가 투자는 다양한 경우의 수를 분석한 후 급매물을 중심으로 선별 투자해야 한다.

개발제한구역(그린벨트) 투자는 절대 조심해야

 은퇴한 고령 세대가 투자를 한다면 안정적인 수익원을 내는 부동산이 필수다. 투자 유혹에 빠져 고수익을 노리다가 낭패를 당하는 경우가 많기 때문이다. 고령 세대가 가장 쉽게 빠지는 부동산 상품이 개발제한구역(그린벨트) 투자다.

 2016년 국토부 도시계획현황 통계에 따르면 전국의 그린벨트는 2015년 말 기준 3,860km^2에 달한다. 수도권은 특히 그린벨트가 있어서 그나마 녹색지대가 잘 보존되고 있다. 이 같은 그린벨트는 법으로 보호되고 있지만 정권이 바뀔 때마다 해제지역이 많아 훼손 논란이 일기도 했다.

 문재인 정부도 마찬가지다. 2017년 8월 들어 개발제한구역(그린벨트) 해제를 위한 연구 용역에 착수했다. 문 대통령 공약인 공적임대주택 연간 17만 가구 건립을 위한 부지 확보 차원에서다. 이에 따라 일부 지역의 그린벨트가 예상외로 많이 풀릴 수도 있다. 이런 그린벨트를 두고 유혹하는 부동산 컨설팅업체들이 의외로 많다. 그린벨트 투자는 정부의 연구용역 착수 시기에 집중된다. 그래서 투기성이 강하다. 정부가 해제할 때를 대비해 투자하는 '깜깜이 형태 투자'이기 때문이다. 특히 토지거래 허가지역에 속한 그린벨트 매입은 절대 삼가야 한다.

 그린벨트 해제지역이라도 토지 매입 전 취득 목적에 맞는지 사용 여부를 따져야 하고, 주거지가 아닌 경우 별도로 용도변경과

건축허가를 받아야 한다. 또 그린벨트 해제지역에 주택이나 근린 생활시설을 지을 경우 폭 4미터 이상 도로에 접해야 한다. 도로가 없을 경우 건축허가가 나지 않는다. 다만 그린벨트를 사려면 집단 취락지역의 주택을 사는 것이 좋다. 임야나 논밭 등은 그린벨트 해제 시 정부(자치단체) 등이 수용할 가능성이 높고, 보상 시 그 당시의 공시지가를 반영해 예상보다 적은 보상금을 받을 수 있다.

그린벨트 내 주택이나 나대지 투자 시에는 증개축, 신축 가능 면적 등 건축 관련 법규 내용을 따져봐야 한다. 지금 사용하고 있는 실제 도로가 아닌 지적도상의 도로가 있어야 한다. 도시근교 그린벨트의 경우 지적도상의 도로가 없는 경우가 많다.

그린벨트는 문자 그대로 도시의 허파다. 그동안 도시 주변부의 대부분이 난개발에 시달렸지만 그린벨트만은 허파 노릇을 해왔다. 설령 그린벨트에서 해제됐다고 하더라도 경관이 좋거나 나무가 빼곡히 들어찬 곳은 자치단체들이 보전녹지, 생산녹지, 공원 등으로 지정할 수 있다. 그린벨트 소유주 입장에서는 억울하겠지만 허파를 최소한이라도 보존하는 것이 공공의 이익에 맞기 때문이다. 다만 그린벨트 투자자 입장에서는 이런 지역을 절대 사지 말아야 한다. 가격이 주변보다 낮다고 샀다가 낭패를 볼 수 있기 때문이다.

수익형 전원주택에 빠지지 마라

1990~2000년, 한국 부동산 시장에는 단독주택과 전원주택 바람이 불었다. 강남 아파트를 팔고 전원주택을 지었다가 낭패를 본 사람들도 많았다. 전원주택 가격이 제자리걸음을 한 것과는 달리 2002년부터 아파트 가격이 오르기 시작, 2005~2007년 사이 급등했기 때문이다. 다만 2020년 이후부터는 사정이 달라진다. 주택공급은 정상적으로 이뤄지는데 인구 감소시대가 서서히 열리고 있기 때문이다.

베이비부머들의 은퇴가 본격화되면서 수익형 전원주택, 텃밭주택에 대한 관심도 높아지고 있다. 50대 이상인 베이비부머들은 대부분 아파트를 통해 재산을 불렸다. 이들은 아파트를 재산의 증식 수단이자 자산으로 인식하고 있다. 하지만 인구 고령화 및 감소와 맞물리는 이들의 은퇴 후 삶은 필연적으로 텃밭이나 수익을 낼 수 있는 전원주택으로 모아질 수밖에 없다. 이런 이유로 펜션, 농작물 경작, 한우사육, 특용작물 경작 등 수익창출이 가능한 수익형 전원주택은 늘어날 가능성이 크다. 노루궁뎅이 버섯 재배시설을 갖춘 남양주의 '팜스빌', 블루베리를 정원수로 이용하는 양평의 '블루베리타운', 강원도 횡성에 조성된 '횡성한우 리버타운' 등은 '수익형 전원주택'의 사례다.

문제는 이들 수익형 전원주택이 수익구조를 제대로 만들지 않은 채 범람하고 있다는 점이다. 베이비붐 세대의 은퇴와 전체 부동산 시장 활황에 편승, 곳곳에서 과대포장해서 은퇴자 등을 유혹하고 있는 것이다. 고소득 작목과 특화 단지 등으로 수익을 낸다는 이들 수익형 전원주택 광고는 주요 일간지에도 '전원주택 부지 ○○m^2와 호두농원 토지 ○○m^2 마련', '○○버섯 특화 재배단지 등을 분양받아 임대·위탁하면 월 500만 원의 고수익' 등으로 선전하고 있다.

하지만 수익형 전원주택은 말처럼 쉽지 않다. 분양 광고에 나오는 고수익을 바라고 투자하면 낭패 보기 십상인 경우가 많다. 굳이 광고 내용의 진실을 따지지 않더라도 농촌 전원주택에서 고수익을 낼 수 있다는 것에 대해 전문가들도 고개를 갸웃거린다. 물론 광고 내용이 100% 근거 없는 내용이라고 단정할 수 없다. 농산물 값이 가장 높고 수확량이 최대일 때를 기준으로 하면 그 정도 수익률이 나올 수도 있기 때문이다.

수익형 전원주택이 약속한 대로 주변지역이 개발돼 땅값이 올라 수익을 낸다는 것도 쉽지 않다. 분양이 늦어질 가능성이 높고, 개발도 더디 진행될 수 있다. 여기에 계약금을 받은 개발업체가 없어지는 일도 있다.

수익형 전원주택 분양회사들은 신뢰성을 높이기 위해 정부나 지방자치단체를 끌어들이기도 한다. 지역 활성화를 위해 정부나 자치단체 지원을 받는다는 그럴듯한 말도 내세운다.

공짜 점심이 없듯이 자기 노력이 들어가지 않는 고수익 부동산은 존재하지 않는다. 각종 매체에 버젓이 광고하는 수익형 전원주택 광고에 속지 말아야 한다. 물론 양심적인 수익형 전원주택 분양자도 많다. 하지만 이런 류의 전원주택도 현장을 직접 찾아가서 꼼꼼히 따진 후 투자해야 한다. 수익형 전원주택은 자칫 목돈을 투자한 후 수익도 제대로 얻지 못하고 팔리지도 않는 애물단지가 될 수도 있다. 나홀로 귀촌귀농에 두려움을 느끼는 이들을 유혹하는 과대광고 수익형 전원주택 분양은 하루빨리 사라져야 할 유산이다.

블록형 단독주택 인기, 지속가능하지 않다

GS건설이 2017년 2월 경기 김포한강신도시에서 선보인 블록형 단독주택 단지 '자이 더 빌리지'는 그야말로 대박이었다. 5개 단지 525가구(전용면적 84㎡ 단일면적) 모집에 총 1만 7,171명이 몰려 평균 33 대 1의 경쟁률로 1순위 청약이 마감된 것이다. 청약 대박에 이어 계약도 나흘 만에 '완판'(100% 계약)됐다. 총 525가구 중 30~40대 계약자가 67%를 차지했다. 분양가는 3.3㎡당 평균 1,500만 원으로 주변 아파트에 비해 비쌌지만 수요자가 기대 이상으로 몰렸다. 개별정원·테라스·다락방 등이 서비스 면적으로 제공되는 단독주택이라는 장점이 수요자에게 부각되면서 인기를 끈 것으로 보인다.

올림종합건설이 성남시 분당구 운중동에서 선뵌 '판교 파크하임 에비뉴', 태영건설이 김포한강신도시에서 분양한 '라피아노'도

전 가구가 팔렸다. 불과 몇 년 전만 해도 팔리지 않던 단독주택이 예상보다 인기를 끌면서 기대 이상으로 팔린 것이다.

주거 문화 트렌드가 바뀌면서 단독주택 형태의 주거시설이 인기다. 앞으로 세대분리형 대가족 주택, 전원형 건강주택 등도 등장할 것이다. 문제는 이들 주택이 지속가능할 것인가이다. 젊은 사람들이 많이 몰리긴 했지만 장기적으로는 인기가 시들해질 것이라는 게 대체적인 견해다. 아직은 도시에 사는 중산층 접근이 쉽지 않고, 가격이 비싸기 때문이다. 또 국민연금을 받아서 소비해야 할 은퇴자에겐 가격이 비싸 '과분한 주거 형태'다. 실수요자가 아니라면 청약이나 매수에 신중해야 한다. 이런 단독주택은 매도 시 자칫 팔리지 않아 애물단지가 될 수 있는 것도 단점이다.

실버주택 전성시대는 오지 않는다

2014년 일본 총무성 통계에 의하면 65세 이상 노인인구의 60%가 병원 500m 이내에 거주한 것으로 조사됐다. 반면 보건복지부의 〈2014 노인 실태조사〉에 따르면 우리나라는 35%가량에 불과했다.

인구 고령화 시대에는 집과 일터, 그리고 병원이 어우러질 수밖에 없다. 이른바 의직주(醫職住) 부동산이다. 나이가 들수록 병원을 자주 갈 수밖에 없기 때문이다.

일본은 병원이 있는 실버주택 건설에 공공이 앞장섰다. 2012년 전국 4개 도시에서 실험적으로 병원 있는 실버주택 건설에 들어갔다(조선비즈 2017년 5월 11일자). 일본 혼슈 남동부 지바(千葉) 현 가시와(柏) 시 도요시키다이(豊四季台) 주택 단지가 그곳이다. 이곳은 병원과 노인일터(마트), 복지시설, 주택 등이 어우러져 노인 도시를 형성했다.

하지만 우리나라는 정부가 아직 개념조차 정립하지 않고 있다. 민간 실버주택도 아직 초창기 단계다. 수도권에 고급 실버주택이 존재하긴 하지만 극히 중상류층 일부를 위한 주택 역할을 할 뿐이다. 분당 금곡동의 고급 노인복지주택 '더헤리티지'가 그러한 예이다. 더헤리티지는 타운하우스 내 의사·간호사가 상주하는 너싱홈(요양원)까지 갖춘 도심형 실버타운이다. 이외에는 실버주택 성공 사례를 찾기 쉽지 않다. 또 실버주택 겸 귀농을 위한 고급주택을 분양하는 곳이 있지만 계약률이 저조하다.

한국은 인구 고령화 추세로 보았을 때 대중적인 실버주택 전성시대가 열리기 쉽지 않을 수 있다. 공공임대든 민간 분양이든 실버주택 필요성은 인정되지만 한국인 정서상 실버주택이 어울리지 않기 때문이다. 이에 따라 부동산 투자자 입장에서 실버주택에 대한 투자는 신중할 필요가 있다. 그동안 많은 실버주택 단지가 실패로 귀결됐다는 점을 참고해야 한다. 한국인 정서상 노인만 사는 주택단지에 대한 반감 등도 작용하고 있다.

05
저출산 고령화 시대에도 수도권 부동산이 대세

한국인에게 부동산은 자산으로서 여전히 매력적인 투자 대상이다. 또 투자 시장 중 어느 곳보다 안정적이다. 갑작스런 외부충격이나 큰 트렌드 변화가 아닌 이상 투자금이 빠져나가지 않는 곳이 우리나라 부동산 시장이다. 하지만 문재인 정부 들어 부동산에 '다단계 규제'라는 빨간불이 켜졌다. 급등한 강남권 재건축단지 영향 등으로 부동산 시장이 8·2 부동산 대책의 집중 타깃이 됐기 때문이다. 정부 규제는 달아오른 강남권 재건축 발 열풍을 식히는 효과는 있지만 전체적인 부동산 시장은 숨을 죽이는 상황이 됐다.

강도 높은 8·2 대책에 이어 9·5 대책, 10월 들어 가계부채 종합대책, 11월 들어 민간택지 분양가상한제 등이 포함된 주거복지 로드맵도 나왔다. 부동산 대책이 나온 후 6개월 정도 지나야 시장에 반영된다는 점에서 이들 대책은 부동산 시장에 찬물을 끼얹는 대책이 될 가능성이 크다.

부동산 시장 규제 강화와 패러다임 변화의 시기에는 서울과 수도권에 집중하는 보수적인 투자를 해야 한다. 수도권은 많은 규제로 얽혀 있지만 1개라도 풀리면 가격이 단기간에 상상보다 훨씬 많이 뛰기 때문이다. 강남을 제외한 한강 주변과 대기업과 여러 기업의 연구소, 대학병원 등이 입주하는 강서구 마곡지구 등은 앞으로도 상승여력이 있는 수도권 부동산의 블루칩이다.

수도권 토지는 스테디셀러

인구 고령화는 토지 등 부동산 시장에 호재다. 은퇴 세대 대부분이 토지나 상가 투자를 예상보다 선호하기 때문이다. 특히 수도권 토지는 지속가능한 투자 가치를 지니고 있어 인기가 꾸준히 이어지는 부동산이다. 2017년 상반기 기준으로 지가 상승도 수도권이 1.86%로 지방(1.82%)보다 상승률이 높았다.

정부가 수도권 규제를 풀지 않고 있음에도 수도권 토지가 최고의 인기를 구가할 수밖에 없는 것은 택지(상가 포함), 의료시설, 지방대학의 수도권 캠퍼스 진출, 물류, 빅데이터 시대 데이터 센터 등 공급에 비해 수요가 많기 때문이다. 우선 택지는 절대적으로 부족한 상황이 이어지고 있다. 파주, 양주, 남양주, 광주, 안성, 평택, 시흥, 김포 등으로 택지는 확장되고 있지만 주택을 지을 땅은 항상 부족한 상황이다.

택지 부족의 1차 원인은 정부가 택지 개발을 중단했기 때문이다. 정부 택지개발 대행사 격인 LH(한국토지주택공사)는 2014년 대규모 신도시 개발을 더 이상 하지 않기로 한데 이어 140조 원에 달하는 부채를 줄이기 위해 소규모 택지지구 개발도 2017년까지 중단했다. 이 때문에 공동주택용지 입찰 경쟁률이 수백 대 1에 달하는 경우가 태반이다. 2017년 6월 위례신도시에 공급된 두 필지는 각각 196 대 1과 200 대 1의 경쟁률을 보였다.

의료시설(요양원 포함)의 수도권 곳곳 확산도 땅값 상승의 요인이다. 유명 대학병원은 물론 중소규모 의료원, 요양원 등도 서울은 물론 수도권으로 집중하고 있다.

지방대학의 수도권 캠퍼스 진출도 수도권 토지의 인기 비결이나. 내학의 진출은 캠퍼스뿐만 아니라 주변 토지에 상가와 원룸 등을 형성하기 때문이다. 지방대의 수도권 캠퍼스 설립은 생존을 위한 몸부림이긴 하지만 토지시장 입장에서는 지가 상승의 원인이다. 중부대, 경동대, 예원예술대, 동양대 등 4곳이 잇따라 수도권 북부지역 캠퍼스를 열었고, 을지대는 2020년 완공 예정으로 의정부 캠퍼스 공사에 착수한 상태다. 대경대도 남양주에 캠퍼스를 착공했다.

물류시설과 대형쇼핑몰의 수도권 입지도 토지 인기에 한몫하고 있다. 우리나라는 1990년대까지만 해도 군포복합물류단지 외에는 이렇다 할 물류단지가 없었다. 하지만 2000년대 들어 물류의 중요성이 강해지면서 수도권 토지 곳곳이 물류기지 시대를 열었다. 수도권 2012년 경기 오산에 현대로지스틱스센터(18만m^2)를 비롯, 2015년 송파구 장지동 서울복합물류센터(43만m^2), 2016년 화성복합물류단지(66만m^2) 등도 들어섰다. 이들 지역을 비롯, 서울 접근성 한 시간 이내의 도시에는 대부분 물류시설이 봇물을 이루고 있다.

수도권에 들어서는 데이터센터도 토지시장에서는 주목받고 있다. 한국IT서비스산업협회에 따르면 2012년 국내데이터 센터는 114개였으나 2017년 145개까지 증가했다. 이 중 70.6%가 수도권에 있다.

수도권 토지가 영원한 스테디셀러가 될 수밖에 없는 이유는 또 있다. 토지보상금을 받은 지주들이 다시 땅을 사기 때문이다. 이들 지주들은 땅의 효용성을 누구보다도 잘 안다. 그래서 땅을 수용당한 지주들은 다른 지역에서 땅을 또 구입한다. 수도권 토지 가격을 상승시키는 촉매제 역할을 하는 것이다. 땅값은 시간이 지나면 오른다. 2017년 수도권 토지보상금은 모두 4조 6,000억 원(면적 1,270만 2,438m^2)이나 됐다. 이 보상금 중 상당액이 다시 토지 매수로 이어진다.

한강과 주변 부동산은 '불패의 땅'

우리나라 부동산 시장에서 한강 주변은 영광의 역사만 있었다. 1997년 IMF사태나 2008년 글로벌 금융위기 때도 한강 주변 부동산은 가장 늦게 떨어지고 가장 빨리 회복했다.

2020년 이후 부동산 트렌드도 서울 한강 주변이 중심이다. 대한민국의 젖줄 한강 주변은 주변 땅 대부분이 이미 금싸라기가 됐지만 앞으로도 지속적인 '슈퍼 블루칩'을 유지할 것이다. 남북이 통일돼 김포와 강화도에서 황해도로 다리를 5~6개 이상 건설하지 않은 이상 대체가능한 부동산이 없기 때문이다.

한강 주변 부동산은 지난 50년간 슈퍼스타 자리를 누리고 있다. 서초구 구반포에서 강남구 압구정동, 청담동을 지나 송파구 잠실까지 구조적으로 우리나라 최고 가격 지위를 지키고 있다. 이는 기득권층의 인프라 집중을 통한 강남 부동산 공화국 지키기의 산물이지만 앞으로도 지속적으로 유지할 가능성이 높다. 강남권 반대편인 용산구 이촌동과 한남동도 '강남 반열'에 올라서고 있다.

그렇다면 한강을 끼고 있는 곳 중 한 단계 더 도약할 곳은 없는 것일까. 부동산 불패 신화의 한강 주변에서 아직도 기회가 있는 곳이 성수동이다. 2017년 8월 성수동에서 분양한 '아크로 서울포레스트' 평균 분양가가 $3.3m^2$당 4,750만 원으로 역대 최고가를 기록한 것에서도 여전히 기회가 있다는 것을 짐작할 수 있다.

성수동은 1970년대 개발시대 피혁, 주물 공장 등 공업지대였다. 신발 기초산업의 중심지였으며 아직도 구두 장인이 가게를 운영하고 있다. 아직도 장년층에게 인식되는 성수동은 공장지대 그 이상도 이하도 아니다. 하지만 공장이 이전한 땅의 개발이 늦어진 것이 오히려 성수동에게는 '강남에 버금가는 블루칩 부동산' 기회를 주었다.

2000년대 들어 영등포구와 구로·금천지역 등의 공장지대는 아파트형 공장, 나홀로 아파트 등으로 개발됐지만 성수동은 여러 가지 이유로 개발이 더디 진행됐다. 이것이 체계적인 도시재생의 기회를 주었다고 할 수 있다. 황금기를 맞은 성수동은 신규 분양 아파트와 기존 저층 주택, 빌딩이 강남권과 버금가는 가격을 유지하고 있다. 2017년 7월 성수동1가 저층 빌딩 매매가는 3.3m^2당 6,000만 원이 넘는다. 30년 이상 노후 중소형 건물은 없어서 못 팔고 있다.

성수동이 고공행진을 하는 데에는 이유가 있다. 완벽한 교통인프라(서울지하철 2·5호선, 분당선, 강변북로, 동부간선도로)와 강남과 강북 도심권을 연결하는 중추지대 역할을 하기 때문이다. 성수동에서 다리 하나만 건너면 88고속도로와 강남구 압구정동과 연결되는 지리적 이점도 한몫하고 있다.

성수동이 그동안 빛을 보지 못한 이유는 '공장 밀집지대'라는 선입견 때문이었지만, 공장의 장막이 걷힌 지금 성수동은 서울 북촌·서촌에 이어 서울에서 가장 주목받는 '핫플레이스'가 되고 있다. 성수동은 부동산 투자자들에게 건너편 부동산을 볼 줄 아는 혜안이 필요하다는 점을 주지시키고 있다. 성수동은 한강 주변에 남은 마지막 '불패 부동산'이라고 할 수 있다.

마곡엠밸리, 김포 등 서부권 부동산 대세 10년 간다

서울을 기준으로 부동산 호재는 서부권이 압도적으로 많다. 동부권은 한강상수원을 위에 둔데다 이미 주택지대로 모두 개발됐고, 업무단지와 주거 시설이 들어갈 땅이 남아 있지 않기 때문이다. 그나마 한강 주변에서 저평가 된 곳은 여의도라는 게 부동산 업계의 대체적인 견해다. 하지만 여의도는 더 이상 확장할 수 없다는 공간의 한계를 지니고 있다. 한국의 맨해튼이라고 자부하는 여의도이지만 더 이상 확장 가능성이 없는 지역적 한계로 인해 발전 정체 현상을 겪고 있는 것이다. 다만 여의도는 중층아파트 단지인 시범아파트 등이 앞으로 잇따라 재건축에 들어간다. 부동산 시장 정점의 시기를 지나 매수 타이밍을 잘 선택하면 의외로 좋은 기회를 맞을 수 있는 곳이 여의도다.

한강은 이미 서부시대로 성큼 다가가고 있다. 서울 마포구 상암과 강서구 마곡이 서울 황금시대를 다시 이끌 축이다. 두 지역은 전혀 어울릴 것 같지 않지만 조화를 이루며 서울 발전을 견인하는 축이 되고 있다. 이 두 곳은 한강을 사이에 두고 마주 보면서 4차 산업을 포함한 첨단산업 업종이 들어서고, 사통팔달의 교통물류 인프라를 이미 확충했다. 김포공항과 공항고속터미널, 서울-문산 간 고속도로, 서부광역철도, 대곡-소사 복선 전철, 김포도시철도 등이 지하철 5호선, 9호선, 3호선 등과 연결된다.

상암과 마곡은 특히 경기 고양시 일산과 김포 지역의 방송·콘텐츠, 인공지능·가상현실 산업과 맞물려 발전할 가능성이 높아지고 있다. 한강을 끼고 상암~마곡~김포~일산~파주로 이어지는 '수도권 서부 산업벨트'는 '제2의 한강의 기적'을 일굴 지대가 될 가능성이 크다. 물론 그 중심은 336만m^2 규모의 마곡지구다. LG그룹(LG사이언스파크)와 롯데그룹(롯데글로벌R&D타운) 연구 인력이 집중되고, 1,000병상 규모의 이화의료원과 넥센타이어 중앙연구소, 코오롱 미래기술원 등이 들어서기 때문이다. 직간접 고용 창출 인력만 100만 명에 육박한다. 직주근접의 장점을 지닌 마곡지구 아파트값이 탄력을 받는 이유다.

김포와 고양, 파주시도 4차 산업혁명 시대 수도권 서부 부동산 시장의 중추 역할을 할 가능성이 크다. 김포의 112만 1,000m^2 부지에는 영상산업 중심 문화·콘텐츠 산업 기지인 김포한강시네폴리스가 들어서고, 고양시에는 80만m^2에 IT, 방송, 인공지능(AI), 가상현실(VR) 등 4차 산업이 들어선다. 일산테크노밸리에는 4차 산업 관련 업체 1,900여 개가 입주한다.

이 같은 최첨단 산업시설의 집중은 서울 서부권이 미래 한국을 이끌 황금지대가 될 것임을 약속한다고 해도 과언이 아니다.

수도권 역세권에 숨은 보석을 찾아야

부동산에서 역세권은 수익을 담보한다. 서울 지하철 라인 중에서도 9호선·7호선·3호선·2호선·신분당선 등이 '핫라인'으로 끊임없이 부동산 투자자들의 주목을 받는 이유다.

부동산 투자자 입장에서는 이미 개통, 개발된 역세권보다 개통 예정인 역세권을 선점하는 것이 중요하다. 다음의 표는 2017년 이후 개통(예정)하는 수도권 광역 철도망이다. 이를 활용해 부동산 투자의 밑그림을 그리고 투자시기를 저울질하는 것도 투자의 지혜다.

2017년 이후 개통(예정)하는 수도권 광역 철도망

개통 시기	노선명	노선현황
2018년	소사-원시선	소사~복사~대야~신천~신현~하중(추후 예정)~시흥시청~연성~석수골~선부~화랑~원곡~원시
	수인선	한대앞~사리~야목~어천~봉담~고색~수원
	김포도시철도	양촌~구래~마산~장기~운양~걸포북변~김포시청~풍무~고촌~김포공항
	5호선 연장 (하남선)	상일동역~고덕로 강일육교~미사강변도시 상업지구~덕풍
	9호선 3단계	종합운동장~잠실~삼전~석촌~송파~방이~올림픽공원~오륜~보훈병원
2020년	5호선 연장 (풍산~검단산)	풍산~덕풍~시청~검단산
	진접선 (4호선 연장)	당고개~별내지구북부~풍양(추후 예정)~오남지구~진접지구
	7호선 연장(석남)	부평구청역~백마장사거리~석남역
	인천1호선 송도 연장	국제업무지구~송도랜드마크시티

자료 : 국토교통부, 한국철도공사 등

표에서 보는 것처럼 2020년까지 수도권에는 철도만 10여 개 노선이 생기거나 연장된다. 물론 이들 철도 건설은 부동산 시장 입장에서는 드러난 호재다. 주변지역 토지나 아파트에는 미래가치가 충분히 반영됐을 것이다. 하지만 철도역 주변은 실제 완공했을 때 다시 재평가받는다.

수도권 신설 철도 노선 중에서는 지하철 9호선 연장, 소사~원시선, 김포도시철도, 진접선 등이 주변지역의 획기적인 변화를 줄 수 있는 철도다. 특히 소사~원시선은 장기적으로 경기도 고양시 덕양구 대장동 대곡역과 연결되면서 파주에서 김포공항(마곡지구)과 부천, 안산, 시흥, 화성, 평택을 잇는 중추철도가 될 가능성이 높다. 서부권 남북을 연결하는 소사~원시선 철도 주변을 주시해야 할 이유다.

지방 철길에 투자의 해답이 있다

부동산 재테크에서 앞서가는 이들은 토지 시장에 눈을 돌리는 경우가 많다. 다만 실수요자나 일반투자자는 토지 투자가 쉽지 않다. 토지는 물건의 특성상 목돈을 투자해야 하고 전망, 토지 계획, 권리관계, 현지 시세 등 종합적인 면을 감안해야 하기 때문이다. 이에 따라 초보 토지 투자자들은 철길 투자(철도역과 주변을 투자하는 것)를 공부할 필요가 있다. 특히 철도역은 언제든지 토지 활용가치가 높은 지역(물론 수도권이겠지만)부터 개발될 가능성이 높다. 재정사업이든 민자 개발유치든 수익성만 있다면 개발할 기능성이 높다는 것이다.

정부도 한국철도시설공단을 통해 수도권의 경원선(8곳), 경의

선(4곳), 경춘선(9곳) 등의 역이나 선로 연변의 철도부지 총 40곳, 면적 43만m^2을 민자유치를 통한 개발 의지를 다지고 있다. 구체적으로 경원선은 3만 8,604m^2가 개발 대상이며, 양주시 7곳, 연천군 1곳이 개발 대상이다. 경의선은 1만 4,500m^2이며, 서울 서대문구 1곳, 고양시 2곳, 파주시 1곳이고, 중앙선은 4만 1,592m^2에 남양주시 3곳, 구리시 1곳, 원주시 1곳, 경부선과 지선은 8만 1,344m^2에 안산시 1곳, 수원시 2곳, 평택시 2곳, 서울 강남구 1곳이 대상이다. 이밖에 수인선도 4만 2,276m^2에 인천시 4곳, 용산선은 13만 8,900m^2에 서울 용산구 1곳, 고양시 1곳, 의정부시 1곳, 구리시 1곳 등이다.

　실수요자나 일반투자자 입장에서 이들 철도부지에 직접 투자하는 방식은 어려운 만큼 주변지역에 투자하는 방안을 찾아야 한다. 철도역이나 개발예정인 철도부지에서 걸어서 10~20분 거리에 있는 밭이나 야트막한 임야가 좋다.

4부
인구 감소 시대, 재테크 나침반을 찾아라

고령화 시대의
재테크 키워드

한국의 2017년 8월 고령 사회 진입은 저출산이 직접적인 이유다. 저출산은 일하는 세대, 젊은 층의 급속한 감소를 가져오며 '국민 복지'에 중대한 영향을 미친다. 노후를 뒷받침할 경제활동인구의 감소는 먼 미래가 아니다. 앞으로 10년 이내에 우리나라 인구 자체가 감소할 수 있기 때문이다. 결국 100세 시대, 고령인구의 은퇴 후 삶을 국가가 보장하지 못하는 시대가 올 수도 있다.

은퇴자가 부동산 시장에 관심을 갖는 것은 편안한 노후를 위한 것이다. 국가 차원의 복지가 제대로 준비되지 않은 상황에서 개개인이 준비를 통해 건강하고 편안한 노후를 보내야 하기 때문이다. 하지만 대부분의 정부는 복지를 늘리고, 세금도 더 많이 걷으려고 한다. 당장 문재인 정부도 당장의 복지를 위해 사회간접자본(SOC)의 예산을 줄이고, 증세도 검토하고 있다. 이에 따라 한국은 800만 베이비붐 세대가 2018~2022년 어떤 부동산 성향을 보이느냐에 부동산 시장이 달라질 수 있다. 베이비붐 세대는 저금리 장기화 시기인 2015~2017년 사이 증여를 하거나 월세임대를 위해 부동산을 다른 시기보다 많이 매입하는 흐름을 보이기도 했다.

베이비붐 세대의 신규 부동산 매입 수요, 임금피크제 도입 등이 겹치면서 '분석이 어려운 부동산 현상'(고가 아파트가 고분양가에도 완판 등)을 겪기도 했다. 다만 부동산 자산의 증여 수요는 향후 4~5년 내에 줄어들 가능성이 크다. 임금피크제로 정년이 5년 연장된 베이비부머의 마지막 나이대인 1963년생들이 2022년 은퇴하기 때문이다.

부동산 규제와 주거복지, 고령화

문재인 정부의 핵심은 큰 정부를 통한 복지다. 복지에는 증세가 필연적으로 따른다. 하지만 복지와 증세는 경제성장의 적이다. 당연히 부동산 시장에도 적이 될 수밖에 없다. 2017~2022년 5년은 한국경제가 성장의 적들과 맞닥트려 있다고 해도 과언이 아니다.

우리나라가 고령 사회로 진입한 상황에서 맞닥뜨린 복지(분배)와 증세는 한국경제에 커다란 짐이다. 복지와 증세는 자칫 잘못 관리하면 성장을 누르는 압박붕대 비슷한 역할을 할 수 있기 때문이다.

복지와 증세는 동전의 양면과 같다. 복지를 위해서는 세금을 반드시 많이 거둬야 한다. 증세를 해야 한다는 것이다. 문재인 정부에서 증세는 고소득자, 자산가, 대기업에 집중될 수밖에 없다. 부동산 시장 입장에서 보면 큰 악재다. 고소득자, 자산가, 대기업이 부동산 시장을 좌지우지하는 상황에서 이들이 급속히 위축될 수밖에 없기 때문이다. 특히 부동산 규제의 정점인 종합부동산소득세(종부세) 등 보유세 강화가 현실로 나타날 경우 부동산 시장은 냉각을 넘어 빙하기로 갈 수 있다. 문재인 대통령이 2017년 8월 기자회견에서 말한 '주머니 속에 있는 것'이 무엇인지는 모르지만 보유세 강화일 가능성이 크다.

인구도 변수다. 고령화 사회 현상을 겪고 있는 한국 인구는 앞으로 10년을 전후해 정점을 찍고 정체가 예상되고 있다. 여기에 우리나라는 2017년 8월 노인인구가 전체의 14%가 넘는 고령 사회에 진입했고, 2026년에는 노년인구가 20%를 넘는 초고령 사회에 들어간다.

부동산 시장 입장에서 고령 사회 진입은 위기이자 기회이다. 위기는 자산을 줄이려는 은퇴자로 인한 매물 증가이지만 다른 면에서는 은퇴자들이 퇴직 이후의 경제적 안정을 위해 부동산 매입을 늘릴 수 있다는 것이다. 은퇴에 직면한 베이비붐 세대와 고령인구의 자산 재구성이 어떤 형태로 나타나느냐에 따라 달라지는 셈이다.

베이비붐 세대의 퇴장

흔히 베이비붐 세대를 부모에 효도하고 자식에게 버림받는 세대라고 한다. 1960~1970년대 유교적 봉건교육을 받았지만 현대식 교육에 익숙한 자식들에게 그만큼 대접받지 못한다는 의미일 것이다.

베이비붐 세대의 마지막 출생자(1963년)는 2022년이면 60세를 맞는다. 임금피크제로 5년의 직장생활을 이어가지만 2022년에 확실한 은퇴를 하는 것이다. 베이비붐 세대 대부분은 부모공양과 자식교육이라는 짐으로 인해 아파트 한 채를 갖고 은퇴할 가능성이 높다. 종잣돈으로 쓸 현금이 있는 경우도 있겠지만 과반수가 서울이나 중심도시권에 아파트 한 채를 갖고 있을 것이다. 부동산 자산은 있지만 현금이 매우 부족한 은퇴를 하게 되는 셈이다. 이에 따라 퇴직하기 전에 '수익성과 안정성, 환금성'이 높은 투자처를 확보하는 것이 필수사항이 되고 있다. 하지만 대부분의 베이비붐 세대 은퇴자들은 이런 준비를 못하고 있다. 은퇴 시점에 자녀 취업과 결혼이 가로놓여 있는 등 '들어가는 돈'이 많기 때문이다.

베이비붐 세대는 이런 연유로 결국 가난한 은퇴를 강요당하는 상황에 처할 가능성이 높다. 물론 일부는 재취업 등으로 생활전선에 내몰리거나 자영업 등으로 활로를 찾겠지만 대부분은 은퇴 시장으로 나올 수밖에 없다. 결국 베이비붐 세대로서 여윳돈이 충분하지 않다면 안빈낙도의 길을 찾는 것이 현명하다. 남은 30여 년의 세월을 도시에서 돈을 쓰면서 보낼 수는 없기 때문이다.

적은 자본으로 비교적 여유를 즐길 수 있는 곳은 도시가 아니라 농림어촌이다. 이른바 귀촌을 해야 한다는 것이다. 전국 농어촌마을은 대부분이 노인들만 거주한다. 더구나 20가구 미만 과소화 마을이 전국적으로 총 3,091개(2010년 기준)에 달한다. 이런 마을로 귀농하거나 귀촌해 유휴지만 활용해도 성공한 은퇴자가 될 수 있다. 귀촌 시 매입한 토지의 가격 상승은 덤이자 또 다른 자산이다. 중산층 베이비붐 세대가 가는 곳에 장기적인 재테크의 길이 있는 셈이다.

에코 세대의 등장

베이비붐 세대는 2010년을 전후로 서서히 명퇴나 은퇴의 길을 가고 있다. 특히 2015년부터는 은퇴자 수가 급속히 늘어났다. 다만 1961년(혹은 1962년) 이후 출생한 세대는 임금피크제 적용으로 직장 생활을 계속하고 있다.

은퇴하는 베이비붐 세대의 뒤를 잇는 세대가 에코 세대다. 에코 세대는 베이비붐 세대가 다시 메아리처럼 출생 붐을 일으켰다고 해서 쓰이는 말이다. 베이비붐 세대 대부분은 2명 이상의 자녀를 두고 있다. 1980년 중반부터 1995년 사이에 태어난 에코 세대는 우리나라의 경제적 풍요와 궤를 함께한다. 이들이 차지하는 비중은 전체 인구의 20%가량이다.

부동산 시장을 제대로 보기 위해서는 이들 에코 세대의 본격적인 결혼과 분가(分家)를 주목해야 한다. 에코부머 세대야 주택을 매입할 자금 여력이 없지만 주택을 자산으로 생각하는 베이비부머 중 여유자금이 있는 이들은 자녀들의 분가 시 집 장만을 거들고 있거나 아예 증여하고 있기 때문이다.

에코 세대는 대부분 아파트에서 자라서 교육과 편의시설이 잘 갖춰진 좋은 주거환경을 선호하는 것이 특징이다. 풍요의 세대이기도 한 에코 세대가 집에 대해 주거와 소유를 동시에 생각하고, 부동산 재테크에 관심을 가질 경우 집값은 예상 외로 오를 수 있다는 뜻이다. 에코 세대의 결혼과 내 집 마련 시기가 중요한 이유이다.

2018년을 지나 세계 경기와 한국경제가 동반 침체할 경우 주택시장이 나빠지겠지만 경기가 완만한 회복세를 지속한다면 집값은 일시적인 하락을 겪은 후 2022년 이후 다시 예상보다 상승 행진을 할 수 있을 것이다. 에코 세대의 내 집 마련이 본격 시작될 가능성이 크기 때문이다.

도시인구 집중도 끝물

우리나라의 인구 고령화는 급격히 진행되고 있다. 여기에 저출산 문제도 우려를 넘어 위기 상태로 치닫고 있다. 하지만 인구의 도시 집중은 여전히 현재진행형이다. 한국의 인구 10명 가운데

9.1명이 도시에 살고 있는 것이다. 귀농귀촌 인구 증가에도 인구의 도시 집중은 강화되고 있는 형국이다.

국토교통부가 2017년 8월 29일 발표한 〈2016년도 도시계획현황 통계〉에 따르면 우리나라 총인구 5,170만 명 가운데 91.8%인 4,747만 명이 도시에 거주하고 있다. 이는 1년 전보다 17만 명이나 늘어난 것으로 도시인구가 전년보다 증가한 것은 2013년 이후 4년째다. 도시는 국토면적의 16.6%에 불과한데 인구는 91.8%가 거주하는 것이다.

우리나라 도시인구는 1960년만 해도 40%를 넘지 않았다. 하지만 급격한 공업화로 이촌 향도가 진행되면서 1980년에는 68.73%에 이르렀다. 또 저출산이 심각해지고 귀농귀촌 인구가 늘어나기 시작한 2010년에는 90%(90.93%)를 넘어섰다.

인구 고령화와 귀농귀촌 시대에 인구의 도시 집중은 신도시 개발로 빚어지는 일시적 현상일 가능성이 크다. 서울 마곡엠밸리, 위례신도시 등의 경우다. 동탄2신도시와 김포한강신도시 등 중규모 신도시도 본격 입주를 시작한다.

다만 인구의 도시 집중은 이제 끝물이다. 더 이상 신도시로 개발할 땅이 남아 있지 않다. 부동산 시장에서는 인구의 도시 집중에 따른 부동산 가격 상승은 이미 저물고 있는 것으로 보고 있다. 주거와 직장이 복합개발되지 않은 신도시는 베드타운에 불과, 주택 상승이 이어질 수 없기 때문이다. 다만 도심의 콤팩트디지털시티는 의외로 확장될 것이다.

도시지역 인구 집중 추이

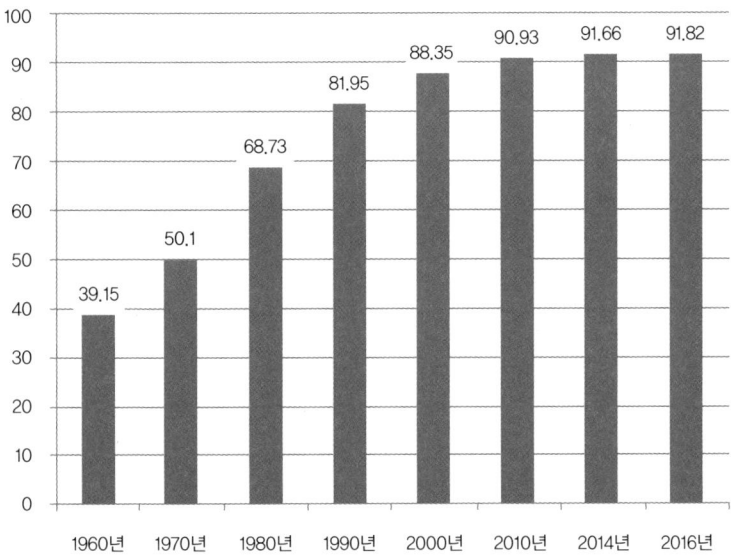

(단위 : %)

자료 : 국토교통부

저출산 고령화 시대의 재테크 방향

 인구가 감소하면 수익형 부동산 수요는 늘어도 아파트를 제외한 주택 수요가 줄어드는 것은 분명하다. 특히 빌라나 다가구, 다세대, 연립주택 등의 수요는 의외로 빨리 줄어들 것이다.
 문재인 정부의 주택시장 안정 의지도 확고하다. 더 이상 아파트로 떼돈을 버는 투기성 투자를 방치하지 않겠다는 것이다. 적어도 문재인 정부 초기 3년은 공급과잉과 맞물려 아파트가 가격 조정을 받을 수밖에 없다. 더구나 8·2 부동산 대책과 이어지는 악재(분양가상한제, 주택 대출축소, 재건축초과이익환수제 등)가 시장에 먹힌다면 아파트 투자 빙하기가 도래할 수 있다. 물론 정부 정책이 먹히지 않고 집값이 공공행진을 할 경우 '보유세 강화'가 나올 수도 있다. 보유세 폭탄이 기다리고 있는 것이다.
 정부의 주택공급 목표는 2022년 기준 인구 1,000명당 422가구다. 2017년 기준 1인 가구가 거주하는 오피스텔 등을 포함해서 380가구가량이다. 2022년에 주택 공급이 목표치에 이를 경우 미국(2010년 말 기준 410가구)보다 높고, 네덜란드(430가구), 영국(439가구)과 비슷한 수준이다. 물론 빈집이 넘쳐나는 일본(473가구)보다는 훨씬 낮다.

정부 계획대로 주택이 공급된다면 문재인 정부 마지막 해인 2022년부터 주택 시장은 안정될 수밖에 없다. 시장 안정은 주택의 수익률 저하를 의미한다. 이제 아파트 투자를 통해 노후 대비를 하겠다는 투자 철학은 시세보다 싸게 분양하는 공공기관의 신규분양 단지에만 통할 수 있을 것이다.

부동산 빅데이터를 믿지 마라

부동산 시장은 빅데이터를 통한 투자가 쉽지 않은 분야다. 빅데이터가 보여주는 통계가치와 실제 투자는 다르기 때문이다. 우리나라는 더구나 부동산 통계 해석이 정확하게 맞아떨어지는 경우가 많지 않다. 부동산이라는 재화의 특성 때문이기는 하지만 통계보다는 사람에 의지한 부동산 거래가 관습화돼 있기 때문일 것이다.

주택 관련 통계 중 주택보급률만큼 애매한 통계가 없다. 국토교통부와 행정안전부 등이 집계해 발표하지만 정확한 통계를 낼 수 없는 구조적 모순 때문에 통계와 현실 간의 차이가 분명하다.

국토부 주택통계 기준에 맞추려면 영구 건물, 한 개 이상의 방과 부엌, 독립된 출입구, 관습상 소유 또는 매매할 수 있는 것 등의 4가지 요건을 모두 갖춰야 한다. 또 여러 가구가 독립된 생활을 하고 소유주가 한 사람인 '다가구(단독)주택'은 세대 수에 관계없이 1가구로 계산하고 있다. 특히 통계의 모순이 생기지만 상당수의 원룸이나 고시원, 오피스텔 등이 주택 통계에 들어가는 경우도 있다. 정부 주택 기준을 맞추지 못했지만 엄연한 주택이기 때문이다. 주택보급률이 문자 그대로 숫자놀음이 되는 이유는 또 있다. 통계청 인구주택총조사에 1인 가구나 유동인구가 잡히지 않는 경우가 많기 때문이다.

한국주택협회가 국토교통부와 행정안전부 등의 자료를 토대로 작성한 우리나라 주택보급률은 100%가 넘는다. 2015년에 102.3%에 이른 것이다. 지난 2년 동안 입주한 아파트 등을 감안

전국 주택 수와 가구 수, 주택보급률

(단위 : 천 가구)

연 도	전국			수 도 권			서 울		
	보급률	주택 수	가구 수	보급률	주택 수	가구 수	보급률	주택 수	가구 수
2010	100.5	17,739	17,656	96.4	8,216	8,257	94.4	3,442	3,646
2011	100.9	18,082	17,928	96.8	8,383	8,656	94.7	3,478	3,673
2012	101.1	18,414	18,209	97.3	8,555	8,789	94.8	3,510	3,701
2013	101.3	18,742	18,500	97.3	8,682	8,926	95.1	3,546	3,728
2014	101.9	19,161	18,800	97.7	8,862	9,068	96.0	3,608	3,756
2015	102.3	19,559	19,111	97.9	9,017	9,215	96.0	3,633	3,784

자료 : 한국주택협회, 주민등록부, 건축물대장 등 행정자료 활용

하면 이보다 더 높을 것이다. 그런데도 주택은 부족하다 못해 심각한 상황에 처한 자치단체들도 많다. 빅데이터는 100%가 넘는 주택보급률을 자랑하지만 실제로는 통계에 포함된 낡은 주택, 빈집 등이 너무 많기 때문이다.

우리나라는 전자정부 발전지수 1위 국가(2012년 UN 발표)이지만 빅데이터 활용은 1위답지 않다. 특히 부동산 시장은 빅테이터가 중요하지만 고도화된 시스템과 축적된 부동산 관련 데이터를 효율적으로 활용하지 못하고 있다. 실제 부동산 실거래 자료나 임대동향 등 정부는 많은 데이터를 갖고 있다. 하지만 이들 공개 자료를 제대로 분석하는 기관이 없다.

한국의 부동산 시장은 정보의 홍수다. 공시지가를 포함, 인허가 건축물 공급량, 주택 재고량과 공급(미분양주택 등), 부동산 가격 동향 통계 등 35종의 부동산 정보가 조사돼 발표되고 있다. 조사기관도 국토교통부와 한국감정원, 서울시 등을 비롯, 다양하다. 문제는 이런 정보가 가공을 거치지 않고는 부동산 시장의 거대한 흐름을 읽어내지 못한다는 것이다. 단순한 통계 이상의 의미가 없다는 뜻이다. 국토교통부가 현재까지 구축한 부동산과 관련 행정정보와 공간정보 등은 갓 걸음마를 뗀 단계에 있다.

그동안 대다수의 투자자는 수많은 부동산전문가와 공인중개사, 언론 등에서 정보를 얻어 투자했다. 물론 지인의 추천 투자도 있었다. 그러나 부동산 투자의 가장 좋은 방법은 본인의 직접 투자경험과 과거의 데이터를 합쳐서 분석하는 능력이다. 결론이 나와도 곧이곧대로 해석하지 말고 미래와 주변상황 등을 대입해 분석해야 한다. 또 분석한 자료를 토대로 실제현장에 대입하는 시뮬레이션도 필요하다.

부동산을 보는 선구안이 없으면 빅데이터가 부동산 매수, 매도 시기를 점찍어 주어도 성공 가능성은 낮다. 예를 들어 국민은행 부동산 통계에 따르면 서울의 집값은 1996년 대비 2017년 2월 기준 397.57% 올랐다. 반면 전셋값은 같은 기간 800.42% 상승했다. 이 빅데이터는 무조건 내 집 마련을 해야 했다는 점을 말해주지만 이를 분석해 주는 이는 없었다. 빅데이터가 존재해도 선구안을 갖고 투자하지 못한 것이다. 부동산 시장만큼은 빅데이터가 능사가 아니라는 점을 알아야 한다.

아파트 투자를 넘어서라

인구가 팽창해 온 지난 50여 년 동안 아파트는 사는 공간 이전에 재테크 대상이었다. 빚내서 집 사는 시대의 총아(寵兒)였다. 2017년 이전만 해도 1억 원짜리 아파트가 있을 경우 7,000만 원을 금융권에서 빌려 집을 살 수 있었다. 전세를 끼고 사는 갭투자를 한다면 이보다 더 쉬운 투자대상이 없었다. 하지만 이렇게 빚내서 하는 아파트 투자는 문재인 정부 들어 종말을 맞을 가능성이 크다. 주택담보대출 규제를 갈수록 강화하고 있기 때문이다.

한국은행은 2017년 8월 6일 해외경제포커스에 실은 〈글로벌 부채 현황과 시사점〉보고서에서 2016년 말 기준 우리나라 국내총생산(GDP) 대비 가계부채 비율이 92.8%에 달한다고 밝혔다. 우리나라 주택담보 대출이 대부분을 차지하는 가계부채가 임계치를 넘었다는 것이다. 국민 상당수가 아파트 투자에 동참한 결과다.

한국은행은 이 같은 높은 가계부채 비율이 중장기적으로 성장을 제약할 수 있는 과다한 수준이라고 경고했다. 보고서는 세계 연구기관에 따라 다르긴 하지만 레버리지(빚으로 투자하는 것) 과잉 여부를 평가하는 기준이 가계부채는 GDP 대비 75~85%, 기업부채는 80~90%, 정부부채는 85~90%(신흥국은 50% 내외)라고 전했다.

한국인의 아파트 투자와 투기는 지난 시대 급격한 공업화와 도시화에 따라 '주택은 곧 아파트'라는 인식 때문이다. 빠른 도시화

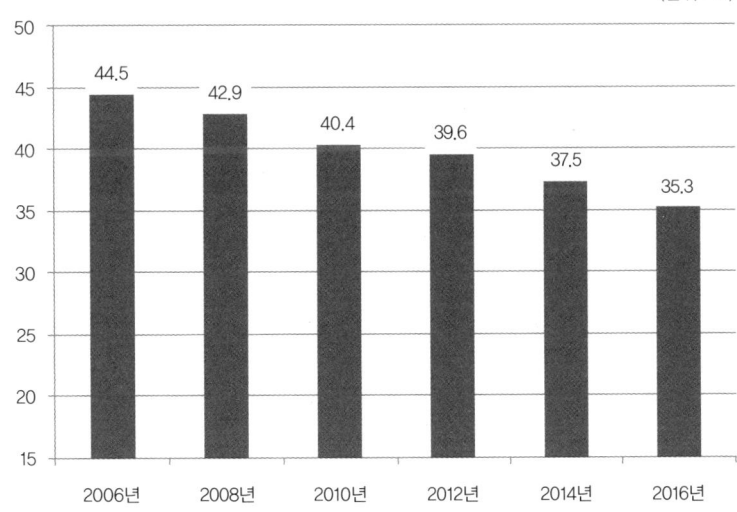

전국 단독주택 거주자 비율 (단위 : %)

자료 : 통계청

로 주택이 부족해지면서 아파트가 거주공간 겸 재테크 대상이 된 것이다.

표에서 본 것처럼 단독주택 거주자는 2016년 35.3%에 그친 반면 아파트 거주자는 2016년 48.1%에 이르고 있다. 이는 아파트를 찾는 이들이 그만큼 많다는 뜻으로 투자의 대상이 된 직접적인 이유다. 공급은 부족한데 수요는 워낙 많아 단기 차익만을 노리는 투기 행위자의 좋은 먹잇감이 된 것이다.

아파트는 2020년까지 전국에서 200만 가구가 더 입주한다. 2014~2017년에 대량 공급된 아파트가 입주하는 것이다. 특정지역에 아파트가 대거 입주하면 공급 초과로 투자수익이 하락한다. 다른 수익형 부동산보다 높은 수익을 낼 수 없는 것이다. 더구나 8·2 부동산 대책에서 문재인 정부는 시세차익을 노리는 아파트 투자는 용인하지 않겠다는 의지를 보이고 있다. 종말이 다가오는 아파트 투자를 넘어서는 토지 투자나 소규모 대지를 직접 개발하는 부동산 재테크를 연구해야 한다.

융복합 부동산에 주목하라

부동산 시장 융복합(Real Estate Convergence and Integration)은 이미 성큼 와 있다. 소프트웨어 측면에서는 기획 개발 단계에서 이미 융복합이 시현되고 있다.

부동산 융복합은 대기업에서 먼저 시작됐다. 국내 기업 중에는 롯데그룹이 일찌감치 롯데자산개발을 통해 부동산 융복합에 나섰고, 통신기업 KT도 부동산 회사를 출범시켰다. 미래에셋도 수십 년 전부터 증권 기반 자산을 바탕으로 부동산 산업 확장에 나섰다. 미래에셋은 융복합 부동산에 적극 투자하며, 이미 종합 디벨로퍼 역할을 하고 있다.

해외의 대표적인 부동산 융복합 기업은 일본의 미쓰이(三井)부동산(2015년 연매출 15조 원을 기록한 일본의 최대 종합 부동산 개발사), 중국의 완다(万达)그룹(중국 최대 기업), 미국의 하인스 등으로 부동산 개발과 운용 관리는 물론 금융까지 아우르고 있다. 특히 4차 산업혁명은 부동산 융복합에 가속 페달로 작용하고 있다.

하드웨어 측면에서 부동산 융복합은 개발 측면을 넘어 실질적인 물건 결합인 복합빌딩, 상가와 공공청사, 주거의 결합 등으로 이어지고 있다. 또 부동산 용도의 변환도 선행되고 있다. 다운타운 오피스의 주거화, 오피스와 오피스텔, 오피스와 스테이, 주택의 오피스화, 호텔형 주거, 물류단지와 오피스의 결합, 교외 모텔의 요양시설 변신 등에서 다양한 융복합이 이뤄지고 있는 것이다.

산업단지도 주거와 융복합한다. 공장형 비즈니스와 의직주 부동산이 합쳐지는 것이다. 이는 거주 비즈니스 시대를 앞당길 것이다. 충남도는 공장은 물론 주거, 교육, 의료, 문화시설까지 갖춘 새로운 개념의 산업단지를 아산권, 천안권, 당진권, 서북부권에 조성하고 있다.

융복합 부동산은 앞으로 부동산 전성시대를 다시 이끌 가능성이 높다. 지금은 역세권 아파트나 오피스텔이 인기를 끌고 있지만 4차 산업혁명 시대 출퇴근 개념이 사라지면 달라진다. 자연친화적 환경에 있는 주거와 오피스가 결합한 도시형 농촌 부동산이 상위 개념에 정립할 수 있다.

사는 공간, 즉 주거지에도 변화가 불가피할 수밖에 없다. 도심의 의직주(醫職住)를 갖춘 아파트가 아닌 주거 전용단지 아파트는 점차 사양화할 것이다. 용적률(대지면적에서 건물 연면적이 차지하는 비율)이 낮은 아파트는 재건축이 가능하지만 용적률이 250% 이상 된 아파트는 노후화되면서 슬럼타운이 될 수 있는 것이다.

선진국은 특히 융복합 부동산이 활성화되면서 도심의 변화가 크다. 프랑스의 경우 2015년 파리시장의 주도 아래 파리 시내 25만 1,000㎡의 오피스를 주거용으로 전환한다고 발표했다. 영국도 2015년~2016년 전국에서 4,000개가 넘는 건물이 주거용으로 전환됐다. 호주는 오는 2018년까지 시드니와 멜버른, 브리즈번의 중심지 오피스 37만 2,000㎡를 주거나 호텔 시설로 개조한다는 계획이다.

그렇다면 서울은 어떨까. 2017년 9월 기준 서울지역 오피스 공실률은 7~8%에 머물러서 이들 오피스의 주거화는 아직 이뤄지지 않고 있다. 하지만 오피스 공실률이 10%를 넘어서면 주거화가 불가피할 것이다. 오피스의 주거화는 융복합 부동산의 새로운 투자 형태를 불러올 것이다.

4차 산업혁명의 도래는 주택시장에도 획기적인 변화를 가져오고 있다. 부동산 투자자 입장에서는 거주형 융복합 단지를 잘 보아야 한다. 업무는 물론 거주, 복리시설, 의료 등을 한 곳에서 처리할 수 있기 때문이다. 융복합에 따라 부동산 가치가 올라가거나 내릴 수 있다는 점도 유념해서 보아야 한다.

지식산업센터(공장형 아파트)도 융복합화하고 있다. 업무는 물론 거주, 부대복리 시설까지 한 곳에 모이고 있는 것이다. 머지않아 지식산업센터가 고층 주상복합단지로 변할 수 있다. 주거와 업무 공간의 융합시대, 선구안(先求眼)을 갖고 어떤 투자를 해야 하는지 검토해야 할 것이다.

교육 프리미엄이 아닌 용적률을 보라

부동산 시장에서 교육 프리미엄이나 학군 부동산은 허상에 불과하다. 학군이나 학원이 좋아서 집값 비싸다는 주장은 단순히 주변 부동산 가격을 올리기 위한 홍보일 뿐이다.

서울 양천구 목동은 흔히 교육특구로 불린다. 이른바 명문학군이 밀집하고, 명문학원 등 교육시설이 잘 발달해 있어서라는 것이다. 여기에 여의도 증권가와 국회, 전경련, 대기업(LG그룹 등) 등으로 출퇴근하는 고등교육을 받은 이들이 대거 살고 있어 자녀교육에 민감한 것도 '교육 목동'을 만들어냈다고 주장한다. 하지만 목동은 교통 등 인프라 측면에서 뛰어난 거주공간이라고 볼 수 없다. 당연히 주거지로서도 점수를 후하게 받을 수 없는 곳이다. 애매한 지하철 노선(5호선과 9호선)과 간선도로 접근성, 전국을 잇는 교통망, 문화예술시설 등이 없기 때문이다. 또 이렇다 할 친환경 요소도, 한강조망권 같은 유인 요소도 부족하다(안양천 조망권은 있다). 지독한 주차난은 취약한 주거 환경을 적나라하게 보여주는 것이기도 하다.

하지만 목동은 교육 특구로서 그 위세가 대단하다. 단지 내에 유치원부터 초중고교가 모두 있다는 게 큰 장점이다. 목동에는 신시가지 아파트 1단지부터 14단지까지 총 9개의(월촌, 영도, 경인, 목운, 서정, 신서, 양명, 계남, 갈산) 초등학교가 있다. 중학교도 1단지에 월촌중, 2단지와 3단지를 아우르는 신목중, 5단지 양정중 등 다양하게 분포돼 있다. 고등학교 역시 양정고와 강서고, 신목고, 진명여고, 대일고, 양천고 등이 있다. 여기에 강남권에 있는 아파트와 달리 단지 주변에 청소년 위해 시설이 거의 없다는 것이 장점이다. 위화감을 조성하는 고액 과외도 극히 일부를 제외하면 드러나지 않는다. 유명 학원과 실력 있는 강사도 많고, 수많은 교습소의 경우 일정 실력이 없으면 살아남기 어려운 곳이다. 이런 조건은 큰 부자가 아닌 중산층과 그 이하 계층이 자녀교육을 시키기에 안성맞춤인 것이다.

그렇다면 목동의 집값 고공행진이 이런 좋은 교육 환경 때문일까? 결코 그렇지 않다. 목동 집값의 주요 부분을 차지하고 있는 것은 재건축 가능성이다. 지은 지 30년이 넘은데다 1~6단지는 용적률(대지면적에서 건축연면적이 차지하는 비율)이 워낙 낮다. 용적률이 낮은 목동 아파트 1~6단지는 재건축 시 지분을 예상보다 많이 확보할 수 있다. 확실히 수익성이 있다는 것이다. 이것이 목동아파트 고공행진의 주요 이유다.

다만 일부 단지는 제3종 일반주거 지역으로 다른 단지의 용적률보다 더 낮다. 이것은 벌써부터 갈등의 씨앗이 되고 있다. 재건축사업 지연 요소로 부상할 수 있기 때문이다.

2017년 8월 말 현재 목동 아파트값은 $89m^2$(약 27평형)의 매매호가가 중간층 이상 기준으로 8억~9억 원에 이르고 있다. 최근 몇 년 사이에 재건축 바람이 불면서 치솟았다. 학군에 재건축 호재가 30년 된 낡은 아파트 가격을 올린 것이다.

시세차익을 기대하는 부동산 투자자 입장에서는 목동신시가지 아파트 재건축사업이 조기에 진척될 수 없다는 점을 알아야 한다. 개별 단지가 워낙 큰데다 단지별로 용적률이 차이가 있기 때문이다. 본격적인 재건축 추진 시 '용적률 형평성'이 발목을 잡을 수 있다. 그래서 실거주 아닌 투자 목적으로 이미 오른 목동아파트를 매입하는 것에는 부정적인 의견이 많다.

초미니, 소형아파트는 죽지 않는다

세계에서 가장 집값이 비싼 곳은 어디일까. 바로 홍콩이다. $14.5m^2$(4.4평) 집값이 하늘 높은 줄 모르고 치솟으면서 4억 4,000만 원에 팔린다고 한다. 2017년 9월 초 홍콩 사우스차이나모닝포스트(SCMP)에 따르면 부동산개발업체 라이선 그룹이 98가구의 4.4~8.8평 아파트를 분양하자 1,200여 명의 수요자가 한꺼번에 몰려들었다고 한다. 3.3m^2 단위로 4.4평에 해당하는 아파트 가격은 306만 홍콩달러(약 4억 4,000만 원)에 달했는데도 10 대 1의 경쟁률을 보였다고 한다.

우리나라도 소형아파트 인기가 갈수록 더하고 있다. 1인 가구 증가 영향으로 전용면적 50m^2도 안 되는 '초소형 아파트'를 찾은 이들이 많기 때문이다. 미니아파트는 투자자에게도 인기가 높다. 비교적 적은 돈을 투자해 안정적인 임대수익을 노릴 수 있기 때문이다.

2017년 들어서는 자녀 증여도 꾸준하다는 게 분양대행사들의 분석이다. 증여를 목적으로 초소형 아파트를 사들이는 투자자가 늘고 있다는 것이다. 실제 2017년 6월 금융결제원에 따르면 서울 강동구 고덕동 '고덕 센트럴 푸르지오'의 경우 전용 40m^2 아파트의 청약 경쟁률이 78 대 1로 전체 평균(7 대 1)보다 약 11배로 높았다. 이어 7월 서울 노원구 상계동에서 분양한 '상계역 센트럴 푸르지오'도 48m^2의 경쟁률이 13 대 1를 기록, 평균 경쟁률 7 대 1을 웃돌았다.

국토교통부에 따르면 2017년 8월 서울에서 팔린 50m^2 미만 아파트의 평균 매매가는 3억 2,629만 원에 달했다. 이는 2016년 말과 비교해 23.8%(6,288만 원)나 오른 것이다. 같은 기간 서울 전체 아파트 평균 매매가는 19.8% 상승하는 데 그쳤다. 40m^2 이하 아파트 거래량은 2015년 5만 5,155건(전체의 6.8%), 2016년은 4만 8,124건(7.0%)에 달했다.

초소형 아파트는 고령화와 1인 가구 증가 시대를 맞아 앞으로 더 수요가 있을 것이다. 아파트 투자의 기회가 있다면 초소형 아파트 투자도 좋은 수익을 가져올 것이다.

03
도시재생 시대와 부동산 재테크

　세계에서 주택문제가 없는 나라는 손에 꼽을 정도다. 사회주의 국가를 빼면 싱가포르와 오스트리아 정도다. 싱가포르는 90%의 주택이 공공주택이고, 오스트리아는 60%가량이 공공성격의 사회주택이다. 이들 나라는 주택을 '사는(買) 공간이 아닌 사는(居) 공간'으로 국민 인식 전환에 나서 주택 문제를 해결할 수 있었다. 하지만 우리나라의 주거안정 시대 진입은 아직 요원한 실정이다. 6·25 전쟁 이후 가난한 정부, 주택 선분양제와 전세제도 등으로 인해 공공주택이 양적 질적으로 발달하지 못했기 때문이다.

　1960년 초 박정희 정부 이후 2016년 박근혜 정부까지 한국의 부동산 시장은 토목건축업자들의 손쉬운 사업장이었다. 인구는 도시에 집중하는데 정부가 공공주택 보급을 등한시 하면서 공급이 수요를 따라가지 못하는 시장이 지속됐기 때문이다. 주택 중심의 부동산 시장은 별다른 투자의 지혜가 필요 없었다. 주택은 짓는 순간 팔려나갔고, 토지는 투기꾼들의 불로소득 시장이었다. 투기와 가수요가 춤을 춘 한국 부동산 시장은 투자의 내비게이션이 필요 없었던 것이다. 하지만 2020년 이후는 다르다. 인구 감소에도 불구, 도시는 팽창한다. 도시와 농촌사이 시계(市界) 지역 농촌이 사실상 도시화된다. 구도심도 속속 재생의 길을 가는 도시 르네상스가 펼쳐진다.

우리나라는 인구 고령화와 도시재생이 맞물려 가고 있다. 이런 상황에서 지난 시대 부를 축적한 고령인구가 대부분의 부동산을 소유하고 있다. 물론 도시재생으로 가격이 오른 부동산도 고령 부자들이 차지하거나 자녀들에게 증여되고 있다. 일반인 도시재생을 따라가는 재테크가 쉽지 않겠지만 어디에선가 부자로 가는 나침반을 찾아야 한다. 도시재생도 그 기회가 될 수 있다.

도시재생과 투자의 길

도시재생은 사실상 방치하다시피 한 도시 중심부 지역의 토지이용 효율을 높이고, 경제적 활력을 부여해 도시를 재활성화하는 것이다. 도시를 새롭게 해석해 원주민과 신규 입주민이 공존공생하는 공간을 창조하는 일이라고 할 수 있다.

우리나라는 아직 도시재생으로 성공한 사업지구가 없다. 그동안 단순 도시정비사업(재개발, 재건축)에 그쳤기 때문이다. 그동안의 도시정비사업은 원주민을 내몰고 새로운 아파트를 공급하는 것이었다. 도시정비가 아니라 당장의 주택공급이었던 셈이다.

가장 최근에 실패로 끝난 용산역세권 개발사업이 도시재생사업이었지만 논란 끝에 중단됐다. 국가적으로는 LH(한국토지주택공사)가 소규모로 하는 도시활력증진사업과 새뜰마을 사업이 전부다

도시재생 진척에 따라 해당 지역 부동산 가치도 달라진다. 서울시의 경우 도시재생 정책 대부분이 당장의 치적 위주로 흐르는 바람에 실패했다. 이명박표 서울 뉴타운은 도시재생이 아니라 문자 그대로 주택 대량공급이었다. 뉴타운 지역은 일시적으로 집값만 올랐을 뿐 재생다운 재생이 없었다.

그 실패를 딛고 오세훈 전 서울시장은 도시르네상스를 들고 나왔지만 형식상의 도시미관을 바꾸는 것 외에는 내세울 만한 사업이 없는 상황에서 중도하차했다. 박원순 시장도 지속가능한 도시 정책 속에 고층아파트 규제 등에 나서고 있지만 서울역 앞 고가도로 공원화 사업인 '서울로 7017' 외에는 지지부진한 상태다. 특히 도시 정비사업으로 시작한 서울 마포구 난지도쓰레기장 주변을 재개발하는 사업은 10년이 넘도록 화룡정점을 찍지 못하고 있다. 상암동 DMC 메인 부지를 장기 방치하고 있기 때문이다.

우리나라 도시재생의 경우 기존 구(舊)시가지에 새로운 의미를 부여해 과거와 현재, 미래가 공존하는 도시로 만들면서 부가가치도 창출해야 한다. 문제는 공공재원 투입 없이는 이 같은 도시재생이 불가능하다는 점이다. 그래서 엄밀한 의미의 도시재생사업

지구가 아직 없다.

이런 도시재생사업에 문재인 정부가 본격 나서고 있다. 5년 동안 매년 10조 원, 총 50조 원을 투자하겠다는 것이다. 주거복지를 위한 핵심 공약사업이어서 실천의지는 확고한 상황이다. 다만 8·2 대책에 서울시는 투기과열지구에 포함돼 정부 지원을 받지 못하게 됐다. 어느 도시든지 구도심의 도시재생에 나설 경우 막대한 재원이 투자될 수밖에 없는데 국비 지원이 사라진 것이다. 이에 따라 서울시 도시재생사업은 사업비 마련이 최대 관건이 되고 있다.

도시재생에서 투자의 길을 찾는다면 공공재원이 제대로 투자되는 곳 인접지를 선점하는 것이 좋다. 수용돼 보상금을 받든, 도시재생지역 사업 전후 별도로 재개발하든, 일단 선점해야 고수익을 얻을 수 있기 때문이다.

탈도시는 도시 쇠퇴가 아니다

도시정비에 따른 인구의 탈서울과 탈수도권 현상이 부동산 가격 하락으로 이어지지는 않는다. 도시정비사업 등으로 도시가 더 경쟁력 있는 곳으로 재생되기 때문이다. 도시 정비는 당연히 살기 좋은 곳으로 만들고, 집값도 오를 수밖에 없다. 이는 2016년을 전후한 서울의 집값 상승에서도 잘 나타나고 있다.

대도시에서 다른 도시로 인구 이동이 늘어나는 것은 부동산 시장에 긍정적인 요소다. 인구가 많다는 것은 집값 급등에도 원인이 있지만 더 좋은 주거지가 많이 생겼다는 것을 뜻하기 때문이다.

2016년 서울에서 다른 지방으로 이주한 사람 중 인천, 경기 등 수도권을 선택한 비율이 2010년 이후 6년 만에 최고에 달했다. 서울 집값이 오르면서 주거비를 최소화하기 위해 서울을 떠난 사람들이다. 이 같은 결과는 리얼투데이가 국가통계포털(KOSIS)의 인구 이동통계를 분석한 결과다.

서울을 떠난 이들이 선택한 곳은 경기도로 62.4%에 달했다. 이들 중 대부분이 직장을 옮겼기 때문이 아니라 집값 상승 여파로 더 좋은 주거지를 찾아 경기도로 이주했다.

서울 사람이 이사를 가장 많이 간 곳은 고양시였다. 이어 하남, 성남, 남양주, 용인시 순이었다. 이들 도시는 대규모 택지지구 개

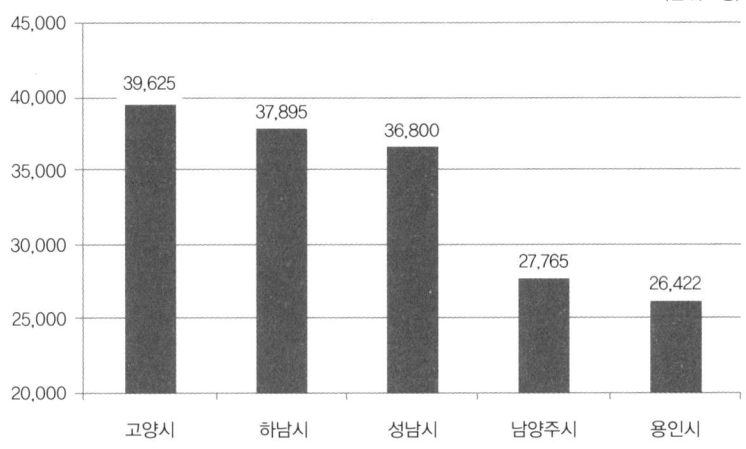

발, 도로와 철도 등 교통망 확충 등으로 서울 출퇴근이 편리한 곳이라는 공통점이 있었다. 더 좋은 주거지로 이동한 것이다. 하지만 인구의 탈서울과 탈수도권 현상이 도시를 쇠퇴시키지는 않는다. 도시의 성장과 쇠퇴는 구성원의 자율과 규제에 달려 있기 때문이다. 도시는 쇄국 혹은 일방통행적 정책을 쓸 때만 쇠퇴하고 멸망의 길을 걷는다.

세계 어느 나라든지 국가의 상징적인 도시는 인구가 줄어도 도시는 더 고도화, 집적화된다. 도시 경쟁력은 더 높아지는 것이다. 특정산업 집중도시가 아닌 거점도시도 마찬가지다. 경북 포항이나 경남 창원, 거제 등 산업도시의 경우 해당산업이 사양화하면 도시도 자연스럽게 줄어드는 경향이 있지만 인천이나 부산 등 거점도시는 큰 영향을 받지 않는다.

우리나라 인구가 고령화로 치닫고, 인구가 줄어든다고 서울과 수도권 도시 부동산 가격이 하락한다는 주장이나 전망은 중기적으로 오류로 귀결될 수밖에 없다. 부동산 투자자는 이러한 도시와 도시인구 변화의 특성을 감안하고 중장기적인 투자 방향을 잡을 필요가 있다.

선진 여러 나라와 도시재생

도시재생은 원주민이 쫓겨나지 않은 젠트리피케이션(Gentrification, 신사 계급을 뜻하는 '젠트리'에서 파생된 말로 구도심이 번성해 중산층 이상의 사람이 몰려 저소득층을 쫓아내는 현상) 없이 살기 좋은 곳으로 만드는 것이 관건이다. 우리나라의 경우 그동안 도시정비라는 명목으로 기존 원주민이 나가고 신흥 중산층이 들어오는 도시정비와 개발이 대부분이었다. 이에 따라 도시재생에 나설 경우 앞서 도시정비에 나선 나라의 사례를 잘 살펴볼 필요가 있다.

일본은 1980년대 버블 시대를 거치며 경제 활성화를 위해 도시재생사업을 추진했다. 특히 일본 정부는 도쿄 미드타운과 록폰기 힐즈, 마루노우치 등의 100만m^2 이하 도시재생사업에 사활을 걸었다. 이중 '마루노우치 맨해튼 계획'으로 불린 마루노미치 재생사업 결과, 도쿄 도심 마루노우치는 일본경제의 비즈니스 1번지로 바뀌었다. 금융, 매스미디어의 중심지로 변신해 약 4,000여 개 이상의 회사가 입주한 것이다. 취업유발 인구만 24만 명에 달했다. 다만 이 과정에서 젠트리피케이션은 피할 수 없었다. 일본에서 원주민과 신규 중산층이 공존하는 도시재생 성공 사례는 도쿄의 세타가야구(世田谷区)사업이다. 이곳은 공공자금으로 인프라를 개선한 이후 지역상인들이 축제 등 콘텐츠 활성화를 통해 후속자금을 마련, 도시재생에 성공했다.

유럽에서는 독일 중서부 루르 산업지대의 17개 도시, 약 250만 명이 거주하는 엠셔강 일대 재생사업이 꼽히고 있다. 엠셔유역은 부지만 784km^2에 달하고 1970년대까지 독일 제조업의 중심지였다. 하지만 1970년대 말 이후 석탄 철강산업 쇠퇴와 함께 이른바 러스트 벨트(Rust Belt, 미국의 중서부 지역과 북동부 지역의 퇴락한 산업지대)로 전락했다. 독일 정부는 1990년대 초부터 2009년까지 20년간 약 5조 6,000억 원에 달하는 공공투자를 단행했다. 기업에 대한 과감한 혜택을 주면서 민간자본을 유치, 문화산업과 레저산업 도시로 탈바꿈시켰다.

  미국 뉴욕은 2000년대부터 도시재생에 나섰다. 마이클 블룸버그 전 뉴욕시장의 도시재생에 따른 것이다. 하지만 뉴욕이 도시재생으로 거듭난 것은 아이로니컬하게도 9·11테러 복구 사업이 결정적 영향을 미쳤다.

  뉴욕시는 '브롱스 웨스트 팜 프로젝트'를 통해 낙후 공업지역을 임대주택 건설 등으로 재생에 나섰다. 총 사업비만 3억 5,000만 달러 이상 투자했다. 뉴욕시는 1930년대의 화물열차용 고가철도가 있는 지역을 '하이라인 파크(High Line Park) 프로젝트'를 통해 레저지대로 변신시켰다. 이곳은 개발초기 자금 조성 단계부터 지역주민들이 참여했으며, 2009년 개장 이후 연간 400만 명이 방문하는 명소가 됐다. 서울시가 서울역 앞 고가도로에 만든 '서울로 7017'도 '하이라인 파크'를 벤치마킹한 것이다.

서울 도시재생과 부동산 시장

  통계청 인구주택총조사2016(2015년 조사)에 따르면 서울의 총 주택 수는 283만 857가구다. 이중 준공된 지 20년 이상 된 주택이 121만 9,000가구로 전체의 43.1%에 해당한다. 30년 이상 된 주택은 41만 6,000가구로 전체의 14.7%다. 노후주택이 많은 것은 그만큼 재개발 재건축을 포함한 도시재생사업 범위가 넓다는 뜻이다.

도시재생으로 저소득층 원주민과 중산층 신규 유입인구가 공존하기 위해서는 대규모의 공공재원이 투자돼야 한다. 공공재원 투입 없는 민간 위주의 도시재생 사업으로는 사업성 위주로 치달아 아파트촌으로 변모할 가능성이 높기 때문이다. 이럴 경우 젠트리피케이션 현상이 나타나고, 부동산 가치 상승도 한계가 있을 수밖에 없다.

서울시는 2017년 6월 7일 서울 중구일대 도시재생인 '남촌 재생플랜'을 발표했다. 중구 회현동 일대 50만m^2에 2018년까지 총 158억 원을 투입해 재생사업을 추진하겠다는 것이다. 서울시는 이곳을 종로구 북촌이나 서촌 이상으로 만들겠다는 계획이다. 또한 서울시는 문재인 정부의 '도시재생 뉴딜정책'에 맞춰 2017년 총 27곳의 도시재생 희망지를 선정하고 예산도 2,300억 원을 책정했다. 도시재생 준비 단계인 희망사업지는 성동구 송정동 일대, 광진구 자양1동, 강북구 인수동, 노원구 공릉1.2동, 은평구 응암3동, 양천구 신월1동, 구로구 구로4동, 금천구 독산2동, 동작구 사당4동, 강동구 성내2동, 중랑구 면목3·8동, 마포구 연남동 등이다.

서울시가 도시재생사업으로 성공하려면 넘어야 할 산이 많다. 당장 2017년 8·2 부동산 대책에 따라 투기과열지구로 지정되면서 정부의 도시재생사업 대상에서 제외됐다. 이런 상황에서는 서울시 예산만으로 도시재생을 추진해야 한다.

도시재생 사업지로 확정되면 원주민과 공존하는 방향으로 도시재생이 설계돼야 하고, 이 과정에서 주민 동의 등이 필요한데 저소득층은 쫓겨날 우려 때문에 도시재생사업을 꺼린다. 주민들이 사업에 적극 나서려면 당근(정부나 서울시의 공공재원)이 대거 투입돼야 한다. 서울시의 2017~2018년 도시재생사업은 일단 국비 지원이 없는 만큼 난항에 부딪칠 가능성이 크다.

도시재생사업이 성공을 거두면 주거지역이 획기적으로 변하고 인근 지역 상권도 활성화된다. 사람들도 몰린다. 당연히 저소득층 원주민은 밀려나고 중산층 이상이 새로운 주거 계층을 형성한다. 저소득층 보호, 집값과 임대료 상승에 민감한 이번 정부가 도시재생사업 진행 과정에서 풀어야 할 숙제이다.

구(舊)시가지, 투자의 중심에 설까

서울 종로구 북촌과 서촌의 부동산 가격 급등에서 알 수 있듯이 수도권 구시가지는 언제든지 불쑥 솟구칠 부동산 시장의 숨은 블루칩이다. 공장이 밀집한 서울 성동구 성수동과 마포구 연남동 등의 변신도 마찬가지다.

서울의 구시가지 변신은 여기뿐만이 아니다. 당인리 화력발전소의 변신도 주목받고 있다. 2017년 3월 31일 서울 마포구에 있는 국내 최고령 화력발전소인 서울화력 5호기가 수명을 다해 폐기됐다. 한강의 기적을 상징하듯이 87년간 매연을 뿜어내며 서울에 전기를 공급하던 발전소가 전력생산을 멈춘 것이다.

하지만 새로운 발전시설이 건설되고 있다. 이곳 지하에 짓는 복합화력발전소로 공사비만 1조 181억 원이다. 이곳 지상에는 '당인리 문화창작발전소'가 들어선다. 폐기된 산업시설과 문화예술을 연계한 공간이다. 건물 주변 유휴부지는 공원으로 꾸며진다. 서울 구시가지에 의외로 문화예술 창작소와 공원이 들어서는 것이다. 완공되면 제대로 된 도시재생을 보여줄 것으로 기대되고 있다. 이 같은 도시재생은 주변 부동산에 큰 영향을 미친다. 앞으로 당인리 발전소 주변 아파트나 다른 부동산은 예상보다 더 오를 가능성이 크다.

구시가지 개발로 주변 부동산이 급등한 사례는 한두 건이 아니다. 그래서 길 건너편의 대형개발 등을 주시하면 의외의 보물을 얻을 수 있다. 2017년 초 인천 서구 심곡동의 한 상가 건물은 감정가 3억 5,000만 원의 6배인 20억 원에 낙찰돼 화제가 됐었다. 낙찰가율(감정가 대비 낙찰가 비율) 572%를 기록하며, 최종 20억 원에 낙찰됐다. 소형 허름한 상가에 무슨 일이 있었던 것일까. 이유는 단순했다. 2016년 2월 맞은편에 한 대학병원이 들어섰기 때문이다. 이 상가는 대학병원 독점상권이었던 것이다.

이처럼 수도권과 지방도시에서 아직 구시가지 개발이 진행되지 않은 곳이나 도시재생지구로 개발 가능성이 큰 곳을 주시할 필요가 있다. 특히 옛 수도였던 지방 역사도시의 경우 구시가지 부동산이 미래에 옥동자 역할을 할 가능성이 크다.

강남권 외 도시정비사업, '미래 없다'

2006년 9월 시행 초부터 형평성 논란을 부른 재건축 초과이익 환수제도가 2017년 들어 다시 주택시장의 '뜨거운 감자'로 떠올랐다. 시행 유예기간이 끝나 2018년부터 시행되기 때문이다.

초과이익환수제는 주택 등의 재건축을 통해 조합원 1인당 평균 개발이익이 3,000만 원을 넘으면 정부가 개발 이익의 최고 50%를 부담금으로 환수하는 제도다. 이익의 50%를 내놓아야 하는 만큼 조합과 조합원들의 머리싸움이 치열해질 수밖에 없다.

초과이익환수제는 부동산 시장 버블(거품) 문제로 골치를 앓았던 노무현 정부의 부동산 시장 안정책의 하나로 시행됐다. 하지만 일부 강남권 재건축단지 외에는 해당사항이 없자 2012년~2017년 12월 31일 동안 시행 유예를 결정했다. 이에 따라 2017년 안에 재건축사업단지가 관리처분인가 신청을 하지 못할 경우 초과이익환수제 적용 대상이 된다. 집값이 급등해 재건축을 하면 시세차익이 많이 날 것으로 보이는 강남권 재건축 추진 단지가 주요 대상이다.

재건축업계에서는 2018년 1월부터 재건축 초과이익환수제를 적용(예상)받는 재건축 단지는 수도권만 8만 9,597가구(서울 98곳 6만 4,676가구 등)가 될 것으로 추정하고 있다. 이들 단지가 2018년 이후 재건축에 나서면 모두 초과이익환수제를 적용받아 사업성이 현저하게 떨어질 수밖에 없다. 주택 관련 협회와 강남권 재건축단지 조합 등이 재건축 초과이익환수제에 대해 '이중과세', '징벌세 성격이 강한 부담금', '미실현 이익에 대한 과세' 등을 주장하는 이유다. 이들 협회 등은 재건축 초과이익환수제가 시행되면 주택시장 위축이 불가피해 국가 경제에 악영향을 미칠 것이라고 주장하고 있다.

재건축 초과이익환수제에 대해서는 아직도 논란이 분분하다. 주택관련 협회나 재건축 조합들의 주장처럼 자본주의 시장경제를 정면으로 위반하는데다 징벌세 성격이 강하기 때문이다. 하지만 일반인이나 전문가의 의견은 다르다. 일반 아파트 거주자나 재건축 시 시세차익이 거의 없는 재건축조합, 부동산 전문가 등은 재건축 초과이익환수제가 특정 지역에 부담금을 지우는 것이 아니라고 주장한다. 이들은 초과이익환수제를 통해 부담금을 지우는 것이 아니라 제도 시행 자체로 집값 안정 효과를 가져온다는 점을 강조하고 있다. 분양가와 아파트값 상승 등을 제어해 '집값 안정'에 기여한다는 것이다. 또 집값 안정은 국민 개인의 소비 진작은 물론 토지시장 안정에도 영향을 줘 기업의 투자(공장 신·증축 등)를 촉진한다고 주장한다.

일반투자자는 이런 제도적 문제를 내버려두더라도 재개발 재건축 사업지 투자에 신중해야 한다. 사업기간이 너무 길고 목돈이 오랫동안 묶이기 때문이다. 사업 진척과 부동산 시장 상황에 따라

분담금이 더 늘어날 수도 있다.

다음 표에서 보듯이 서울지역 재건축사업은 구역 지정 후 9년 가량 걸린다. 실거주자 아닌 일반 투자를 한다면 9년 동안 목돈이 묶이게 되는 셈이다. 이는 수익성은 물론 또 다른 투자 기회를 상실하는 것이다.

재건축 사업 구역지정부터 준공까지 기간

구분	구역지정~ 추진위	조합설립~ 사업인가	사업인가~ 관리처분	관리처분~ 착공	착공~ 준공
재건축	2년	1.7년	1.5년	0.9년	3년

자료 : 서울시

통계청의 가계금융조사 결과, 우리나라 국민들이 기존 보유 주택의 크기와 가치를 줄이는 나이는 65세쯤이라고 한다. 자녀를 모두 결혼시킨 후이다. 그런데 베이비붐 세대의 첫해 세대가 2020년 65세가 된다. 통계대로라면 베이비붐 세대의 주택 다운사이징이 2020년 시작되는 것이다. 2022년이면 베이비붐 세대의 막내 1963년생도 60세가 된다. 베이비붐 세대의 주택 다운사이징 시기 도래가 부동산 시장의 발목을 잡을 가능성이 있다.

1기 신도시 리모델링과 경제성

주택 리모델링은 건물을 허물고 새로 짓는 재건축과 달리, 건물 뼈대는 남기고 증축하는 사업이다. 재건축과 달리 기부채납이나 임대주택 의무 비율이 없다. 용적률 200%의 노후 아파트가 재건축을 할 경우 법적 용적률을 최대한 받는다면 300%까지 가능하다. 하지만 기존에 1종이나 2종 일반주거 지역의 경우 최대 250%만 가능하다. 여기에 전체 면적의 약 10%는 기부채납과 임대주택 등을 제외하면 실제 용적률 증가는 미미한 수준에 그친다. 반면 리모델링은 전용면적 85m^2 이하 기준 전용 최대 40%, 가구 수 15%까지 올릴 수 있어 실제 용적률을 더 높일 수 있다.

서울 서초구 방배동 궁전아파트는 2007년 전체를 리모델링한 '방배동 쌍용 예가 클래식'으로 변한 아파트다. 216가구로 가구 수는 변함이 없지만 89~119m^2가 115m^2(84가구), 148m^2(60가구), 175m^2(72가구)으로 탈바꿈했다.

이 아파트는 리모델링 후 가격도 급등했다. 가구당 1억~1억 6,000만 원을 부담했지만 리모델링 직후인 2007년 1월 89m^2가 3억 7,000만 원에서 9억 원으로 오르는 등 상승폭이 두드러졌다. 이 아파트는 2017년 5월 말 전용면적 89m^2가 8억 8,000만~9억 원에 거래됐다.

1990년대 초에 지어진 1기 신도시 아파트는 모두 200만 가구에 이르고 있다. 이들 신도시 아파트는 10층 이상 중층 아파트로 재건축에 따른 개발 이익이 크지 않다. 평균 용적률이 198%로 재건축을 할 경우 사업성도 없다. 자기부담금을 많이 내지 않을 경우 재건축은 요원해 리모델링을 할 수밖에 없는 상태다. 수직증축 리모델링을 진행하는 1기 신도시의 분당 한솔마을 주공 5단지를 비롯해 성남 야탑의 매화 공무원 1단지, 안양 호계동의 목련우성 아파트 등이 리모델링을 추진하는 이유다.

일산신도시와 중동신도시도 마찬가지다. 이들 단지는 재건축 할 경우 상당액을 자기부담으로 해야 한다. 용적률이 높기 때문이다. 1기 신도시는 당장의 투자 가치가 그리 높지 않은 편이다. 실수요자가 아니라면 장기적인 안목을 갖고 투자해야 한다.

지역도시 구도심과 지방은 부활할까

도시는 팽창하고 지방(농어촌)은 사라지는 시대가 이미 도래했다. 한마디로 전 국토의 도시화 시대에 살고 있는 것이다. 하지만 지방의 쇠퇴는 신도시나 신시가지 개발과 맞물려 있기도 하다. 도시 내 신도시 개발, 혁신도시, 기업도시 등이 농촌 인구를 흡입하기 때문이다. 우리나라 지역 도시 구도심도 사라질 위기에 처해 있다. 인구 감소와 저성장 시대를 맞아 인구가 신도시나 뉴타운으로 속속 빠져나가기 때문이다.

지역 도시 구도심도 다시 살릴 기회는 있다. 자치단체의 마구잡이 식 재생사업보다 시민단체와 거주민들이 함께하는 도시재생 방식을 선택하는 것이다. 지역 도시 구도심을 살리는 방법은 미국의 사회운동가 제인 제이콥스(1916~2006년)의 책 《미국 대도시의 죽음과 삶》에 정답이 나와 있다. 도시계획가이기도 한 제이콥스는 이 책에서 쇠퇴한 지역을 되살리기 위해서는 뭉칫돈(Cataclysmic Money, 격변을 일으킬 수 있는 많은 돈)이 아닌 가랑비 같은 작은 돈(Gradual Money, 점진적으로 지원하는 돈)으로 지원할 것을 강조한다. 쇠퇴하는 구도심을 철거·재개발하지 말고 주민과 시민단체 네트워크를 통해 슬럼(slum, 빈민이 거주하는 주거환경이 나쁜 지역)을 탈피하라는 것이다.

지방의 소멸은 일본 이와테현(縣) 지사를 지낸 마스다 히로야(增田寬也)가 일찌감치 예견했다. 그는 저서 《지방 소멸》에서 30년 안에 일본 자치단체의 절반인 896곳이 사라진다고 단언했다. 아베 신조(安倍晋三) 정부는 2014년 '마을, 사람, 일자리 창생법(まちひとしごと創生法)'을 제정, 지방 회생에 나서고 있다. 하지만 이런 일본도 지방을 살리기에는 쉽지 않은 상황이다.

한국고용정보원도 한국은 30년 이내에 228개 시·군·구 중 84개 그리고 3,482개 읍·면·동 중 1,368개가 사라질 것으로 예측했다. 이는 현재 존재하는 마을의 40%가 없어진다는 뜻이다. 이것은 부동산 투자자에게는 기회이다. 전통마을 대부분이 배산임수의 조건을 갖추는 등 입지여건이 뛰어나기 때문이다. 이런 곳은 교통문제만 해결된다면 의외로 좋은 수익을 낼 수 있다. 소액투자자 입장에서는 이런 마을의 농가주택 등에 대한 투자도 고려해볼

만하다. 인구 감소에 따른 지방의 소멸은 부동산 시장의 큰 변수이자 기회가 될 것이다.

04
재테크 지름길, 공공주택을 주목하라

역대 정부의 부동산 대책은 내수를 살리자는 취지에서 시작됐지만 종잣돈이 없는 서민층에게는 상대적 박탈감만 더 심어주는 상황이 되기도 했다. 한국경제의 취약성이기도 하다. 그래서 부동산 대책이 나오면 나올수록 서민층은 더 가난해지고 부자들은 더 부(富)를 형성하는 상황이 반복됐다.

우리나라는 주거시장만큼은 사람이 먼저였다. 역설적이지만 집을 짓기도 전에 사람이 몰려와 도시는 만원을 이뤘다. 모든 도시 문제의 시작이 인구의 도시 집중에서 시작된 것이다. 1980년대까지만 해도 무주택자들에게 도시는 '걱정의 공간'이었다. 전월세 집 마련 문제, 이사 걱정 등으로 편할 날이 없었다. 중산층 중심의 정부 주택정책이 무주택 서민들에게는 전혀 다가오지 않는 그림의 떡과 같은 정책이었기 때문이다.

정부가 국민 주택 수급 문제를 고민한 것은 1960년대 말이지만 주거사다리 시스템을 갖추기 시작한 것은 1990년 초라고 해도 과언이 아니다. 신도시 200만 가구 공급이라는 처방을 내리면서 '월세임대 ⇨ 전세임대 ⇨ 내 집 마련'의 주거사다리 정책이 본격화된 것이다. 이후 역대 정부는 다양한 주거사다리 정책을 펼쳐왔다. 지난 30여 년간 꾸준히 공급돼 온 공공 및 민간 임대주택이 그 정책의 산물이다.

2017년 집권한 문재인 정부도 다양한 주거사다리 정책을 내놓았다. 공적 임대주택 공급, 신혼부부 생애 최초 전월세 보증금 융자, 매달 주거안정 지원금(약 10만 원) 지원, 청년 셰어하우스형 임대주택, 홀몸 어르신 맞춤형 공동(그룹)홈 등이다. 하지만 이들 정책은 대부분 '정치적 수사(修辭)'가 될 가능성이 있다. 수십 종에 이르는 임대주택 정책이 제 힘을 발휘할 수 있겠는가. 현재 공공임대주택은 임대료 부담 체계의 단순화를 선행해야 한다. 공공임대주택 100만 가구 건설 같은 물량 채우기 정책으로는 주거사다리 수혜를 입는 이들은 많지 않을 것이다.

하지만 무주택 서민 입장에서는 반드시 주거사다리를 타야 한다. 정부 정책에 일희일비하지 말고 종잣돈이 없다면 공공임대주택(월세)에서 시작해 장기전세 등으로 갈아타는 순서를 밟을 필요가 있다. 이는 내 집 마련을 위한 종잣돈을 만드는 첫 번째 길이다.

공공 주거사다리가 재테크의 시작

서울에서 아파트 한 채를 사려면 얼마나 걸릴까. 가구당 연평균 소득(2016년 경상소득 기준, 통계청) 5,124만 원을 벌어들일 경우 한 푼도 쓰지 않고 11년 6개월이 걸린 것으로 조사됐다. 이는 지난해 기준 서울 아파트 평균 매매 가격(5억 9,670만 원, 국민은행부동산 자료)을 인용, 계산한 것이다.

소득으로 아파트를 장만하는 기간은 2012년 10.8년에서 2013년 10.0년, 2014년 9.9년으로 줄어들다가 2015년부터 10.4년 지난해 11.6년으로 늘어났다.

모든 재테크의 시작은 내 집 마련이 시작이라고 해도 과언이 아니다. 무주택자라면 무조건 내 집 마련 계획부터 짜는 것이 중요하다. 자신의 현재 사정을 감안해 주택 마련 청약에 나서야 할지, 임대주택을 활용한 '주거사다리'를 타야할지 결정해야 한다.

주거사다리는 문자 그대로 내 집 마련을 위해서 사다리 계단 하나하나를 밟아서 올라가는 것이다. 내 집 마련 실행계획(주거 로드맵)을 만들어 실천하는 것으로 자신이 갖고 있는 자금과 대출능력 등을 감안해 거주지역과 주택의 형태를 결정해야 한다. 서울 도심에 직장이 있는데 주거자금이 절대 부족할 경우 '서울 위성도시 ⇨ 서울 외곽 ⇨ 서울중심부' 진입 계획을 세우고, 주거 형태도 '장기 임대 ⇨ 단기 임대 ⇨ 전세 ⇨ 소형 내 집 마련 ⇨ 중대형 내 집 마련' 순으로 사다리를 밟아 오르는 방안을 짜야 한다. 금융권 대출은 별도로 계획을 세워야 한다.

주거사다리의 처음과 중간단계는 SH나 LH(한국토지주택공사)가 공급하는 공공주택이 가장 실속 있다. 역대 정부의 공공주택을 살펴보고 현 정부의 공공주택 정책을 잘 파악해야 한다. 박근혜 정부의 경우 직접 기업형 임대주택 '뉴스테이'(New Stay)를 내놓았었다.

이제는 현 정부의 주거사다리 정책을 면밀히 살펴본 후 종잣돈을 모으는 가장 합리적인 방법을 모색해야 한다. 임대주택에 들어갈 경우 임차료와 함께 주거안정을 우선시해야 한다. 물론 전세살이로 결정할 경우 하루가 다르게 오르는 전셋값을 감당할 수 있는지 여부와 이사비용 등을 감안해야 한다.

서울 도심과 역세권에 '값싸고 질 좋은 임대주택'은 없다. 물론 공공(땅값)과 민간(건설비)이 결합하면 일정한 임대주택은 가능하지만 소규모밖에 지을 수 없다는 명백한 한계를 갖고 있다. '값싸고 질 좋은 청년주택의 지속가능한 공급'이 불가능한 셈이다.

다시 보자, 공공임대주택

우리나라 공공임대주택의 실질적 효시는 1989년에 나왔다. 물론 그 전에도 공공임대주택이 있었지만 전체 주택에서 차지하는 비중이 미약했다. 하지만 1988년 올림픽을 치르면서 주거생활문화 향상에 대한 국민적 요구가 높아지고, 베이비붐 세대의 결혼이 절정에 치달으면서 주택 부족사태는 심각한 상황이었다. 이에 따라 노태우 정부는 공공임대주택을 대거 도입했다. 이른바 영구임대주택(19만 가구)이 도입된 것이다. 이후 1993년 50년 공공임대(김영삼 정부), 1998년 국민임대(김대중 정부), 2004년 다가구 매입임대(노무현 정부), 2005년 전세임대(노무현 정부), 2007년 장기전세임대(노무현 정부), 2008년 분납형 임대(이명박 정부), 2009년 신혼부부 전세임대(노무현 정부), 2011년 대학생 전세임대(노무현 정부), 2013년 행복주택(박근혜 정부), 2016년 공공지원주택(마을형 공공임대 등) 등으로 변해왔다.

2017년 우리나라는 공공임대주택이 여전히 적은 편이다. 다음의 표에서도 나타나듯이 우리나라 장기 공공임대주택은 전체 주택의 5.9% 수준이다. 이는 네덜란드(32%)나 오스트리아(24%)에 비해 턱없이 낮은 수준이다. 유럽연합 평균(9.4%)은 고사하고, OECD 평균(8%)에도 못 미친다.

국가별 장기 공공임대주택 재고율

한국	네덜란드	오스트리아	덴마크	스웨덴	영국	프랑스	아일랜드	일본	독일	OECD 평균	EU 평균
5.9%	32%	24%	19%	18%	18%	16%	9%	6.1%	5%	8%	9.4%

한국은 2015년 기준, 기타 2008~2012년(외국의 경우 2000년 이후 재고율에 큰 변화 없음).
자료 : OECD

무주택자나 젊은 층이 부동산 재테크를 하기 위해서는 공공임대주택 활용법을 잘 익혀야 한다. 민간임대주택의 경우 상대적으로 비싸 부동산 재테크를 위한 종잣돈 확보가 더 오래 걸리기 때문이다. 공공임대주택과 관련해서는 한국토지주택공사와 자치단체가 내놓은 정책과 제도를 주목해야 한다. 특히 서울시는 공공임대의 하나로 SH공사가 사회 초년생과 집 없는 신혼부부들을 위해 내놓은 임대주택이 있다. 이른바 '서울 리츠'다. 여기서 리츠(REITs, Real Estate Investment Trusts)는 투자자로부터 모은 자금으로 부동산이나 부동산 관련 대출에 투자, 수익을 배당하는 '부동산투자회사' 또는 '부동산 투자신탁'을 말한다.

서울 리츠는 SH공사가 공공의 신망을 바탕으로 주변 시세보다 20% 이상 저렴하게 내놓는 임대주택이다. 시유지와 구유지, 민간 유휴 부지 등의 토지를 리츠에 값싸게 임대하고, 자체 자금과 국토교통부의 주택도시기금 등을 공동투자하는 방식이다. 물론 부지에 대해서는 서울시가 용적률 상향과 용도지역 변경 등 전방위 도시계획 지원을 해 준다. 정부의 주택도시기금 저리 융자도 가능하다고 한다. 각종 세제 혜택도 있다. 서울시의 2018년까지 임대주택 리츠 사업비 규모는 총 4조 원이나 된다.

서울시와 SH공사의 발표대로 서울 리츠가 추진·보급된다면 우리나라 임대주택의 한 축으로 성장할 가능성이 높다. 도심권에 질 좋고 상대적으로 값싼 주택이 들어서기 때문이다.

공공임대주택의 재구성 ① : 한국토지주택공사(LH)

LH의 주택공급은 공공분양과 공공임대로 나뉜다. 공공분양은 주택구입대금을 납부하고 소유권을 취득하는 주택으로 무주택자 우선이다. 전년도 도시근로자 가구원 수별 가구당 월평균소득 100% 이하인 자가 분양대상이다. 다만 노부모부양, 3자녀특별, 신혼부부(맞벌이 부부)의 경우 월평균소득 120%, 생애최초, 신혼부부(배우자 소득이 없는 경우), 일반공급(공공주택 중 전용면적 $60m^2$ 이하)의 경우 월평균소득 100% 기준이 적용된다. 자산기준보유 부동산(건물+토지)은 2억 1,550만 원, 자동차 가액이 기준금액 이하(2,767만 원 이하, 2016년도 기준) 다만 기관지정 및 전용면적 $60m^2$ 초과 일반 공급 물량은 적용하지 않는다. 공공분양 주택 분양가는 분양가상한금액(건축비+택지비) 이하에서 결정된다.

LH의 공공임대는 2017년 8월 기준 공공임대 5년임대주택, 10년임대주택, 분납임대주택, 영구임대주택, 국민임대주택, 장기전세주택으로 나뉘어 있다.

- **5년임대주택** : 임대의무 기간(5년) 동안 임대하고, 이후 분양전환하는 임대주택이다. 임대조건은 보증금+임대료(시중 시세 이하에서 결정)이다. 공급대상은 무주택 세대 구성원으로서 소득·자산기준을 충족한 자이다. 소득기준은 전년도 도시근로자 가구원 수별 가구당 월평균소득 100% 이하인 자이다. 노부모부양, 3자녀특별, 신혼부부(맞벌이 부부에 한함)의 경우 월평균소득 120% 기준, 생애최초, 신혼부부(배우자 소득이 없는 경우), 일반공급(공공주택 중 전용면적 $60m^2$ 이하)의 경우 월평균소득 100% 기준이 적용된다. 자산

기준보유 부동산(건물+토지)이나 자동차 가액은 공공분양 기준과 동일하다. 이들 기준은 공공주택의 경우에만 적용하며, 기관지정은 적용하지 않는다. 분양전환은 임대 의무기간 종료 후 분양전환 실시 공급대상으로 임대주택에 거주한 무주택인 임차인에게 우선 공급한다. 공급가격은 건설원가와 감정평가금액을 산술평균한 금액(단, 건축비 및 택지비를 기준으로 분양전환 당시에 산정한 해당 주택 가격에서 임대기간 중의 감가상각비(최초 입주자 모집 공고 당시의 주택가격을 기준으로 산정)를 뺀 금액 초과 불가)이다.

- **10년임대주택** : 임대의무 기간(10년) 동안 임대하고, 이후 분양전환하는 임대주택이다. 임대조건 보증금+임대료(시중 시세 이하에서 결정)이고, 공급대상은 무주택 세대구성원으로서 소득·자산기준을 충족한 자이다. 소득기준은 전년도 도시근로자 가구원 수별 가구당 월평균소득 100% 이하인 자이다. 노부모부양, 3자녀특별, 신혼부부(맞벌이 부부에 한함)의 경우 월평균소득 120% 기준, 생애최초, 신혼부부(배우자 소득이 없는 경우), 일반공급(공공주택 중 전용면적 60㎡ 이하)의 경우 월평균소득 100% 기준이 적용된다. 자산과 자동차 기준은 5년임대주택과 동일하다. 분양전환은 임대의무 기간 종료 후 분양전환을 실시한다. 공급대상은 임대주택에 거주한 세대원 전원이 무주택인 임차인에게 우선 공급한다. 공급가격은 감정평가금액으로 한다.

- **분납임대주택** : 임대의무 기간 동안 주택대금을 분할하여 납부하고, 임대의무 기간 종료 후 소유권을 취득하는 주택이다. 임대조

건은 분납금+임대료(시중 시세 이하에서 결정) 이다. 분납조건은 계약 시 30%(계약금, 중도금, 잔금 각각 10%), 입주일 4년 경과 시 20%, 입주일 8년 경과 시 20%, 분양전환 시 30%이다. 소득과 자산기준은 5년, 10년임대주택과 동일하다. 임대의무기간 종료 후 분양전환할 수 있고, 공급대상은 임대주택에 거주한 세대원 전원이 무주택인 임차인에게 우선 공급한다. 공급가격은 분납금을 합한 금액이다.

- **영구임대주택** : 기초생활수급자 등 사회보조계층의 주거안정을 위해 임대하는 주택이다. 임대의무기간은 50년이며, 임대조건은 보증금+임대료(시세의 30% 수준)이다. 공급 대상은 무주택 세대주로서 ① 기초생활수급자 ② 유공자 또는 그 유족으로 수급자 선정기준의 소득인정액 이하인 자 ③ 일본위안부 ④ 보호대상 한부모 가족 ⑤ 북한이탈주민 ⑥ 장애인등록증이 교부된 자 ⑦ 65세 이상 직계존속 부양하는 자로서 수급자 선정기준 소득인정액 이하인 자 ⑧ 아동복지시설에서 퇴소하는 자로서 아동복지시설의 장이 추천하는 자 ⑨ 전년도 도시근로자 가구 월소득의 50% 이하인 자 ⑩ 국토부장관 또는 시·도지사가 영구임대 주택 입주가 필요하다고 인정하는 자 등이다.

- **국민임대주택** : 무주택 저소득층의 주거안정을 위해 재정, 기금 지원을 받아 임대하는 주택으로 임대의무기간은 30년이다. 임대조건은 보증금+임대료(시중시세의 60~80% 수준)이다. 공급대상은 무주택 세대주로서 소득·자산기준을 충족한 자이다. 소득기준

은 전년도 도시근로자 가구원 수별 가구당 월평균소득 70% 이하인 자이다. 전용면적 50(m^2) 이하인 임대주택의 경우, 월평균소득 50% 이하인 자에게 우선공급한다. 자산기준은 보유 부동산(건물+토지) 1억 2,600만 원 이하, 자동차 2,489만 원이이다(2015년도 기준).

- **장기전세주택** : 전세계약 방식으로 공급하는 임대주택으로 임대의 무기간은 20년이다. 임대조건은 보증금(시중시세의 80% 수준)만 내면 되며, 공급대상은 무주택 세대주로서 소득·자산기준을 충족한 자이다. 소득 기준은 전용면적에 따라 기준을 달리 적용한다. 전용면적 60m^2 이하는 전년도 도시근로자 가구원 수별 가구당 월평균소득 100% 이하인 자, 50m^2 미만인 주택의 경우, 월평균소득 50% 이하인 자에게 우선 공급한다. 50~60m^2 이하인 주택의 경우, 월평균소득 70% 이하인 자에게 우선 공급한다. 자산기준은 보유 부동산(건물+토지) 2억 1,550만 원 이하, 자동차 가액이 기준금액 2,794만 원 이하인 자이다(〈LH 홈페이지 발췌 게재〉).

공공임대주택의 재구성 ② : 서울도시주택공사(SH)

서울시의 주택공급은 공공분양과 공공임대가 있다. 공공분양주택의 경우 전용면적 85m^2 이하와 85m^2 초과의 청약 조건이 다르다.

공공분양주택의 경우

- **전용면적 85㎡ 이하** : 입주자모집 공고일 현재 해당 주택건설지역에 거주하는 무주택 세대 구성원으로서(세대원이 있는 세대주인 미성년자 포함) 제1순위(수도권)는 청약저축 또는 주택청약종합저축(이하 청약저축 등)에 가입하여 2년이 지난 자로서 매월 약정 납입일에 월납입금을 12회 이상 납입한 자이다. 다만 투기과열지구 안에서 공급하는 주택 또는 청약조정 대상지역에서 공급하는 청약조정 대상주택인 경우에는 과거 5년 이내에 다른 주택의 당첨자가 된 자의 세대에 속한 자는 제외된다.

제2순위는 1순위가 아닌 자. 다만, 투기과열지구에서 공급하는 주택 또는 청약조정 대상지역에서 공급하는 청약조정 대상주택인 경우에는 청약저축 등에 가입한 자이다. 한편 전용면적 $60m^2$ 이하는 소득 및 자산기준 적용(공공주택에 한함)받으며, 전년도 도시근로자 가구당 월평균소득의 100% 이하인 자, 자산(부동산(건축물 및 토지) 및 자동차 소유)기준을 충족하는 자이다.

제1순위 중 동순위자 경쟁 시 공급순서는 전용 $40m^2$ 초과 주택의 경우 ① 3년 이상 무주택 세대 구성원으로서 (청약)저축총액이 많은 자 ② (청약)저축총액이 많은 자이다. 전용면적 $40m^2$ 이하 주택은 ① 3년 이상 무주택 세대 구성원으로서 납입횟수가 많은 자 ② 납입횟수가 많은 자 순이다.

- **전용면적 85㎡ 초과 주택** : 입주자모집공고일 현재 해당 주택건설지역에 거주하는 만 19세 이상인 자(세대주인 경우에는 만 19세 미만인

미성년자를 포함)로서, 제1순위는 해당 청약예금 또는 주택청약종합저축(이하 청약 예금 등)에 가입하여 2년이 경과하고 예치기준금액에 상당하는 금액을 납입한 자이다. 다만, 다음 어느 하나에 해당하는 자는 제외된다. ① 투기과열지구 안에서 주택을 공급하는 경우 또는 청약조정대상지역에서 청약조정대상주택을 공급하는 경우에는 세대주가 아닌 자 ② 투기과열지구 안에서 주택을 공급하는 경우 또는 청약조정대상지역에서 청약조정대상주택을 공급하는 경우에는 과거 5년 이내에 다른 주택의 당첨자가 된 자의 세대에 속한 자 ③ 투기과열지구, 공공주택지구(개발제한구역에서 해제된 면적이 해당 지구면적의 50퍼센트 이상인 경우로 한정) 또는 청약조정대상지역에서 청약조정대상주택을 공급하는 경우에는 1주택(토지임대주택을 공급하는 경우에는 1주택) 이상을 소유한 세대에 속한 자이다.

공공임대의 경우

공공임대주택이란 무주택 시민을 위하여 분양전환하지 않고 임대로만 거주할 수 있는 임대주택으로, 2년(임대차기간) 단위로 계약이 갱신되어 장기간 거주할 수 있다. 자격 조건으로 제1순위는 청약저축에 가입하여 1년이 경과된 자로서 매월 약정납입일에 월 납입금을 12회 이상 납입한 자이고, 제2순위는 제1순위에 해당되지 않는 자이다. 입주자 선정기준은 같은 순위에서 경쟁이 있으면 추첨의 방법으로 입주자를 선정한다. 단, 공공주택지구(개발제한구역에서 해제된 면적이 해당 지구면적의 50퍼센트 이상인 경우로 한정)는 50퍼센트 이하에서 시장 등이 정하여 공고하는 비율에서 가점제를 적용한다.

가점제 적용기준(총 84점)은 무주택기간(32점) : 1년 미만 2점, 15년 이상 32점, 부양가족 수(35점) 0명 5점, 6명 이상 35점이다. 입주자 저축 가입기간(17점) : 6월 미만 1점, 15년 이상 17점이다. 동점일 경우에는 추첨한다(〈SH서울주택도시공사 홈페이지 발췌 게재〉).

서울시가 공급하는 주거사다리 활용 공공임대는 장기전세주택, 국민·공공임대주택, 매입임대주택, 장기안심주택, 전세임대주택, 재개발임대주택 등 다양하다. 좀 더 자세한 내용은 SH서울주택도시공사 홈페이지를 참고하면 된다.

생애최초, 신혼 등 특별공급을 노려라

주거사다리의 시작은 본인이 의도하지 않았더라도 재테크에 입문하는 것이다. 무주택자나 신혼, 다자녀가구 등은 문재인 정부 시기가 주거사다리를 탈 호기다. 정부가 생애최초 주택 구입자나 신혼부부 등 특별공급 대상자의 주택청약 공급 기회를 대폭 늘렸기 때문이다.

특별공급은 정책적 배려가 필요한 무주택 사회계층의 주택 마련을 돕는 제도다. 일반 청약자들과 경쟁하지 않고 아파트 분양물량의 10~20%를 신혼부부, 다자녀가구, 노부모부양, 생애최초 주택구입 등에게 배정한다. 그동안 주택 분양 시 특별공급 당첨분 중 미계약됐거나 자격 미달로 취소된 물량에 대해 일반공급으로 전환했다. 하지만 문재인 정부 들어 특별공급 물량은 신청자 중에서 예비 입주자를 뽑는 방안으로 바뀔 전망이다. 국토교통부가 '주택공급에 관한 규칙' 등을 개정, 특별공급 방식을 바꾸겠다고 밝혔기 때문이다. 무주택자 입장에서는 아주 좋은 기회가 한 번 더 오는 셈이다.

한국토지주택공사(LH)와 자치단체의 리츠를 활용한 주거

정부는 2014년 공공임대 리츠(REITs, Real Estate Investment Trusts, 부동산 투자신탁)를 도입했다. 주택기금과 한국토지주택공사에서 출자한 리츠가 민간자금을 빌려 공공임대주택을 건설하는 사업이다.

LH가 임대주택 적자를 줄이고 임대주택을 효율적으로 만들기 위해 민간자금을 끌어온 것이 공공임대주택 리츠다. 국민주택기금과 토지주택공사(LH)가 출자해 설립한 공공임대 리츠가 사업을 시행하고, 주택건설·공급, 분양전환 및 제반업무 등의 자산관리 업무는 토지주택공사(LH)가 수행하는 사업방식이다.

공공기관이 추진하는 귀농귀촌주택도 주목할 필요가 있다. 베이비붐 세대의 본격적인 은퇴시기를 맞아 이들 수요를 감당하는 '귀농·귀촌주택 리츠 사업'이다. LH는 2017년 들어 귀농, 귀촌인의 주거문제를 해결하고 농어촌 지역 활력을 제고하기 위해 시범사업부터 추진하고 있다. 이 사업은 리츠가 토지에 건축까지 마친 상태에서 분양과 임대계약을 한다. 귀농귀촌 희망자 입장에서는 편안하게(?) 입주하는 시스템이다.

수요자(귀농, 귀촌희망자), 공급자(건설사), 지방자치단체(인구유입 희망 시, 군), 투자자(금융사) 등이 어울려 부가가치를 창출하는 사업이다. 필지는 텃밭, 정원, 주차장 등을 활용할 수 있도록 $330m^2$(약 100평) 수준이고, 건축 규모는 국민주택규모 $85m^2$(약 25평) 이하 수준, 혹은 $66m^2$ 수준이라고 한다.

LH는 장기적으로 베이비부머가 보유한 주택을 에코 세대에게 임대하고 받은 수입으로 다시 귀농하여 귀촌주택을 임대받아 생활하는 '도시 ↔ 농촌 간, 에코 세대 ↔ 베이비붐 세대 간 주거 순환 플랫폼을 만들겠다는 계획이다. LH는 2016년 공모를 통해 귀농·귀촌주택 리츠 시범 사업지로 아산시, 홍천군, 영월군, 청양군, 담양군, 강진군, 함양군 등 7곳을 선정, 본격적인 사업에 나서고 있다. LH는 또 임대형 단독주택도 조성하고 있으며, 수도권의 김포한강신도시, 오산의 세교지구 등에 단지형 단독주택을 짓고 있다. 이런 주택도 주거사다리의 하나로 활용할 수 있다.

5부

앞으로 5년, 부동산 투자의 패러다임이 바뀐다

부동산 시장의
패러다임 전환

문재인 정부 시기(2017년 5월~2022년 5월)는 부동산 시장 패러다임 전환과 주거 트렌드가 확실히 변하는 5년이 될 전망이다. 공약이 제대로 실천된다면 앞으로 5년 동안 공급하는 100만 가구의 공공주택이 주택 시장의 성격을 바꿀 것이다. 인구 고령화와 아파트의 범람, 베이비붐 세대의 완전 은퇴 등은 패러다임 전환을 뒷받침하는 재료다. 앞으로 5년 동안 부동산, 특히 주택 시장은 필연적으로 변화의 바람이 몰아칠 수밖에 없는 것이다.

문재인 정부 5년 동안 내부적으로는 우선 박근혜 정부에서 과잉 인허가된 주택과 수익형 부동산 등이 대거 완공, 입주한다. 미국의 기준금리 인상에 따른 국내 금리 인상도 불가피하다. 여기에 1,400조 원에 이르는 천문학적인 가계부채가 부동산 시장을 짓누르고 있다. 주택담보대출로 만들어져 오를 대로 오른 집값 거품이 꺼지는 과정을 거칠 수밖에 없는 것이다. 8·2 부동산 대책과 11월 금리인상 등 이어지는 악재는 부차적 변수라고 해도 과언이 아니다.

대외적으로는 한반도 지정학적 리스크(위험)와 세계 자산시장 버블 조짐이 큰 변수다. 남북관계가 악화일로로 치달을 경우 외국 자본의 이탈이 가시화될 수 있다. 미국의 추가 금리 인상 가능성도 상존하고 있으며, 세계 각국 부동산의 가파른 상승도 문제다. 미국은 물론 중국과 호주, 캐나다, 유럽 각국 등의 부동산이 정점에 와 있기 때문이다.

문재인 정부 5년은 이 같은 내외부 악재를 딛고 부동산 시장을 연착륙시켜야 하는 과제를 안고 있다. 연착륙 과정에서 부동산 시장 침체가 내수 소비를 발목 잡으면 한국경제 전반에 악영향을 미치겠지만 이는 감내해야 할 수밖에 없다. 대내외 악재가 너무 많기 때문이다. 다만 우리나라 부동산 시장은 출렁일 수는 있지만 무너지지는 않을 것이 확실하다. 이에 따라 일반인이나 투자자들은 악재 속에서도 재테크 혜안을 발휘해야 한다. 무주택자든 개인 투자자든 부동산 패러다임 전환의 시기인 앞으로 2~4년 동안 올바른 부동산 내비게이션을 확보하고 투자의 지혜를 체득, 부자로 가는 부동산 추월차선을 타야 한다.

1차 산업 부동산 전성시대가 온다

문재인 정부 국정기획자문위원회는 2017년 7월 19일 농림어업의 체질을 강화하고 농림어업인 소득 안정, 복지서비스 향상을 통해 누구나 살고 싶은 농산어촌을 조성하는 것이 현 정부의 중요한 전략적 임무라고 밝혔다. 농산어촌에 적극적인 지원을 하겠다는 의지를 밝힌 것이다.

농업은 1차 산업이다. 사전학적으로 1차 산업은 농업·임업·어업·광업·채석업과 광물질의 추출이며, 천연 자원을 직접 이용하는 경제다. 1차 산업은 지난 수만 년 동안 인류의 중심이었다가 불과 300여 년 전 산업혁명으로 중심에서 밀려나기 시작했다.

우리나라는 50여 년 전만 해도 1차 산업, 즉 농업이 중심이었다. 하지만 공업화 20여 년 만에 변방으로 전락했다. 그리고 20여 년 만인 1990년 초부터 뒤늦게 그 중요성을 깨닫고 농업 살리기에 나섰다. 농어촌특별세를 도입하여 농촌에 재정을 투입한 것이

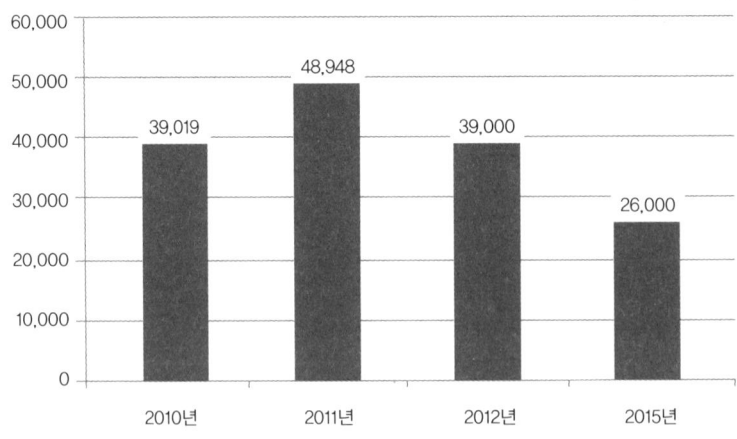

농어촌특별세 부과 현황 (단위 : 억 원)

자료 : 국회 등

다. 농특세는 1994년 7월부터 부과됐다.

김영삼 정부는 농어촌구조조정특별회계 40조 원을 만들었고, 김대중 정부는 '농산물직거래사업', 노무현 정부는 '농산어촌종합개발사업', 이명박 정부는 '시군유통회사사업', 박근혜 정부는 '농업의 6차 산업화'를 제시하면서 국민에게 걷은 세금(국가 재정)을 100조 원 넘게 대거 투입했다. 하지만 역대 정부 모두 농업을 단순한 지원 대상으로만 바라보며 정책을 입안, 농업의 고부가가치화에 실패했다. 국가의 근본이 농업이라는 인식의 전환을 하지 못한 채 재정만 축낸 것이다.

하지만 2000년대 이후 1차 산업에 대한 다양한 접근이 시도되면서 확연히 다른 모습을 보이고 있다. 특히 최근 들어서는 농업에 대한 젊은이들의 새로운 접근과 4차 산업혁명이 도래하면서 농업은 일대 혁명을 맞고 있다. 1차 산업군에서 사업 아이템을 발굴한 다양한 형태의 스타트업이 등장하고 있으며, IT 기술을 접목한 생산성 높은 농장도 나오고 있다. 또 생산과 여가생활, 레저와 결합한 지속가능한 사회적 농업도 확산하고 있다. 1차 산업으로서 생산농업의 기본을 지키면서 도시민과 연결돼 체험농업, 문화농업으로 기반이 확대되고 있다. 여기에 종자연구산업, 유전자산업과 결합하면서 천대받던 농업이 국가 신성장 동력의 한 축으로 등장하고 있다.

1차 산업의 핵심인 농지는 식량자원 입장에서 매우 국가적 자산이다. 기후변화 등으로 먹거리는 언제고 부족 현상에 시달릴 수 있다. 채소 등이 갑자기 폭등하는 것도 농지나 산지를 효율적으로 사용하지 못해서 발생하는 것이다.

머지않은 공유 부동산 시대

자본주의 경제는 재화의 사유에서 발전했다. 재화를 개인이 소유하면서 대물림하거나 교환(매매)하면서 '소유 경제(돈과 땅, 명성, 신분, 지식 등) 체제로 발전해 온 것이다. 하지만 21세기 정보화 시대는 소유의 시대를 끝내고 있다. 스마트폰, 태블릿, 컴퓨터를 통해 인터넷에 온갖 정보가 범람하면서 소유만으로는 재화를 지키지 못하기 때문이다. 소유의 종말이 온 것이다.

정보화 시대는 수요와 공급, 보이지 않는 손에 의해 형성된 시장을 허물고 있다. 정보가 너무나 빠르게 유통돼 굳이 시장을 찾지 않아도 되기 때문이다. 인터넷에 접속만 하면 필요한 재화를 가장 합리적으로 얻을 수 있고, 팔 수 있는 시대인 것이다. 자본주의에서 접속은 필연적으로 공유를 부른다. 언제든지 동시 접속이 가능하고, 늦게라도 접속해서 공유할 수 있기 때문이다.

미국의 미래학자 제레미 리프킨(1945~, 경제학자, 사회학자) 워싱턴 경제동향연구재단 이사장은 그의 저서 《소유의 종말》(The age of access, 2000)에서 21세기는 소유가 접속(access)으로 바뀌는 추세라고 진단했다. 책이 출판된 지 불과 10여 년 만에 우리는 접속과 공유의 시대를 살고 있다.

당장 리프킨이 예측한 접속시대는 공유경제와 연결, 에어비앤비와 우버 등의 기업을 탄생시켰다. 에어비앤비는 객실 하나 없이 4년 만에 세계 최대 호텔 체인인 인터컨티넨탈 호텔 그룹 규모의 객실을 확보해 영업하고 있다. 우버는 단 한 대의 택시도 소유하지 않았지만 세계 각국에서 영업하며 어마어마한 이익을 내고 있다. 2017년 7월 출범한 우리나라 카카오뱅크는 출범 한 달 만에 300만 개의 계좌를 확보했다.

부동산 시장도 변하고 있다. 수많은 게스트하우스가 공유를 무기로 영업이익을 내고 있다. 일부에서는 주택과 사무실도 공동으로 사용하고 있다. 최소의 경비만 내고 나머지는 함께 사용하는 것이다. 세계 최대 사무실 공유 서비스 기업 위워크(WeWork)는 2017년 8월 말 30억 달러(약 3조 3,789억 원)을 유치했다. 소프트뱅크와 사우디아라비아 국부 펀드가 투자한 것이다. 위워크는 2010년 임대료가 비싼 뉴욕에서 개인 프리랜서와 소규모 기업들에게 책상과 사무실 공간의 임대 서비스를 제공하면서 시작했다. 우리나라도 머잖아 위워크 같은 회사가 나와 공유 부동산 시대를 활짝 열 것이다. 주택과 사무실의 공유는 기본이고, 토지의 공유(공동농장)도 등장할 것이다.

에어비앤비의 임대시장 무한 확장

에어비앤비 시장이 급성장하고 있다. 국내 에어비앤비 시장은

4~5년 전 만해도 시설이나 매출 자체가 미미했다. 그러나 2013년 불과 2,000개였던 임대용 시설이 2015년 1만 3,000개로 늘어났고, 2017년 2만 개를 넘어섰다. 그야말로 기하급수적인 증가다. 실제 서울 마포구 홍대입구역과 서울역, 공덕역 등 인천공항철도 역세권은 에어비앤비 숙박시설이 없어서 손님을 받지 못할 정도다. 인천공항철도 역세권과 서울지역 역세권 오피스텔의 70%가량도 외국인 손님이라고 한다. 달방(월세)를 놓는 역세권 소형주택도 마찬가지라고 한다. 이들 손님은 일주일 이상 머무는 이들이 많아 임대인들도 선호한다.

4차 산업혁명 시대는 국내 에어비앤비 시장의 비약적인 발전을 가져올 것이다. 글로벌화와 인터넷 혁명이 빠르게 진전되면서 에어비앤비 임대시장은 대도시 역세권뿐 아니라 도시 외곽 주거형 시설, 농촌형 중소도시로 확대될 가능성이 크다. 유행처럼 번지고 있는 슬로라이프가 에어비앤비 시장과 접목, 유목민처럼 '머무는 삶'이 대세로 자리 잡을 수 있기 때문이다.

젊은이들의 귀농귀촌도 농촌 주택의 에어비앤비 임대시장 편입을 부를 것이다. 이는 에어비앤비 시장 무한 확장에 촉매로 작용할 수 있다. 확장성이 무한대인 에어비앤비 시장과 결합한 부동산 상품을 개발하면 새로운 비즈니스 창출과 수익성 확보라는 두 마리 토끼를 잡을 수 있을 것이다.

스마트팜에서 시작되는 부동산 혁명

미래는 농장 시대다. 농장의 소유 여부가 부의 척도가 될 것이다. 디지털 혁명은 농장 시대를 앞당기고 있으며, 이르면 10년 안에 현실이 될 수도 있다.

스마트폰 혁명은 농부를 고소득 엔지니어를 능가하는 고소득자로 만들어 줄 것이다. 바로 '스마트팜'이다. 스마트팜은 곤충농장, 시설원예, 축사에 정보통신기술(ICT)을 접목해 스마트폰이나 PC를 활용해 원격제어하는 농장이다. 이 모든 것은 농장주가 현장을 가지 않고 스마트폰 하나로 가능할 것이다. 이미 경기 안성(안성팜랜드)에 1세대 스마트팜이 설치됐다.

ICT 원격제어시스템으로 인해 도시인도 작물과 가축, 곤충의 생육환경을 적정하게 유지·관리할 수 있는 농장 소유가 가능하다. 투잡을 가진 고소득 농업엔지니어가 탄생하는 배경이다. 부동산 시장에서 이것은 엄청난 혁명이다. 도시인이 농촌의 작은 농지를 소유하고, 텃밭을 넘어 수익을 내는 농장의 농작물을 재배·관리한다는 것을 의미하기 때문이다. 이에 따라 스마트팜 농장이 들어설 농지나 산지의 가격이 급등할 수 있다. 도시의 아파트형 공장에 스마트팜을 개설한다고 해도 환경문제와 유전자 변형, 약물 조작 위험에 시달릴 수밖에 없기 때문이다.

물론 귀촌인은 스마트팜 주택 겸용으로 사용하면 농촌형 주거시설에 스마프팜 농장을 설치할 수 있다. $330m^2$(약 100평) 미만의 텃밭이 있는 주거단지라면 1가구 1스마트팜 농장이 가능할 것이다. 다만 스마트팜이 진화할수록 토지의 중요성도 더해질 것이다. 공장형 스마트팜과 자연형 토지는 인공 재배와 자연 재배, 유전자 조작과 자연 발아의 차이를 가져올 수 있다. 또 각 지역마다의 특징인 바람과 태양과 흙, 비, 배수조건 등의 차이를 흉내 낼 수 없기 때문이다. 이는 토지를 많이 보유한 귀촌 주거자의 부동산 가치가 한층 올라가는 것을 의미한다. 토지를 선점 투자해야 할 이유이다.

도시오염을 피하는 허파도시가 뜬다

도시의 허파 노릇을 하는 전답이나 임야는 개발이라는 미명 아래 나날이 사라지고 있다. 그래서 정부는 이를 방지하기 위해 그린벨트(개발제한구역)와 도시공원을 지정, 운용하고 있다. 하지만 그린벨트도 대거 풀리고 이미 지정된 도시공원도 사유재산권 침해 이유 등으로 해제되고 있다. 도시공원은 2015년 말 기준으로 934km^2(정부나 자치단체 매입 예정지 포함)에 이르지만 10년 이상 장기간 매입하지 못한 채 공원으로 지정된 미집행 면적은 516km^2에 이르고 있다. 55.2%가 법적으로는 사유지이지만 공원 용도로 묶여 있는 것이다.

문제는 2020년부터 장기미집행 도시공원을 더 이상 공원으로 묶어둘 수 없다는 점이다. 헌법재판소는 1999년 '도시공원이 사유재산권을 침해한다'며 헌법불합치 결정을 내렸고, 당시 20년의 집행 유예기간을 두었다. 당시 헌재는 20년 후인 2020년 7월 1일부터 정부나 자치단체가 도시공원을 매입하도록 했다.

하지만 자치단체는 이를 매입할 돈이 없다. 전국의 장기 미집행 도시공원의 조성 사업비는 39조 원(추정)에 달하지만 공원 부지를 살 돈이 없는 것이다. 이에 정부는 2015년 민간이 도시공원을 개발하는 민간공원특례사업 제도를 만들었다. 민간사업자가 70% 이상을 공원으로 조성해 기부채납하면 나머지 30% 미만에 아파트와 상가 등을 건립할 수 있도록 한 것이다. 이 기준으로만 따져도 현재의 도시공원 30%가 사라지게 되는 셈이다.

세계의 공장이라는 중국에 이웃한 까닭에 한국의 도시 미세먼지는 최악의 상태인데, 도시의 허파라 할 수 있는 공원의 감소는 가뜩이나 심각해지는 공기오염을 가속화할 전망이다. 수도권 도시의 경우 베이징 같은 스모그와 미세먼지로 꽉 찬 도시로 변할 수 있다.

녹색지대인 농촌이 사라지는 도시화율(전체 인구 중에서 도시 인구가 차지하는 비율)도 임계치에 접어들었다. OECD 국가의 도시화율은 80% 수준에서 정체되는데 한국의 도시화율은 이미 81%(월드뱅크 기준) 수준이다. 2015년 통계청 기준으로 82.5%이지만 2017년 정부 기준으로는 이미 90%를 넘었다는 말도 나오고 있다.

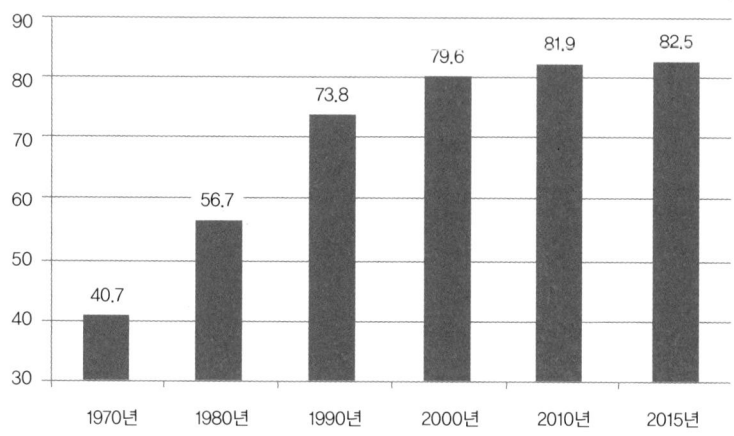

이런 도시의 변화는 탈도시화를 부르고 공기 좋은 도시, 허파 도시를 필요로 한다. 자영업자를 중심으로 공기 좋은 곳에 세컨드 하우스를 마련, 5도2촌(5都2村, 평일에는 직장이 있는 도시에서 거주하고 주말은 시골에서 보냄)'은 기본이고, '5촌2도(5村2都, 평일 업무는 비도시(농촌)에서 하고 주말에는 도시에 나와 문화나 쇼핑을 즐김)'을 할 수 있다. 아직은 5도2촌이 대세이지만 공기오염이 더 심각해지면 4도3촌, 2도5촌이 자리 잡을 수 있을 것이다, 멀티 해비테이션(Multi Habitation, 서로 다른 지역에 집을 마련해 양쪽 모두에 거주하는 형태) 주거 시대가 의외로 빨라질 수 있다는 것이다.

부동산 시장과
4차 산업혁명

4차 산업혁명(Fourth Industrial Revolution)은 이제 국가적 화두를 넘어섰다. 2016년 1월 스위스 다보스(Davos)에서 열린 세계경제포럼(World Economic Forum)에서 급부상한 4차 산업혁명은 이후 세계에서 가장 이슈가 되고 있는 키워드가 됐다.

우리나라도 4차 산업혁명이 생활화되고 있다. 빅데이터·인공지능(AI)·증강현실(AR)·가상현실(VR)·자율주행·드론·3D프린터·공유경제 등이 모든 산업 분야에서 들불처럼 번지고 있기 때문이다. 흔히 창조적 파괴라는 말이 일상에서 쓰이고, 실제 비즈니스 모델로 채택하는 기업이 늘고 있다.

부동산에도 4차 산업혁명이 적용되고 있다. AI, AR, VR을 설계부터 반영한 스마트 빌딩이 금명간 착공될 가능성이 높은가 하면 주택에도 이들 기술 일부를 적용한 아파트가 등장하고 있다. 4차 산업혁명을 적용한 모바일앱 및 홈페이지가 이미 실행되고 있다. 직방과 다방, 부동산114 등은 소비자와 직접 연결하고 있다. 이들 업체들이 아직은 부동산 중개업소를 대체하지 않지만 수년 후 매매와 임대의 전 과정을 모바일앱으로 처리하는 중개시장까지 진출할 전망이다.

평상시에는 찾는 이가 거의 없는 스위스 시골마을 다보스에서 본격화된 4차 산업혁명이 앞으로 주거문화를 어떻게 바꿀지 주목된다. 앞으로 부동산과 부동산 상품은 4차 산업혁명과 연계되면서 예상보다 빨리 변할 수 있다.

문재인 정부의 교육 구조개혁도 부동산 시장에 적지 않은 영향을 미칠 것이다. '맹모삼천지교(孟母三遷之敎)'에 따른 집값과 전셋값 강세가 누그러질 수도 있다. 다만 '학군 프리미엄'이 있는 아파트 단지의 가치가 뚝 떨어지지는 않을 것이다. 교육 부동산보다 미세먼지 등에 따른 탈도시화, 기후변화 등에 더 주목해야 한다.

4차 산업혁명과 도시 변화

우리나라의 건설 생산성은 낮은 수준이다. 미국 컨설팅회사 맥킨지 보고서(2017년)에 따르면 우리나라 건설생산성은 여전히 선진국의 3분의 1 수준에 그치고 있다. 또 글로벌 경쟁력도 예상보다 낮다. 한국건설기술연구원의 〈건설산업 글로벌 경쟁력 종합평가〉(2017)에 따르면 우리나라의 시공능력은 세계 4위인데 건설인프라 경쟁력은 12위에 머물고 있다. 하지만 경쟁력 없는 한국 건설산업도 4차 산업혁명이 인구 고령화 및 인구 감소와 접목되면 달라질 것이다. 세계에서 한발 앞서가는 정보통신기술(ICT)을 기반으로 건설 부동산 산업이 몇 단계 업그레이드될 수 있기 때문이다. 4차 산업혁명은 한국 건설부동산 산업을 글로벌 TOP 5 반열에 올려놓을 기회가 될 수 있다.

부동산 시장에서 4차 산업혁명을 실질적으로 체득할 수 있는 것은 스마트시티(Smart City, 미래 새로운 도시 유형)다. 스마트시티는 이미 나온 유비쿼터스시티(Ubiquitous-city)와 유사하지만 상위 개념이다. 사물인터넷(IoT)과 인공지능(AI) 기술 결합을 넘어 증강현실(AR) · 가상현실(VR) · 자율주행 등을 포함한 차세대 도시 개념이기 때문이다.

스마트시티 시대에는 출퇴근 개념이 사라진다. 언제 어디서나 업무를 볼 수 있기 때문이다. 나가지 않고도 집에서 모든 업무를 처리할 수 있는 텔레워킹(Teleworking)의 일반화는 물론 기업의 각종 회의도 사물인터넷 등을 통해 해결한다. 스마트시티는 도시 인프라스트럭처(인프라) 측면에서도 기존 도시와 달라진다. 도시의 모든 데이터가 융복합하면서 체계적인 인프라 관리가 가능하기 때문이다. 빌딩과 주거지의 자동화는 기본이고, 도시 교통관제가 자율로 이뤄진다. 저에너지 고효율 건축물 관리도 이루어져 화석연료 소비가 최소화될 것이다.

우리나라는 인천 송도국제도시의 많은 건축물이 스마트시티

개념을 적용하고 있다. 해외에서는 스페인의 바르셀로나, 중동 UAE(아랍에미리트)의 마스다르시티(Masdar City) 같은 신도시도 스마트시티의 일부 기술을 적용했다. 이중 특히 아부다비에 위치한 마스다르시티는 도시 안에 탄소, 자동차, 쓰레기가 없는 무탄소 도시를 지향할 정도다. 에너지는 태양열, 풍력, 지열 등을 사용한다.

중국은 스마트시티를 넘어 생물모방(Biomimicry) 도시를 추진하고 있다. 생물모방 도시는 1997년 미국 생물학 저술가 재닌 베니어스가 펴낸 《생물모방》에서 따왔다. 생물모방 도시는 생물다양성 생태도시(다양한 생물 서식 녹지와 하천 조성), 자연순환성 생태도시(자원 재활용 및 재사용 체계 구축), 지속가능성 생태도시(건축과 교통이 생태계에 주는 부담 최소화) 조성에 적극적으로 투자한다. 그중 진도가 빠른 둥탄(東灘), 팡좡(方庄), 랑팡(廊坊)에 건설 중인 도시는 지속가능성 생태도시라고 한다.

우리나라는 전남 순천시와 울산 등이 생물다양성 생태도시를 추구하지만 아직 갈 길이 먼 상황이다. 인천시가 검단신도시를 진정한 의미의 디지털도시로 건설하기 위해 2017년 중동자본 유치에도 나섰지만 무산됐다. 또 전국 자치단체들이 스마트시티 경쟁을 벌이고 있지만 예산 부족은 물론 정치적 공약의 현실화 미흡, 준비 부족 등으로 제대로 진척되는 곳이 없다. 하지만 앞으로 4차 산업혁명과 스마트시티가 제대로 접목하면 도시는 급변할 가능성이 크다. 부동산 투자자 입장에서는 도시의 변화와 앞으로 개발하는 신도시의 4차 산업혁명 접목을 주목할 필요가 있다.

4차 산업혁명과 부동산 현장의 변화

　부동산 시장에 실질적으로 4차 산업혁명이 적용되고 있다. 대표적인 분야가 본보기집(모델하우스) 분양 설명회다. 여기에는 가상현실(VR)과 로봇이 등장한다. 본보기집을 방문한 수요자들은 VR을 통해 내가 사려는 집을 미리 보게 된다. 아파트 외부 조경, 구조나 커뮤니티 시설, 입주할 층의 조망권 등을 보여준다. 본보기집 로봇 도우미는 방문객을 안내하고 VR 속의 로봇은 집안에서 청소는 물론 빨래 등 각종 허드렛일과 방범 역할도 한다.

　부동산 중개시장도 큰 변화에 직면해 있다. 직방의 경우 수요자가 원하는 모든 조건을 입력하면 매물의 모든 것을 보여준다. 또 실제 동영상으로 촬영된 아파트 주변 영상도 확인할 수 있다. 다방은 '가상투어(Virtual Tour) 서비스'를 통해 매물로 나온 집안을 걸어 보고, 가상공간 내에서 벽이나 문 등의 치수를 측정, 새로 배치할 가구 등을 결정할 수 있도록 하고 있다.

　건설 현장에서는 VR이 이미 적용되고 있다. 현대산업개발은 2017년 6월 공급한 양천구 목동 신정뉴타운 아이파크 위브에 가상현실 공간을 시범 운영했고, 포스코건설도 8월 분양한 '인천 더샵 스카이타워' 현장전망대에 가상현실 체험 부스를 운영했다. 앞서 2016년 말 분양했던 '힐스테이트 아티움시티'에는 로봇도우미가 등장, 방문객에게 유닛 위치나 화장실, 카페테리아 등을 안내하기도 했다.

앞으로 부동산 시장은 이보다 더 나아가 인공지능과 빅데이터, 인터넷 등이 결합, 향후 자산 가치 상승과 하락도 미리 예견하게 된다. 이런 4차 산업혁명은 전국 모든 부동산 매물의 가치를 한눈에 평가할 수 있을 정도로 발전, 부동산 투기를 미연에 막게 되는 등 부동산 시장에 근본적인 변화를 일으키게 될 것이다.

4차 산업혁명과 인구 고령화, 출산율 저하에 따른 인구 급감은 부동산 상품 자체도 바꿀 가능성이 크다. 오피스와 주거의 개념이 모호해지는가 하면 놀자리가 없는 숙박시설은 요양원이나 준(準)의료기관으로 변할 수 있다.

4차 산업혁명과 교육 부동산

맹자의 어머니가 현대 서울에 태어나 맹자를 훈육시켰다면 '교육과 재테크'를 동시에 해 낸 슈퍼우먼이 됐을 것이다. 세 번의 이사를 교육환경이 가장 좋은 곳으로 갔기 때문이다. 모르긴 해도 교육을 위한 이사에서 얻은 노하우를 바탕으로 부동산 투자에 나서 재테크에도 성공했을 것이다.

언제부터인가 한국 사회는 명문 학군을 위해 이사를 하는 현대판 맹모(孟母)가 판을 치고 있다. 명문고 옆에 이름 높은 학원이 밀집해 자녀교육을 위한 이사수요가 늘어 전셋값과 집값이 동시에 오르는 현상이 나타나고 있다. 맹모가 기승을 부리면서 강남 집값의 30%는 '교육 프리미엄(웃돈)'이라는 말도 나왔다. 언뜻 들으면

별 희한한 소리 같지만 학군이 집값의 30%를 차지한다는 소리다. 다만 30%가 학군 프리미엄이라는 표현은 너무 지나친 것이다.

노무현 정부 시기 고교 학군을 확대한 일이 있었다. 강북권 거주 학생도 강남권 학교에 갈 수 있도록 한 일이다. 기존에는 강남구 거주자만 강남구 내 학교에 배정됐는데 다른 구 출신도 강남구 학교에 배정한 것이다. 하지만 이 정책은 막상 시행해 본 결과, 시행 전 예상과 달리 찻잔 속 태풍으로 끝났다. 통학문제로 인해 별다른 변화가 없었던 것이다.

문재인 정부는 특목고와 자사고 폐지를 추진하고 있다. 일반고와 공교육을 강화하겠다는 취지다. 이런 정책이 과연 실현될지는 의문이지만 외국어고 등 특목고가 폐지되면 꾸준히 명맥을 유지해 온 전통 명문고가 부활할 가능성이 크다. 학부모들이 자녀를 전통의 명문학교에 입학시키려 할 것이기 때문이다.

전통 명문고와 유명학원은 어디에 많이 있을까. 강남권과 목동 등에 압도적으로 많다. 이것은 특목고와 자사고 폐지가 본격 추진되면 강남 부동산 가격이 다시 들썩일 수 있다는 것을 의미한다. 오히려 집값을 들쑤셔 놓을 수 있다는 것이다.

4차 산업혁명 시대에 교육 문제로 부동산 시장을 제어하겠다는 것은 발상 자체가 웃기는 일이다. 집값은 도심 접근성, 직주근접, 주변 인프라 등 복합적 요인에 의해 좌우되기 때문이다. 강남은 대기업(삼성그룹), 예술의 전당(문화), 롯데월드(놀자리), SRT(수서발 고속철도), 고속터미널과 사통팔달의 지하철(교통) 등 대한민국 최고의 인프라가 집결돼 있다. 여기에 한강 접근성과 조망권은 덤이다. 학군 프리미엄이 있는 것이 아니라 집값이 안 오를 이유가 딱히 없는 곳이다. 교육 부동산, 학군 프리미엄에 너무 큰 기대를 걸지 말아야 한다.

기후 따라 부동산 지형이 바뀐다

우리나라 기후는 급변하고 있다. 봄과 가을이 사실상 사라지고 여름 무더위와 겨울 추위가 길어지고 있다. '대프리카(대구+아프리카)'란 말이 나온 지도 오래됐다.

오는 2050년엔 우리나라 기후가 전체적으로 아열대로 변할 것이라는 얘기도 나오고 있다. 기후변화는 생활과 거주 양식을 바꿔 부동산 시장에도 큰 영향을 미친다. 특히 기후는 부동산의 입지에 영향을 준다. 한국인의 배산임수 남향 성향도 바뀔 가능성이 있다.

기후 온난화는 우선 해수면 상승을 일으켜 주거 이전을 부를 것이다. 주거지대가 기존보다 더 높은 곳으로 올라갈 수밖에 없다. 해안과 직접적으로 맞닿을 경우 침수피해는 물론 태풍 등으로 인해 대형사고가 일어날 수 있기 때문이다. 기존에 인기를 끌었던 해안 주거지역이나 바다와 접한 시가지는 한물가고 중산간지역이 부동산 입지로 각광받을 것이다.

기후변화는 농지와 임야 수요도 유발한다. 온난화가 급속도로 진행될 경우 농작물 작황이 달라지기 때문이다. 또 토지가 훼손되면서 농업 생산성도 감소할 수밖에 없다. 이는 농산물 가격 상승을 부른다. 농지의 중요성은 지금보다 훨씬 더해지고 가격은 뛸 수밖에 없을 것이다.

지구 온난화에 따른 무더위와 강추위가 반복될 경우 건물 구조에도 큰 영향을 미친다. 남향이나 남동향, 남서향의 주택이 지금보다 더 인기를 끌 것이다. 강변과 너무 근접한 곳은 집중호우에 따른 위험성이 있는 지리적 맹점으로 가치가 낮아진다. 강변주택은 또 겨울 추위와 물안개, 음습한 산 등으로 노년의 건강을 위협, 인기가 떨어질 수 있다.

기후변화는 건축설계에도 변화를 가져와 단열재와 냉난방시설 등에 직접적인 영향을 미칠 것이다. 여름 더위를 피하기 위한 단열재 사용과 냉방시설도 증가할 수밖에 없다. 겨울 난방에 따른 부담 증가를 피하기 위해 에너지 저감주택(제로에너지 주택)이 주목받을 것이다. 이 주택의 경우 기술력 발전으로 필수 에너지 사용량의 60%를 자체 생산할 수 있다고 한다. 실제 정부는 몇 년 전 서울 노원구에 에너지 비용을 획기적으로 낮춘 '제로에너지 주택 실증단지'를 추진, 2017년 말 115가구를 산업단지형 행복주택으로 공급, 입주자 및 저소득층의 주목을 끌었다. 이는 기후변화 시대에 저에너지 주택이 각광받을 수밖에 없다는 점을 상징적으로 보여주는 것이다.

토지,
현재와 미래 권력

인간은 누구나 더 많은 땅을 차지하고 싶어 한다. 그래서 땅은 물욕이 되어 땅을 통한 부의 축적으로 권력과 이어진다. 권력욕의 우회적 발산이 땅 소유욕인 셈이다. 땅은 시간이 지나면 값이 올라 물욕의 정점에 서게 한다. 정점에 오른 물욕이 갈 곳은 권력이다.

땅은 정치적으로 따지면 사회주의다. 사유재산에 이어 공동체를 형성했고, 그 중심에 섰기 때문이다. 하지만 땅은 언제나 그렇듯이 공동체를 외면한다. 그래서 지난 인류 역사는 땅이라는 재화를 두고 '공동체와 개인(사유욕)'의 투쟁이었다. 결국 땅은 자유주의 사유욕이 승리했고, 권력의 근원이 됐다. 일제, 농지개혁 등을 거쳤지만 한국에서 땅의 승리자는 결국 재화의 축적으로 성장한 자본주의였다. 땅이 있어야 '땅땅 거린다'는 말이 현실이 된 것이다.

땅은 사람을 속이지 않는다고 한다. 하지만 단기간에 시세차익을 남기려다 보면 낭패를 볼 수 있다. 우직한 투자, 시간을 낚는 투자를 해야 한다. 땅 투자를 사람에 비유하면 중국 옛 역사에 나오는 강태공(太公望, 주나라를 건국한 일등공신)의 전략을 써야 하는 셈이다. 땅은 기다림인 것이다.

반대로 땅 투자는 1500년대 말 일본의 전국 시대를 평정한 인물 오다 노부나가(織田信長)가 되어서는 안 된다. 땅 투자는 전광석화로 하면 안 된다는 뜻이다. 땅 투자는 개발계획을 따라가거나 유행을 타는 투자를 하면 리스크가 크다. 호재를 믿고 투자하는 이들이 낭패를 보는 이유다.

토지, 미래 경제권력의 핵심

한민족에게 땅은 유사 이래 모든 것의 바탕이 됐다. 특히 땅의 축적(축적한 자)은 권력의 방편이 됐다. 정주민이 가장 안전하게 지키고, 활용하고, 물려줄 재화가 땅이기 때문이다.

우리나라 역사에 나타난 수많은 정변과 반란과 정적 제거를 위한 음모는 권력의 근원, 땅을 차지하기 위한 것이었다. 그래서 땅은 조선을 거치면서 더욱 권력으로 공고화됐다. 조선은 토지를 소유한 족벌가문이 지배했다. 토지 권력은 일제를 거치면서 흐트러지기는 했지만 다시 새로운 권력으로 뭉쳤다. 친일과 그 주변세력이 토지권력을 더욱 공고화하면서 지배엘리트로 성장한 것이다.

6·25 전쟁과 근대화, 민주화 과정을 거치면서 땅은 치부(致富)와 축재의 수단이 되었다. 투기와 사기 등 온갖 비열한 방법이 동원되어 땅은 권력자와 그 주변 세력에게 들어갔다. 토지는 돈이자 권력이어서 그들만의 이합집산으로 더 많은 부와 권력을 축적한 것이다.

예나 지금이나 큰 부자는 땅에서 나오고, 앞으로도 땅에서 나올 것이다. 제조업은 언제나 뜨고 지지만 땅은 사실상 지지(하락) 않기 때문이다. 토지권력은 언제나 변함없는 부를 누리고 있다.

우리나라 토지거래는 의외로 활발하다. 2017년 상반기 기준 순수 토지거래는 총 58만 4,093필지(1,018.8km^2)나 됐다. 이는 전년 동기 대비 4.9% 증가한 것이라고 한다. 지가도 큰 폭으로 상승했다. 전국 땅값은 1.84% 오르며 9년 만에 최대 폭의 상승세를 기록했는데 같은 기간 주택은 0.54%, 아파트는 0.42% 오르는 데 그쳤다. 토지거래가 많고 땅값이 오르는 것은 경제권력을 차지하기 위한 것이다.

과거와 현재, 미래를 따져보아도 대한민국에서 땅은 최고의 투자처다. 어느 상품보다 높은 수익률을 낼 수 있는 투자 상품이기 때문이다. 하지만 단기간에 최고의 수익률을 내려고 해서는 안 된다. 지금 당장보다 미래를 보아야 한다. 경제권력의 핵은 토지라는 점을 명심할 필요가 있다. 문재인 정부 이후 토지는 더 권력화될 것이다.

한국인과 땅, 토지는 오를 수밖에 없다

우리나라는 대부분의 땅이 산으로 둘러싸인 산악 지형이다. 가파른 산이 많으면 쓸 만한 토지가 절대 부족할 수밖에 없다. 2017년 현재 우리나라 땅은 65%가량이 산이지만 대부분이 산림법과 농림법 등의 규제에 묶여 있다. 쓸 수 있는 땅이 극히 한정되어 있는 것이다. 이는 부동산 투자의 대명제로, 우리나라에서 토지 투자가 지속가능한 주요한 이유이다. 땅덩어리가 큰 다른 나라와 달리 땅값이 추락할 가능성이 매우 낮기 때문이다.

땅에 투자를 하기 위해서는 가장 먼저 땅을 알아야 하고, 절대 부족한 땅을 효율적으로 활용하기 위한 계획부터 살펴보아야 한다.

1948년 대한민국 수립 이후 정부는 땅을 실용적으로 활용할 수밖에 없었다. 실용적 활용을 하려면 도시 집적 개발과 '묶고 풀고 하는 계획'을 세워 실행할 수밖에 없었다. 이는 우리나라 땅값 상승의 근본 원인이 됐다.

우리나라의 급격한 땅값 상승률은 토지정의연구소가 각 정권별 연평균 지가상승률을 분석한 자료에서도 그대로 드러난다. 땅값 상승률은 조국 근대화를 위해 공장 유치와 개발에 주력했던 박정희 정부가 연평균 36%로 1위, 노태우(21.9%), 이승만(21.6%) 정부가 그 뒤다.

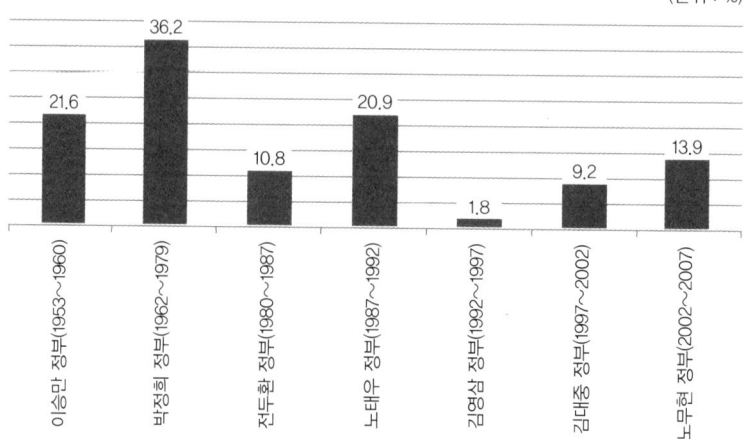

자료 : 토지정의연구소

    대한민국 땅값은 급속한 경제발전, 도시의 확장과 맞물리면서 천정부지로 치솟았다. 가용토지가 절대 부족한 상황에서 신산업의 유치와 도시 확장은 지가 상승을 의미했다. 경제정의실천시민연합(경실련)은 국토부의 공시지가 현실화율과 정부 발표 지가 상승률 등을 고려해 추정한 결과 2015년 말 기준 대한민국 땅값은 8,400조 원이며, 이중 민간소유지가 6,700조 원이라고 발표했다. 경실련이 발표한 땅값은 한국은행이 발표한 1964년 민간 소유 땅값(1조 7,000억 원) 대비 4,000배나 오른 것이라고 밝혔다.

    땅값은 언제나 다른 부동산 상품에 선행한다. 그래서 다른 부동산 상품과 비교하기가 참 쉽다. 다른 부동산 상품은 부침이 있으나 땅은 사실상 언제나 오르기 때문이다. 2008년 글로벌 금융위기 전후와 지금을 비교해도 정답은 쉽게 나온다. 당시 땅(어떤 땅이든 상관없다. 속아서 산 땅이 아니라면)에 투자한 사람들은 대부분 두 배 이상의 이익을 남겼다. 하지만 당시 아파트에 투자한 사람들은 2017년 7월에 와서야 겨우 전고점(2008년 초 아파트 매매가격 최고점)을 넘겼다. 전고점에서 아파트를 산 사람들은 10년 만에 겨우 원금 회복을 한 것이다.

이렇듯 우리나라 토지는 오를 수밖에 없는 구조적 모순을 안고 있다는 전제에서 땅 투자는 시작된다고 할 수 있다.

토지공개념 우려는 기우(杞憂)일 뿐이다

대부분의 서울 시민들이 모르는 것이 있다. '강남에는 강남초등학교가 없다.'

사실이다. 한국 부동산 탐욕의 상징인 서울 강남구와 서초구, 송파구 어디에도 강남초등학교가 없다.

그렇다면 강남초교는 아예 없을까. 서울 동작구 상도동에 가면 강남초교가 있다. 강남에 없는 강남초교가 동작구에 있는 것이다. 이는 현재의 강남은 '강남이 아니었다'는 뜻이다. 정부의 경부 축 개발과 인프라 집중, 부동산 탐욕이 강남을 원래가 아닌 다른 곳으로 바꾼 것이다.

국민 상당수가 부동산 투자에 목매는 나라. 대한민국의 땅 투기는 짧지만 강한 전통을 갖고 있다. 현재의 부를 일궈낸 기업이나 개인자산가 대부분이 1970~2000년을 거치며 부동산 투자로 재산을 불렸다. 권력자와 정보에 빠른 기업들이 개발 정보를 미리 입수, 헐값에 땅을 산 후 수십 배, 수백 배의 차익을 남기며 팔아 부를 축적했다. 특히 1986년 아시안게임과 1988년 서울올림픽을 준비하면서 강남권 개발이 정점을 이뤘고, 부동산 투자로 떼돈을 버는 일도 최고조에 달했다. 이 시기 권력과 돈을 가진 이들은 투기에 혈안이 됐다.

당시 토지 투기가 만연해 사회문제가 되자 1987년 대통령선거를 전후로 토지공개념(공공의 이익을 위해 토지에 대해서 사유재산권을 규제하는 것) 도입 문제가 등장했다. 그 당시 일반 국민 상당수는 우리나라가 토지공개념에 걸맞은 국토관리를 하는 것으로 착각하고 있었다. 아니 아예 모르고 있었다. 하지만 비슷한 제도조차 존재하지 않았었다.

노태우 정부는 1988년 출범하면서 개인 토지 소유·개발·이용·처분 등에 대해 법적인 제한을 가하는 토지공개념의 입법화를 추진했다. 이를 위해 '택지소유상한에 관한 법률', '개발이익 환수에 관한 법률', '토지초과이득세법'을 입법, 법적 토대를 마련했다. 하지만 김영삼 정부 때인 1994년부터 택지 초과 소유 및 개발 부담금을 낮추면서 토지공개념이 완화됐고, 급기야 1999년 김대중 정부 시절 토지공개념 관련 법안들이 위헌 판결을 받았다. 2017년 문재인 정권이 출범하면서 토지공개념 시행 목소리가 나오고 있지만 실현 가능성은 거의 없는 상황이다.

우리나라의 토지공개념은 도입 자체가 역사적 사건이었다. 당시 토지공개념의 기초는 미국의 저명한 사회사상가이자 위대한 경제학자인 헨리 조지(1839~1897년)의 이론이 그 배경이 됐다. 헨리 조지는 토지의 국유화가 아닌 공공성을 주장한 인물이다. 자신이 사용하지도 않을 땅을 차지하는 것, 그런 땅에서 나오는 불로소득을 환수하자고 주장했다. 토지 소유자가 지대(地代)를 내는 '지대 조세제'를 도입하자는 것이다. 이러한 토지의 공공성 주장은 한국경제학계에도 큰 영향을 미쳤다. 하지만 낮은 수준의 토지공개념 입법화는 이뤄졌으나 기득권과 토지권력자들의 벽에 부딪쳐 별다른 효과를 얻지 못한 채 사문화됐다.

2007년 노무현 정부가 도입한 종합부동산세(종부세)도 토지공개념의 하나였지만 시행 초기부터 엄청난 반발에 직면, 별다른 효과를 보지 못했다. 종부세는 이명박 정부 들어 대폭 완화되면서 사실상 큰 의미 없는 제도로 전락했다. 이에 따라 우리나라는 2017년 문재인 정부 출범 후 정치권과 진보적인 시민단체, 일부 경제학자 등이 지대제 등 토지공개념을 주장하고 있다. 이들은 토지불로소득을 환수하는 '시장 친화적 토지공개념'을 도입, 시행하자고 주장한다. 하지만 개발연대와 그 이후 땅에 투자해 돈을 번 기득권 및 토지권력자들의 벽에 가로막혀 있다. 토지공개념이 없는 우리나라는 토지 투자에 장벽이 없다.

지주(地主)천하대본 시대는 영원하다

독일은 공업 선진국일 뿐만 아니라 농업 선진국이다. 독일은 이미 60년 전 '녹색계획(Green Plan)'을 통해 농촌을 '사람이 자연과 조화롭게 사는 곳'으로 규정했다. 우리나라와 달리 처음부터 도시 국민과 동등한 소득을 통해 풍요로운 삶의 질을 향유하도록 정책을 펼치고 재정을 집행했다. 당연히 무분별한 농촌 난개발은 없다. 그래서 독일은 농사를 짓는 지주(농장주)가 중소기업인처럼 대우받는다.

한국은 1970년대까지만 해도 농자천하지대본(農者天下之大本)이었다. 하지만 이 말은 언젠가부터 사라졌고, 전통놀이에서나 깃발로 잠시 나올 뿐이다. 농사를 짓는 이들은 이미 땅에 떨어져 '농자천하지하본'이 됐기 때문이다. 농자는 땅에 떨어졌어도 농부 뒤에 숨어 있는 지주는 언제나 '대본(大本)'이었다. 특히 1970년대 급속한 도시 개발 이후 지주는 언제나 대본이었다.

한번이라도 '대본'이 돼보지 못한 사람은 지금이라도 땅을 사야 한다. 당장 가치 없는 농지라도 사놓으라는 것이다. 농지는 지주를 속이지 않는다. 예나 지금이나 지주가 아니면 힘들게 살아야 한다.

땅은 어느 시대이건 투자의 중심이다. 개인이나 법인뿐만 아니라 공공 연금의 투자 대세로 자리매김하고 있다. 2017년 5월 대형 기관투자가인 국민연금과 지방행정공제회는 앞으로 관심 있는 대체 투자영역으로 '삼림 및 농지'(한국경제신문 조사)를 꼽았다.

인구 고령화와 농촌 주택 투자

　우리나라의 1,911만 가구(2015년 11월 기준, 총 가구 수는 1,956만 가구) 가운데 아파트 거주 가구는 920만 가구(연립, 다세대주택 포함하면 1,130만 가구)다. 2010년 815만 가구에 비해 5년 사이에 105만 가구가 증가한 것이다.

　반면 단독주택에 거주하는 가구는 674만 가구로, 2010년 681만 가구에 비해 오히려 7만 가구가 줄었다. 우리나라 전체 주택 중 아파트가 차지하는 비율도 높다. 빈집 포함 1,637만 가구(다세대 주택은 1가구 산정) 중 아파트가 차지하는 비중은 981만 가구(59.9%)나 된다. 2010년 854만 가구에서 126만 가구가 늘어난 것이다.

　하지만 이런 아파트 중심 주거문화도 향후 5년을 전후해 바뀔 가능성이 크다. 인구 고령화와 감소는 아파트보다 단독주택형 주거주문화 선호 현상을 부르기 때문이다. 아파트는 도심 고품격 아파트와 1~2인 주거 공간으로 남고, 토지를 확보하고 있는 전원주택형 주거시설이 각광받을 것이다.

한국인은 바닥 난방 주거시설을 으뜸으로 친다. 세계에서 유일하게 '구들장(온돌)' 난방시스템을 갖고 있듯이 향후 주거문화가 다른 나라와 다르게 발전할 가능성이 높다. 한때 유행처럼 번졌던 일본식 실버타운의 인기가 추락한 이유를 잘 따져 볼 필요가 있다. 한국인은 새로운 주거형태에 익숙하지 않은 습성을 갖고 있다. 침대문화가 대세를 형성했지만 열을 공급할 수 있는 돌침대가 개발, 보급된 것에서 알 수 있다.

앞으로 전원주택은 용도에 따라 가치가 크게 달라질 것이다. 대지가 큰 농가주택은 투자가치가 크겠지만 단지형 전원주택 등은 의외로 투자가치가 낮아질 수 있다. 다만 건물보다 대지가 많은 마을형 전원주택이 대세가 될 수도 있다.

농가주택과 농업인주택, 투자 가치는 어떨까?

은퇴나 귀촌을 위한 농가주택 매입은 적은 돈으로 토지와 주택을 구입할 수 있다는 점에서 매력적이다. 임야나 밭을 사서 주택을 지으려면 산지전용 혹은 농지전용을 해야 한다. 그런데 그런 절차가 의외로 복잡하고 돈도 든다. 택지를 사서 전원주택을 지을 경우도 마찬가지다. 부지 매입부터 건축까지 비용과 품이 많이

든다. 하지만 농가주택을 사서 고치거나 새로 짓는 것은 예상보다 복잡하지 않다. 이미 지어진 집인데다 전기와 상수도가 모두 들어가 있어 기반시설을 만들 필요가 없다. 농가주택을 제대로만 고르면 투자 효과도 좋다. 다만 농가주택을 도시민이 귀촌주택으로 사용하기 위해서는 신축하거나 증개축 등 리모델링을 거쳐야 한다.

농가주택을 구입할 때는 귀촌 목적을 먼저 설정한 후 자신과 맞는 지역을 우선 찾아야 한다. 이런 두 가지를 합치한 후에 농가주택의 미래 가치를 따져야 한다. 다시 말해 가장 먼저 산촌과 바닷가, 강 주변 등 자신이 원하는 지역을 선택해야 한다. 두 번째는 대도시와 대형병원, 각종 편의시설과 접근성(고속도로 30분 이내)이 필수다.

내가 살고 싶은 지역을 정한 후에는 마을 안팎 전체 상황을 확인해야 한다. 우선 축사, 묘지, 대형 철탑 등이 마을 주변에 있으면 피해야 한다. 또 거의 모든 마을에는 텃세가 있다. 이른바 기득권이 있는 것이다. 이런 것을 극복하기 위해서는 먼저 임대해서 1년가량을 살아본 후 매입하는 것도 좋은 방법이다. 다양한 성씨가 많은 마을이나 외지인이 많은 마을 중 30가구 이내 마을이 좋다는 게 전문가들의 충고다. 집성촌은 텃세가 심한 경우가 많아 정착하기까지는 어려움이 따른다.

농가주택은 주택 건물 연면적을 최소화한 대신 전체 토지는 넓은 농가를 사는 것이 좋다. 매도 시에는 건물보다 땅이 우선이기 때문이다. 농가주택을 선택할 때는 주말주택으로 사용한다는 마음을 가져야 한다. 4도3촌(四都三村), 포-써드(Four-Third)와 같이 4일은 도시, 3일은 농가주택에서 보낸 후 은퇴와 함께 귀촌한다는 생각으로 사야 한다.

지은 지 오래된 농가주택은 집으로 가는 도로를 지적공부에서 확인해야 한다. 우리나라 농촌마을은 도로가 실제 있지만 지적도 상에는 도로가 없는 경우가 많기 때문이다. 농업인 주택은 농지법(1인 이상으로 농업, 임업, 축산업을 영위하는 세대)에 의해 허용돼 농업진흥구역 안팎에 지은 주택이다. 유주택자도 농지전용 허가를 받으면 지울 수 있다. 귀농인의 경우 농지(축사 등) 구입 및 재배면적 식부형태(가축사육 규모 등) 등을 따져본 후, 농업인의 정의에 맞고 향후 1년 이내에 농업경영을 할 경우 가능하다.

기존 농업인주택의 경우 농업인이나 앞으로 농업을 주업으로 할 사람만 살 수 있다. 농업인 주택 투자는 농사를 짓는다는 전제 아래 사는 것이 좋다. 도시인에게는 농업진흥지역 내 주택을 취득할 자격이 없다는 뜻이다. 농업진흥지역 내 농가주택을 매입하기 위해서는 농지취득자격증명서가 있어야 한다. 농업인만이 취득할 수 있기 때문이다. 다만 농업진흥지역 내 농가주택은 상대적으로 싸다는 장점이 있는 만큼 장기적인 투자 겸 귀농귀촌을 한다면 농업인주택을 사는 것도 좋은 방법이다.

돈 되는 전원주택, 애물단지 전원주택

대지는 가을에 옷을 벗고, 겨울에 잠든다. 사람이 살 집은 겨울에 봐야 한다. 전원주택을 사거나 지을 때는 낙엽이 진 겨울, 눈 내린 겨울에 '땅의 생얼'을 봐야 한다는 것이다.

전원주택은 회색 도시를 벗어나 찾아가는 또 하나의 집이다. 도시 주거지에서 한 시간 이내에 갈 수 있다면 안성맞춤이다. 하지만 이런 전원주택은 도시인의 로망이다. 전원을 사랑하는 부자들이 누리는 특권일 수 있다.

수도권을 기준으로 전원주택이 가장 많은 곳은 양평군이다. 전원주택은 수도권 곳곳에 산재해 있지만 남한강과 북한강을 아우르는 양평군에 압도적으로 많이 지어졌다. 이른바 누구나 원하는 강변전원주택이다. 한때 양평과 가평군, 이천시, 여주시 등에는 강변 전원주택이 우후죽순처럼 들어섰다. 이들 지역은 서울과 접근성이 뛰어난데다 남한강과 북한강을 낀 수려한 경관 등이 인기를 끌면서 전원주택이 속속 들어섰다. 하지만 2017년 수도권 강변에 지어진 전원주택 일부는 애물단지로 전락했다. 팔고 싶어도 제값에 팔리지 않는, 환금성이 떨어진 주택으로 변했기 때문이다. 팔리지 않는 부동산은 재산이 아니라 애물단지다.

전원주택은 경기가 안 좋거나 부동산 시장이 침체할 경우 수요자가 급감한다. 2012년 부동산 시장 침체 시기에 경기 양평군에서만 전원주택 매물이 1,000여 건 나오기도 했다. 하지만 아주 싼

값에 나온 물건 외에는 거의 팔리지 않았다.

전원주택이 애물단지가 된 이유는 간단하다. 의욕만 갖고 크게 짓기 때문이다. 당연히 투자비가 많이 들어간다. 이에 따라 수도권에서 전원주택을 짓거나 매수할 때는 평생 살겠다는 생각을 버려야 한다. 자꾸 욕심이 들어 주택 면적이 넓어지고, 특화 설계, 고급화를 지향한다. 살림살이도 많이 들어간다. 이와 함께 전원주택을 살 때는 기존에 살고 있는 이들을 방문, 전체적인 분위기를 살펴보는 것도 잊지 말아야 한다.

마을형 전원주택의 미래는

저출산 고령화 시대는 단순한 주택을 선호한다. 1~2인 가구가 대세를 이루면서 원룸이나 소형아파트를 선호하기 때문이다. 다만 은퇴하는 세대는 텃밭이 있는 단독주택을 선호할 가능성이 높다. 미래 부동산 시장에서 단독주택이 대단히 중요한 테마가 될 수밖에 없는 이유다. 그것이 주말주택이든 텃밭주택이든 상관없다. 전국을 잇는 사통팔달의 고속도로 등 교통과 정보 통신의 발달, 지방 편의시설 확충 등으로 고비용 도시보다 교외로 나가 사는 인구가 늘기 때문이다.

전원주택은 공공기관이 택지지구로 조성한 대규모 단지형이 가장 좋다는 게 전문가들의 의견이다. 각종 편의시설과 공용처리 시설이 잘 갖춰져 있고 커뮤니티도 형성할 수 있기 때문이다. 또

방범시설도 공동으로 설치해 안전 공동체를 만들기도 쉽다.

반면 별장처럼 지어진 단독 전원주택은 장점보다 단점이 많다. 입주 초기에는 문자 그대로 내 마음대로 집을 사용할 수 있고, 사생활이 충분히 보장돼 만족감을 느낀다. 하지만 한 달 두 달 살다 보면 편의시설 부족 등을 알게 된다. 또 이웃이 없어 외롭고, 방범 등도 문제다. 이런 전원주택은 펜션으로 용도를 전환할 수밖에 없다. 이에 따라 앞으로 단독주택은 마을형 주택으로 발전할 가능성이 크다. 마을형 주택단지는 공공개발 사업지구로 조성한 택지에 30가구 이상의 단지로 형성될 것이다. 이는 환금성과 거주여건 측면에서 기존의 전원주택과 차별화 요소다. 은퇴를 하거나 은퇴 전 주말 주택으로 활용하려는 이들도 마을형 전원주택을 선호할 수밖에 없다. 집을 지으려는 실수요자들도 대단지로 형성된 전원주택 부지를 매입하는 것이 좋다.

지역도시 르네상스 시대가 온다

2017년 들어 부동산 시장에 액티브 시니어(Active Senior)의 진출이 활발하다. 정확히는 베이비부머(1955~1963년 출생) 중 은퇴자들이 액티브 시니어로 힘을 발휘하고 있다. 액티브 시니어는 은퇴한 뒤에도 전문직업을 갖고 일하거나 취미생활, 자영업, 지역사회 봉사 등에 열의를 갖고 활동하는 이들을 말한다. 특히 투자 분야에서도 활발하게 활동하는 이들이 많다.

한국의 액티브 시니어는 기존 세대에도 많지만 730만여 명에 이르는 베이비부머가 주류를 차지한다. 우리나라 유사 이래 가장 많은 인구가 지식과 건강, 돈을 갖고 있다. 지력(知力)과 체력(體力), 재력(財力) 등 이른바 3력을 갖추고 있는 것이다. 이들은 1945~1954년에 태어난 전쟁 세대와 함께 한국경제 조국 근대화와 고도성장의 한몫을 담당했고, 한국이 가난을 딛고 풍요로운 사회로 가는 과정의 최대 수혜자이다.

한국의 베이비부머 액티브 시니어는 은퇴 후 주거 취향도 예전과는 사뭇 다르다. 베이비붐 세대가 은퇴를 전후해 귀농귀촌이 활발해지고 땅콩주택, 자투리주택, 단독주택 선호 현상 등이 나타난 이유다. 이들은 전 세대처럼 자녀와 함께 살거나 주변에서 살며 아이들을 돌봐주기도 하지만 따로 사는 경우가 많다. 자식의 삶에 얽매여 자기 삶을 포기하는 것이 아니라 삶을 즐기면서 감정적 유대를 공유하는 '포괄적 가족' 체계에 머무는 경우가 많다. 특히 자신의 자산을 나눠 자녀의 자립에 도움을 주면서 스스로의 자산으로 은퇴 생활을 즐기는 세대다.

부동산 시장 입장에서 보면 액티브 시니어는 파워그룹이다. 그들이 살고 즐기는 곳이 부동산 투자처이기 때문이다. 또 큰 그림에서 이들의 주거 입지조건은 우선 '강보다 바다'이다. 민물보다는 바닷물이 시니어들에게 많은 류머티즘, 관절염에 훨씬 좋다는 의학적 연구 결과도 있지만, 그 이전에 건강관리를 위한 산책, 먹거리, 놀이문화 등에서 해변이 강보다 한발 앞서 있기 때문이다.

굳이 부동산으로 보면 한강 상류 양평이나 가평, 이천, 강원 홍천 등 강변보다는 서해안의 인천 강화, 경기 화성, 평택, 충남 당진과 서산·태안, 강원 속초, 양양, 강릉, 고성이 좋다는 뜻이다. 해양시대, 마리나 산업 급성장도 이들 지역 부동산이 뜰 수밖에 없는 이유다. 앞으로 20년 이상은 액티브 시니어와 그 자녀인 에코세대의 시대다. 이들이 살고 싶어 하는 곳, 이들이 투자하는 부동산이 대세가 될 수밖에 없다.

2020년 이후 부동산 투자 목적지는 서해안

　대한민국 발전의 대세는 서해안권이다. 중국의 대안(對岸)으로서 국제비즈니스 거점 및 환황해권 협력체계 구축, 긴 해안선을 활용한 관광산업벨트 구축 등 무한한 발전가능성을 담보하고 있기 때문이다. 정부도 우선 서해안을 3개 권역으로 나눠 개발을 진행하고 있다. 경기만권과 충남서해안권, 새만금권 등이 그것이다. 사업이 워낙 커서 더디 진행된 점이 아쉬운 대목이지만 단계적으로 개발되고 있다.

　경기만권은 비즈니스와 물류, 첨단산업이 동북아 경제거점, 충남서해안권은 관광과 휴양산업, 화학자동차 등 기간산업이 어우러진 산업거점, 새만금권은 신재생 에너지 등 저탄소 녹색산업 거점으로 육성된다.

　서해안 융성시대는 이미 디스플레이 및 반도체산업(파주·화성·평택·아산), 자동차산업(화성·아산·홍성·군산), 항공(인천·김포·군산), 항공레저(태안), 조선·해양레저(화성·군산), 로봇(인천), 바이오(화성) 등이 이끌고 있다.

　중국의 대안(對岸), 서해안 도시들의 진가는 우선 아파트값이 말해준다. 화성시는 아파트 평균 매매가가 3.3m^2당 800만 원을 넘어서고 있다. 평택도 3.3m^2당 706만 원을 넘어섰고, 시흥시도 822

만 원을 기록했다. 충남 서산시도 650만 원을 넘고 있다. 서해안에서 기회의 땅은 김포와 강화도, 화성과 평택이 대세로 떠올라 있다. 이들 도시는 5년 후, 10년 후에도 각광받을 지역이다. 김포는 공급과잉된 아파트 시장을 제외하면 전망이 매우 밝은 곳이다. 서울과 강화도 사이에 있는 지리적 이점과 아직도 미개발지가 많기 때문이다.

김포골드라인(도시철도)의 개통은 교통 호재와 입지 가치를 더 공고화할 것이다. 문화산업 도시기반이자, 지식기반 산업의 중심지로 도약할 수 있는 김포한강시네폴리스의 조성도 미래 전망을 밝게 한다. 영상과 문화콘텐츠 상업시설, 관광명소 등이 들어서면 고용창출과 지역적 요충지로서 자리매김할 것이다. 또 하나의 직접적인 호재는 제2외곽순환도로다. 광역도로망으로서 서울 및 인천, 안산, 시흥 등에 대한 접근성 강화는 김포를 새로운 물류도시로 성장시킬 수 있다.

다만 김포는 신규아파트 무분별한 개발이 문제다. 2018년에 본격 입주물량 1만 4,000여 가구가 쏟아지는 김포한강신도시의 입주 포기 사태가 우려된다. 2017년 1만 2,000가구까지 합하면 2년 동안 2만 6,000가구 이상 입주한다. 2017년 12월 입주에 들어갔던 운양동 '리버에일린의 뜰' $84m^2$ 분양권의 경우 사실상 프리미엄이 없는 상태다. 다만 인구 증가가 위안이다. 2008년 22만 명이었던 김포 인구는 2018년 40만명에 육박할 정도로 인구가 늘고 있다.

강화도는 바닷가를 낀 장점을 가진 곳이다. 강화도 부동산은 서울 등의 부동산 시장 움직임과 일치하지 않는 특성을 지니고 있다. 예전에는 은퇴자가 많이 찾는 곳이 강화였지만 지금은 40대를 전후로 한 젊은 사람들로 많이 찾고 있다. 강화와 영종도를 잇는 연륙교가 확정된다면 최대 호재가 될 것이다. 강화도 주민의 필요에 의해 생기는 것이 아니기 때문에 영종도 거주자들의 휴양지가 될 가능성이 높다.

강화군 석모도 땅값은 이미 들썩거리다 못해 천장을 뚫었다. 몇몇 부동산에 확인한 결과 온천지대의 경우 3.3m^2(1평)당 350만 원까지 치솟았다. 강화도 농지에 비해 10배 이상 비싼 금액이다.

화성시는 이미 황금지대로 변했다. 1990년 살인의 추억이 떠오르는 곳이 아니다. 곳곳에 공장이 들어서고 아파트, 주택이 들었다. 화성 부동산의 경우 수원과 가까운 곳이나 시청, 향남지구 등은 개발이 마무리 단계다. 투자를 위해서는 이제 개발이 시작된 곳을 찾아야 한다. 화성 송산그린시티 일대가 앞으로 떠오를 곳이다. 대형 레저시설 유니버설 스튜디오 사업이 무산되긴 했지만 장기적으로 투자를 해도 손해를 보지 않을 곳이다. 수도권 2,000만 인구를 아우를 이만한 입지의 대형 부지는 없기 때문이다.

화성시에서 추진하는 입파도, 융건릉 주변, 시화방조제 주변, 매향리 일대도 미래 투자가치가 높은 지역이다. 매향리 일대에는 아시아에서 가장 큰 규모를 자랑하는 유소년 야구장인 화성드림파크가 개장됐다. 화성은 인구가 지속적으로 늘어 2035년이 되면 전체 인구가 135만 명에 이를 것으로 점쳐지고 있다. 제2외곽순환고속도로를 비롯, 6개 고속도로, KTX 및 서해 복선전철 등으로 교통조건이 날로 좋아지고 있다.

평택은 아시아 최대 규모의 삼성반도체 공장 가동, SRT 개통 등 더 설명할 이유가 없는 곳이다. 미군기지, 평택항과 고덕산업단지만 주목해도 호재가 넘쳐나는 곳이다. 평택 브레인시티의 경우 우리나라 미래 산업혁명의 주도적 역할을 할 곳이다. 아직 호재로 등장하지 않았지만 KTX와 GRT의 평택항 연결 가능성은 큰 호재다. 이것은 한중열차페리만 합의된다면 예상보다 빨리 실현될 수 있다. 한중열차페리는 엄청난 파급효과를 주는 사안이다. 서울이나 수서역에서 열차를 타면 유럽까지 갈 수 있기 때문이다.

수도권 지방도시와 강원 북부권

국방부는 2017년 8월 8일 경기 포천시 소흘읍 일대 군사시설보호구역 319만 7,119㎡를 해제한다고 발표했다. 특정 땅이 군사시설보호구역에서 해제되면 군부대 동의 없이 개발이 가능해진다. 이 지역의 경우 2017년 6월 말 '구리~포천 고속도로' 개통 등 교통망이 개선돼서 개발에 탄력이 붙게 됐다. 국방부는 이곳 외에 전국 10개 지역 843만 7,486㎡도 해제했다. 군사시설보호구역에 선점 투자한 이들에게는 대박이 난 셈이다.

이처럼 접경지역 부동산 군사시설보호구역 해제 등 호재가 있을 경우 예상보다 높은 수익을 얻을 수 있다. 부동산(특히 땅)에 장기 투자하는 부자들이 파주와 연천 등의 부동산에 관심을 두는 이유다.

원주와 음성은 사실상 수도권이다. 서울 강남 양재역이나 강동구를 기준으로 한 시간 내외면 닿을 수 있기 때문이다. 이런 이유로 원주와 음성의 도로변 부동산은 물류시설 등이 대거 들어오면서 예상보다 높은 가격에 거래되고 있다. 특히 원주는 2019년 착공 예정인 경강선이 원주 부동산 시장을 다시 흔들 가능성이 있다. 경강선은 판교~여주와 원주를 잇는 철도다. 완공되면 인천공항~판교~원주~강릉으로 이어진다.

2017년 6월 개통한 제2영동고속도로의 개통도 호재다. 원주는 강남권까지 50분대에 도달한다. 원주는 문재인 대통령이 후보 시절 원주 부론산업단지를 디지털 헬스케어 국가산업단지로 지정해 발전시키겠다는 공약도 제시했다. 이외에도 의료특화도시인 원주기업도시와 건강보험공단, 한국복지의료공단 등의 의료기관 원주혁신도시까지 들어서 있다.

음성은 수도권에서 예상보다 가깝지만 멀다고 느끼는 곳이다. 강남까지 한 시간이면 닿을 수 있는 지리적 이점이 있으나 의외로 저평가된 곳이 많다. 앞으로 텃밭이 있는 도시형농촌주택이 대거 들어설 가능성이 높다. 사통팔달의 교통망으로 물류시설이 들어서기에 안성맞춤인 곳이 많다.

경강선, 제2영동고속도로, 서울~양양 고속도로 등의 개통으로 동해안은 성큼 다가왔다. 서울 강남에서 한 시간 반이면 강릉에 갈 수 있는 범(凡)수도권화가 됐다. 속초는 지금도 그렇고 앞으로도 '핫'한 지역으로 꼽힌다. 은퇴 후 살기 좋은 도시 2위에도 올랐다. 동해바다와 설악산을 포함한 자연환경, 수도권 도시만큼 서울에 쉽게 접근할 수 있는 도로 등이 갖춰져 있다. 제2영동고속도로, 2017년 6월 말 개통한 서울~양양 동서고속도로가 그것이다.

속초는 개발 열기도 뜨겁다. e편한세상 영랑호, KCC스위첸, 효성해링턴플레이스, 롯데리조트 등이 착공했다. 속초해변 일대에 31층 주상복합 건물도 공사중이다. 단점은 취약한 의료시설이다. 대형병원이 없다는 점이다. 관광지라는 점도 약점이다. 관광객이 몰릴수록 물가가 오르기 때문이다.

강릉은 땅값이 오를 만큼 올랐다. 편리한 교통, 천혜의 자연환경이 투자자를 부르고 있다. 지난 3년여 동안 서울을 비롯한 수도권의 뭉칫돈이 강원도로 몰리고 있다. 2016년의 경우 강릉시 토지 중 총 1만 5,922 필지가 타시도거주자 소유로 바뀌었다(2017강원도 건설교통국).

수도권 너머 당진과 서산, 태안, 보령의 경우

충남 서산은 30여 년 전 개발호재로 서해안의 주요 투자처로 부상했었다. 지금은 바닷가 쪽 대부분이 산업벨트로 성장했다. 대산산업단지 등이 그것이다. 서산시청을 중심으로 테크노밸리 등이 들어서 있으며, 경제자유구역 지정 등으로 각광받고 있다. 대산항 국제여객선 취항도 추진되고 있고, 대산~당진IC(서해안고속도로) 고속도로도 추진되고 있다.

2017년 기준 서산시는 별장, 휴양타운으로도 인기가 높아 부동산 수요가 늘고 있다. 팔봉면 등 일부지역은 부자들의 휴양주택이 대거 들어서기도 했다. 서산은 이미 부동산 가격도 많이 올랐다. 땅값이 오를 만큼 올랐다는 인식이 퍼진 이유다.

해수욕장 등 휴양지로 인기를 끌었던 태안군은 최근 들어 기업들의 투자처로 떠오른 곳이다. 태안 기업도시 내에는 대규모 골프장(현대더링스CC 및 현대솔라고CC)은 물론 한국타이어 첨단연구시설도 들어설 예정이다. 태안 기업도시 사업은 그동안 지지부진하다가 기지개를 켜고 있다. 현대도시개발이 기업도시 주변 5만 6,000㎡(약 1만 6,940평) 부지에 첨단복합산업단지, 170여 세대의 테마주택 사업도 추진하고 있다. 태안의 대표 휴양지 안면도에도 호텔형 콘도와 워터파크, 컨벤션센터 등이 건립될 예정이다. 기획재정부가 짓는 공무원 연수타운도 조성된다. 이 일대는 벌써 서울 등 외지인 부동산이 많다. 인천, 시흥, 안양 등에 주소지를 두고 있는 인사들 소유의 부동산이 다수 존재했다.

한편 충남도는 보령, 태안, 서산, 서천 등을 중심으로 2030년까지 8,000억 원 규모의 서해안 종합 관광벨트를 구축하기로 했다. 보령 대천항에서 태안 안면도 영목항까지 14.1km 구간을 해저터널(6.9km)과 해상교량(1.8km)으로 잇는 도로가 완공되면 이 지역 부동산 시장은 열풍이 불 가능성이 크다. 그동안 보령에서 안면도를 가려면 빙 둘러서 1시간 40분이 걸렸지만 터널과 교량이 완공되면 10분 만에 갈 수 있기 때문이다.

세종시의 무한성장, 공주와 부여의 가능성

2017년 7월 20일. 세종특별자치시는 출범 5주년, 행정중심복합도시 착공 10주년을 맞았다. 464.90㎢ 면적의 세종시는 지난 10년 신행정수도에서 행정중심복합도시로 축소되는 등 우여곡절을 겪었지만 비약적인 발전을 통해 '국토균형발전'의 상징도시로 자리 잡았다.

1~3단계로 나눠 진행되는 행정중심복합도시 개발사업 중 행정기관 이전과 기반시설 투자를 골자로 한 1단계 개발은 끝났다. 중앙행정기관 3분의 2 이상이 세종시로 이전했고, 국회 분원 설치와 이전하지 않은 부처의 이전 등도 논의되고 있다. 2016년 시작된 2단계 개발 계획의 핵심은 자족기능 확보, 3단계는 1, 2단계를 발판으로 2030년까지 인구 80만 명(읍·면 30만 명 포함)의 명품도시로 성장하는 것이다.

부동산 시장에서 세종시는 문자 그대로 '핫플레이스'다. 토지는 고가에도 없어서 못 팔고, 신규아파트는 공급 즉시 1순위에서 대부분 마감된다. 토지의 경우 지난 10여 년 동안 매년 상승률 1, 2위를 다투고 있다. 국토교통부에 따르면 2017년 올해 상반기도 세종시 땅값은 3% 올라 전국에서 가장 높은 상승률을 기록했다.

아파트값도 고공행진이다. 2017년 5월 5월 세종시 도담동에서 역대 최고가 아파트가 나왔다. 전용면적 $148m^2$(펜트하우스) 27층 아파트가 세종시에서 가장 비싼 12억 원에 거래된 것이다. 2012년 11월 당시 분양가격은 7억 6,000만 원이었다. 4년 6개월 사이에 57.9%(4억 4,000만 원)나 오른 것이다.

앞으로 세종시에는 다양한 연구원과 자족시설이 들어선다. 또 도시행정도 IDX(Intelligent Digital X(Trans)-formation, 지능형 디지털 혁신)와 정보통신기술(ICT, Information & Communication Technology)이 산업 전반에 스며들어 산업생태계를 근본적으로 바꾸는 스마트도시로 거듭난다. 세종시가 세상에 없는 첨단 스마트도시로 변모하는 셈이다. 세종시 부동산의 무한한 가능성을 엿볼 수 있는 대목이다.

세종시의 가장 큰 호재는 시 발전을 담보하는 뿌리, 권력엘리트다. 세종시는 우리나라 권력엘리트의 절반 이상이 몰려 있다. 돈(예산)과 두뇌를 갖고 있는 권력엘리트 도시는 융성할 수밖에 없다. 유사 이래 무수한 도시의 흥망성쇠를 좌우한 것은 권력엘리트의 이동이었다. 투자의 혜안을 '권력엘리트의 이동'에 둘 필요가 있다.

공주·부여 땅값 상승의 시작은 세종시다. 천문학적인 토지보상금이 주변지역인 공주와 부여 땅값을 끌어올렸다. 공주와 부여는 역사도시다. 백제의 수도로서 옛 영화를 간직하고 있는 유서

깊은 도시다. 이들 도시가 인접한 세종시로 인해 새롭게 도약할 가능성이 높다. 공주와 부여는 그동안 접근성이 좋지 않았지만 당진~대전 고속도로와 천안~논산 고속도로 등이 완공된 이후 비약적인 발전을 이루고 있다.

공주시는 공주역세권 개발사업도 본격화됐다. 용산역의 3배 규모로 조성되며, 세종시의 서남쪽 관문으로 자리매김할 것으로 보인다. 탄천산업단지 30만 평, 이인산업단지 14만 평이 조성된다. 공주시는 청양, 논산, 부여, 계룡, 내포신도시 등과 연계해 중심도시로 발돋움하고 있다.

부여는 세종시로 인해 땅값이 크게 오른 곳이다. 여기에 평택~부여~익산 고속도로가 2018년에 착공되면서 다시 땅값이 오를 조짐을 보이는 지역이다.

이들 지역은 땅값이 너무 갑자기 뛰면서 지주들이 토지공시지가에 이의를 제기하는 경우가 많았다. 2017년 5월 말까지 충남도에 신청된 공시지가 이의 신청은 공주시가 315건으로 가장 많았다. 또 부여군 292건, 예산군도 270건이나 됐다.

미래 서해안의 중심, 새만금지구

문재인 정부 들어 새만금 사업은 순풍에 돛을 단 것처럼 보인다. 2017년 7월 전북 군산을 방문한 이낙연 국무총리는 문재인 정부에서 새만금사업을 정상궤도에 올려놓을 것을 약속했다. 이 총리는 문제인 대통령의 공약인 '새만금개발공사'(가칭) 설립 의지도 밝혔다.

이 총리는 새만금개발공사 설립과 관련, 임무를 김현미 국토교통부장관에게 전적으로 위임했다고 말했다고 한다. 김 장관은 전북 정읍 출신으로 새만금사업의 중요성을 잘 알고 있는 인물이다. 새만금사업을 추진할 대외여건은 과거 어느 때보다 좋다. 하지만 대한민국 경제협력의 중심이 될 새만금사업이 순조롭게 진행되기 위해서는 넘어야 할 산이 너무 많다. 그중 중요한 두 가지가 선행돼야 한다. 가장 먼저 국민적인 합의다. 전북을 제외한 대부분의 국민은 새만금사업을 전북의 숙원사업으로 치부한다. 국가사업이 아니라고 생각하고 있는 것이다.

두 번째는 인프라스트럭처 구축이다. 모든 대형사업은 접근성이 관건인데 새만금사업은 접근성에서 취약하다. 새만금과 서울, 새만금과 부산, 새만금과 대전, 세종시, 새만금과 순천여수를 잇는 고속도로가 없다. 철도노선도 사실상 전무하다. 군산과 서울, 군산과 부산을 잇는 철도가 필요다.

미래형 자족도시의 실체와 가능성

전국에는 혁신도시와 도청 이전도시, 기업도시가 20여 곳이 넘는다. 미래형 자족도시로 설계된 이들 도시는 다양한 발전 비전을 제시하고 있다. 하지만 혁신도시 몇 곳을 제외하면 자력성장이 쉽지 않는 도시가 많다.

세종시가 비약적인 발전을 한 이유는 정부 행정기관 이전에 따른 권력엘리트의 대거 이동이었다. 하지만 다른 도시는 그런 권력엘리트의 이동이 없다. 그래도 '세종시 이후' 주목받을 도시는 어디일까. 아무래도 진척이 빠른 기업도시와 혁신도시이지만 모두 더디 진척되고 있다.

기업도시 중에서는 우선 충북 북부권의 산업 지도를 획기적으로 바꿔놓을 충주 기업도시가 꼽힌다. 충주시 주덕읍과 대소원·가금면 일대 701만m^2에 들어선 충주 기업도시는 전국 6개(충주, 원주, 무안, 태안, 영암·해남, 무주) 기업도시 가운데 최초로 부지 조성 공사를 모두 마친 곳이다. 이곳은 2020년까지 공장, 연구소, 아파트 단지 건립 등 인구 2만 명이 넘는 지식기반형 첨단 산업도시로 발돋움하도록 설계됐다. 평택~삼척 동서고속도로, 서울~충주~문경 중부내륙선 철도 복선화, 충청고속도로 등 교통 인프라도 갖췄다.

혁신도시 중에서는 대도시를 옆에 두고 있는 전남혁신도시 나주가 성장 가능성이 높은 곳으로 꼽히고 있다. 도청 이전 도시 중에서는 충남 홍성 일대가 뜰 것이다. 바다를 끼고 있는 홍성은 내륙보다 바다 쪽 우선의 도시계획을 세운다면 서해안권의 중심도시로 발돋움할 가능성이 높다. 위로는 평택항과 서쪽으로는 대산공단, 관광휴양의 조건을 갖춘 서남쪽의 보령 태안을 아우르고 있기 때문이다.

06
배산임해(背山臨海), 바닷가 부동산이 만개한다

2017년 여름 한 금융사의 설문조사에서 은퇴 후 살기 좋은 도시 1위로 제주시가 꼽혔다. 2위는 강원 속초시였고, 3위는 경기 양평군이었다. 주로 수도권 거주자 대상 조사라는 한계가 있지만 응답자들은 바다가 있는 도시를 살기 좋은 도시로 꼽았다. 1위와 2위는 천혜의 자연환경과 해안도시라는 공통점을 갖고 있다. 다만 이들 도시는 관광자원이 너무 풍부해 자칫 관광객이 범람하는 관광지로 전락할 위험성을 안고 있다.

미래 부동산은 바닷가가 대세로 자리 잡을 가능성이 높다. 바다가 호수처럼 시원하게 펼쳐져 있고 뒤로는 산(숲)이 있는 지형이 부동산 시장을 장악할 것이다. 바다와 산을 낀 배산임해(背山臨海) 부동산으로 돈이 몰릴 수밖에 없기 때문이다. 유럽의 선진국이나 미국은 이미 바닷가가 대세로 자리 잡았다. 물론 세계 굴지의 휴양도시와 유명한 은퇴 마을도 배산임해다.

요트 등의 증가도 배산임해 부동산의 가치를 높일 것이다. 행정안전부에 등록된 요트와 보트 등 레저선박 수는 2017년 9월 현재 1만 7,000여 척에 이른다. 2007년 3,944척과 비교하면 상전벽해 수준이다. 2007년 6만 5,758명이던 요트·보트 조종면허 취득자도 2017년 9월 현재 20만여 명에 육박했다.

세계의 고급휴양지는 남쪽에 있다

부자들이 남쪽 바닷가에 투자하는 것은 당연한 현상이다. 사시사철 휴양과 레저를 즐길 수 있기 때문이다. 그래서 세계의 휴양지는 모두 남쪽에 있다. 인도네시아의 발리나 몰타, 세이셸군도 등은 어디서나 해안과 인접해 있다. 몇 걸음만 가면 시원한 바다에서 놀라운 일들을 만난다.

프랑스 니스는 해안을 따라 4km의 산책로가 있는 휴양지다. 그리스의 목가적인 섬 산토리니는 말할 것도 없다. 세계의 부호들이 별장을 갖고 있거나 휴양을 즐기는 이탈리아의 소렌토와 아말피, 팔레르모 등도 남쪽 바다를 끼고 있다. 프랑스 부호들의 휴양지 생트로페도 바다를 끼고 있다.

한국의 남쪽 바닷가는 아직 기회의 땅이다. 이건희 삼성그룹회장이 여수에 땅을 갖고 있고, 통일교 그룹, 미래에셋이 여수에 많은 땅과 항을 확보하고 있다. 실제 2017년 1월에는 미래에셋그룹이 전남 여수 경도해양관광단지에 1조 원을 투자해 2029년까지 호텔과 워터파크 등을 갖춘 아시아 최고 해양관광단지를 건설한다고 밝혔다. 미래에셋 컨소시엄은 전남의 관광·레저 사상 최대 규모인 1조 원 이상 국내외 자본을 투자해 6성급 리조트 호텔, 테마파크, 리테일 빌리지, 워터파크와 콘도, 마리나, 해상 케이블카 등 시설을 갖출 예정이다.

여수시는 호남지역에서 주택 매매가격 상승률이 가장 높은 상황이다. 2017년 6월 기준 한국감정원 시세자료에 따르면 여수시 주택 매매가격은 1년 전보다 주택종합(아파트, 연립, 단독주택 포함) 3.31%, 아파트는 4.24%나 올랐다. 여수 부동산 가격이 오른 이유는 2012년 여수엑스포로 레저 인프라가 구축된데다 가수 버스커 버스커의 노래 '여수 밤바다'로 숨은 비경이 널리 알려졌기 때문이다. 여수는 2017년 1,300만 명의 관광객이 들렀다.

남해안은 아직 기회의 땅이 많다. 통영과 남해, 광양, 여수, 순천 일대 땅값이 많이 올랐지만 주목받지 못한 지역도 많기 때문이다. 굳이 꼽으라면 이른바 장보고(長寶高) 지대다. 장흥, 보성, 고흥을 지칭하는 이 말은 굉장한 상징성도 갖고 있다. 신라시대 대양을 지배했던 해상왕 장보고(張保皐)가 연상되기 때문이다.

바닷가 부동산은 왜 뜰 수밖에 없나

한국은 삼면이 바다로 둘러싸여 있다. 하지만 바다를 아주 등

한시하는 세계적으로 몇 안 되는 나라다. 바다가 없으면 살 수 없는 지정학적 특수성을 갖고 있으면서도 바다를 외면하고 있다. 조상들의 내륙 중심 사상 영향 때문이다. 임진왜란과 6·25 전쟁 등 혹독한 대가를 치렀지만 이런 사상은 변하지 않고 있다.

문제는 21세기 글로벌 대양의 시대에도 해양수산 정책이 뒤로 밀리고 있다는 것이다. 특히 남북 분단으로 60년 넘게 사실상 섬 국가로 존재하고 있음에도 위정자나 관료 대부분이 바다보다 내륙 지향 성향을 갖고 정책을 꾸려가고 있는 것이다. 세계에 내놓아도 손색이 없는 해안선과 항구, 갯벌을 갖고도 자랑할 만한 미항(美港)이나 휴양지가 없는 나라가 됐지만 아직도 발상의 전환을 하지 않고 있다.

부동산 시장의 미래는 바닷가 부동산이다. 이미 뜨고 있는 상태다. 철도 인프라가 없는 상태에서도 서해안의 평택에서 시작해 서산, 부안, 남해안의 목포, 장흥, 여수, 통영, 부산, 동해안의 울산, 포항, 삼척, 동해, 강릉, 속초 모두 부동산 시장의 블루칩으로 성장하고 있다.

우리나라 바닷가 부동산이 뜨고 있고, 앞으로도 뜰 수밖에 없는 이유는 간단하다. 풍부한 물산, 강한 햇빛은 물론 내륙보다 조망권이 뛰어나다. 아름다운 해안선을 개발할 수도 있다. 환경적으로 건전하고 지속가능한 개발이 가능하다. 아름다운 항구와 동네 포구 인프라 구축, 방치된 해안 주변 지역 개발정비사업은 건설경기 및 부동산 시장 활성화와도 직결된다. 우선 해양레저·스포츠와 같은 해양관광 활성화의 기초다. 항구와 항구를 연결하는 해안선 철도, 항만 주변 개발사업, 작은 미항 개발과 동네 포구 정비는 해양관광 활성화라는 점에서 아주 중요하다.

인구 고령화가 바다 휴양 시대를 연다

한국은 아직 마리나(항만·항구) 산업이 다른 해양국가처럼 발전하지 못하고 있다. 이제 막 성장기를 맞고 있는데, 사실 마리나는 국가 발전의 동력이지만 그동안 내륙 지향적인 한국인 성향이 마리나 산업의 활성화를 막아왔다. 마리나는 요트, 모터보트 등의 선박을 위한 넓은 의미의 항만이자 항구, 방파제, 계류시설은 물론 이용자에게 편의를 제공하는 호텔, 쇼핑센터, 위락시설과 녹지공간 등을 말한다.

정부는 2010년 이후에 크고 작은 항만·항구 주변에 대한 규제(마리나 규제) 풀기에 나섰다. 항만을 지을 때 주택·오피스텔 등 주거시설을 공급할 수 있도록 법을 개정했고, 마리나 산업에 민자를 유치하도록 했다. 마리나 산업 활성화를 위해 강원 속초와 경남 울진 후포, 경남 통영, 전남 완도 등 4곳을 '마리나역(驛) 지역'으로 선정하기도 했다. 동북아의 요트·마리나 허브 국가로 도약한다는 목표를 세우고 마리나 산업 활성화를 주력 사업으로 추진하겠다는 공약도 내걸었다.

정부가 마리나 산업 육성에 적극 나서고 있는 것은 한때 부자들의 레포츠로 인식되던 골프가 대중화(2016년 이용 연인원 3,500만 명)된 것처럼 레저보트와 요트를 즐기는 수요도 늘어나고 있기 때문이다. 그러나 해양 레저 스포츠가 대중화 단계로 가고 있지만 2017년 9월 현재도 마리나 산업은 활성화되지 않고 있다. 마리나 산업은 급성장하는데 정부 지원이나 인프라 구축은 미흡하기 때문이다.

마리나 산업 육성과 발전은 부동산 시장에 큰 영향을 미칠 수밖에 없다. 기존 항구의 리모델링이 불가피하고 새로운 항만과 배후 단지, 주거, 오피스 시설을 건설해야 한다. 이에 따라 항구나 항만 주변 부동산은 서서히 기지개를 켤 수밖에 없다.

부동산 투자자 입장에서는 정부의 마리나 산업 규제 해제와 육성 정책이 기회다. 이 기회를 놓치지 않기 위해서는 마리나 산업이 활성화되기 전에 항구 주변 토지에 선점투자를 해야 한다. 부동산은 초기투자가 가장 중요한 만큼 소규모 항구 주변에 대한 투자를 적극 고려할 필요가 있다.

10년 후 부자들의 투자처는 남쪽

한국의 서남해안은 세계에서 보기 드문 리아스식 해안을 갖고 있다. 남해안만 리아스식 해안이 8,425㎞(섬 포함)에 이른다. 한국의 리아스식 해안은 단순히 풍광 좋은 해안만 있는 것이 아니라 풍부한 먹거리와 사람이 살고 있다.

남해안은 다도해로 무려 2,546개의 섬이 있다. 이들 섬은 저마다의 독특한 자연환경을 지니고 있다. 한려수도권(여수-사천-통영-거제), 다도해권(신안-진도-완도 및 기타 섬)은 문자 그대로 해양낙원이다. 남해안은 산업도 발달해 있다. 우리나라 조선, 석유화학, 기계, 물류 등 기간산업이 몰려 있는 곳이다.

정부에서도 남해안 개발에 가속도를 내고 있다. 고부가가치 산업 육성 프로젝트는 기본이고, 선벨트와 해안선과 섬을 잇는 사업도 진행하고 있다. 그러나 무엇보다도 부산에서 목포를 잇는 철도가 필요하다. 현재는 부산~순천(경전선)만 연결돼 있다. 순천과 고흥~완도~목포를 잇는 남해 일주 철도가 절실하다. 2017년 2월 정부 무역투자진흥회의는 고흥·여수·순천·광양·남해·하동·통영·거제 등 8개 시·군을 묶어 조성되는 483km 길이의 남해안 관광벨트를 조성키로 했다.

그렇다면 한국의 프로방스는 어디일까. 프로방스(Provence)는 프랑스 남동부의 지중해 해안선 지대와 이에 접한 내륙지역을 이르는 말이다. 바다와 내륙 모두 천혜의 자연환경을 갖춰 세계인이 살고 싶어 하는 곳이다. 한국의 남해안도 프랑스 프로방스와 비견될 정도로 아름다운 환경을 갖추고 있다. 이런 땅에 조금만 관심을 갖고 문화예술을 접목한다면 동양의 프로방스로 각광받을 가능성이 크다. 부산에서 목포에 이르는 남해안 부동산 중에서 아직 충분한 기회가 열려 있는 곳은 통영과 사천, 순천과 고흥, 보성, 장흥, 강진 일대다. 경남지역 김해와 거제, 진주, 남해 등은 토지 등이 이미 너무 많이 올랐고, 전남지역도 여수와 영암, 목포일대는 토지가격이 높은 편이다.

통영 고성 부동산 시장은 2014~2017년 호황기에 조선·해운업 구조조정 여파로 오히려 찬바람이 불었다. 다만 사천 남해지역 부동산은 활기를 띠고 있다. 순천시는 전라남도에서 두 번째로 인구가 많은 시이며, 지난 5년간 인구가 많이 늘어났다. 1위인 여수 인구를 곧 추월할 태세다. 동쪽인 광양과 남쪽인 여수에는 공단이 있지만 순천에는 공단이 없는 것도 장점이다. 순천만 정원박람회와 순천만 갈대, 낙안읍성, 천년고찰 송광사와 선암사 등 문화자원을 많이 갖추고 있는 것 또한 큰 매력이다. 때문에 순천 부동산은 2010년 이후 지속적으로 오르고 있다. 순천시가 2015년 징수한 부동산 취득세는 620억 원으로 2014년 429억 원에 비해 44.5%(191억 원)나 급증했다. 전남 고흥 역시 천혜의 자연조건을 갖추었지만, 서울을 기준으로 너무 먼 것이 단점이다. 그러나 최근 고흥~여수 연륙교·연도교 연결(2020년 모두 완공 예정), 나로우주센터 등 항공관련 산업단지 개발 등의 영향으로 2016년 고흥의 땅값 상승률(2.65%)은 전남평균상승률(2.60%)을 웃돌았다.

머지 않아 우리나라의 1인당 국민소득은 3만 5,000달러를 넘어 4만 달러로 가는 시대가 올 것이다. 그 때에는 광범위한 가족휴양지와 놀자리 부동산이 필요하다. 수도권이나 주요 대도시 주변은 이미 땅값이 한계에 와 있다. 10년 후 남쪽 부동산은 대박을 터뜨릴 가능성이 높다.

6부
부자로 가는 부동산 추월차선을 타라

01
부자로 가는
추월차선의 전제조건

 2017년 8월 한국을 방문한 투자의 귀재 프랭크 미한 스파크랩 공동대표는 최근 가장 관심 있는 투자 분야로 농업과 식품을 꼽았다. 음성인식 플랫폼 '시리', 알파고의 '딥마인드', 세계 1위 음악스트리밍 서비스 '스포티파이'에 초기 투자해 큰 수익을 올린 그가 미래의 투자처로 주저 없이 농업과 식품을 지목한 것이다.

 부동산의 미래에서 농업 농지는 핵심 중의 핵심이다. 다른 재테크 상품과는 달리 지킬 수도 있고, 확대할 수도 있는 상품이기 때문이다. 주식은 휴지 조각으로 사라지지만 땅은 폭락해도 그 자리에 그대로 남기 때문에 '위기'가 지나면 '기회'가 다시 주어진다. 물론 자기만의 부동산 소비 원칙을 지켜야 한다. 부동산으로 번 돈을 부동산 외 상품에 투자하지 않는다는 전제조건이 성립해야 가능한 것이다.

부자로 가는 추월차선은 토지에 있다. 특히 농업과 농지를 부동산 산업, 투자처로 인식해 지혜를 쌓아간다면 의외로 쉽게 부자로 가는 차선을 탈 수 있다.

안전한 재테크를 하기 위해서는 부동산 소비(활용)에 대한 명확한 원칙이 있어야 한다. 부동산의 사용 용도를 분명히 정해야 한다는 것이다. 주거와 자녀교육 주택, 잠자리 등 단순거처, 주말농장 등 '부동산 용도와 소비 원칙'에 대한 설정이 필요하다. 그런 후 전체적인 재테크 로드맵을 만들고 나만의 투자 원칙을 만들어 나가야 한다.

부자로 가는 추월차선은 누구에게나 열려 있지만 아무나 탈 수는 없다. 토지를 사고팔든, 창업을 하든, 최고경영자가 되든, 전문직업을 갖든, 주식 베팅에 성공하든 치열한 준비와 실패의 과정을 거쳐야 한다. 특히 부동산 추월차선은 국내외 경제흐름과 시장의 과거, 현재를 분석해 내지 못하면 결코 탈 수 없다.

재테크 로드맵을 먼저 짜라

현대를 살아가는 모든 이들은 '대물림 부자'가 아닌 이상 재테크에 각별한 관심을 갖고 있다. 재테크에 성공하고 싶은 이유는 부자로 살고 싶고, 부자인 채 자식들에게 대물림 해주고 싶기 때문이다. 자본주의이건, 사회주의이건 부자를 향한 기준이나 강약의 차이가 있을 뿐이다.

자본주의 대한민국에서 삶의 바탕은 자본이다. 이에 따라 자본을 모으는 재테크를 해야 한다는 전제조건은 변함이 없다. 그래서 재테크는 누구에게나 선택이 아닌 필수다. 재테크를 하기 위해서는 현재의 재정 상태를 파악하고, 당장의 수입과 지출을 셈해보아야 한다. 재테크 로드맵의 선결조건이기 때문이다.

저출산 고령화 시대의 재테크 로드맵은 예금과 주식, 부동산, 벤처투자 등 다양하게 짤 수 있다. 그러나 자신에게 알맞은 재테크 로드맵을 짜고 이를 실천하는 것이 중요하다. 예금은 저금리 시대에 더 이상 재테크로서 역할을 하지 못한다. 주식은 리스크가 너무 크다. 벤처 투자도 마찬가지다. 하지만 부동산은 대박이나 고수익을 노리지 않는 이상 안전하고, 어느 정도의 수익도 바라볼 수 있다. 재테크 로드맵에서 부동산이 특히 중요한 이유다. 또한 모든 재테크의 종착점이 부동산으로 귀결될 수밖에 없는 이유다. 더구나 우리나라 부동산 시장은 재테크를 의외로 쉽게 용인(?)한다. 고질적인 수급 불균형이 상존하고 있기 때문이다.

실제 한국 부동산 시장은 기본적으로 공급 부족에 시달려 왔다. 앞으로는 이런 공급 부족이 특정지역을 중심으로 꾸준히 진행될 것이다. 국지적 현상으로 나타날 것이라는 얘기다. 국민들의 부동산 불패 인식이 강한 상황에서 정부 규제와 저금리에 따른 풍부한 자금 유동성이 공존하고 있기 때문이다.

초보 부동산 투자자라면 이런 상황을 감안, 먼저 부동산 소비 로드맵을 작성할 필요가 있다. 내 처지에 맞는 자산 배분과 소비 원칙이 들어간 로드맵을 짜야 한다는 것이다. 이것이 부자로 가는 추월차선을 타기 위한 필수 전제조건이다.

종잣돈 확보, 물 없는 개천에 용은 살지 못한다

부동산 재테크를 위해서는 총주거비 부담을 최소화해야 한다. 부동산 투자를 위한 종잣돈을 마련하는 데 있어 가장 중요한 것이 수익에서 총주거비를 최소화하는 것이기 때문이다. 내핍을 해야 한다는 것이다. 총주거비에서 최대의 적은 교육비와 실생활비, 의료비, 통신비다. 이중에서 씀씀이를 줄일 수 있는 것은 실생활비와 통신비다. 자녀 미래를 위해 교육비를 줄일 수는 없고, 건강 때문에 병원을 안 갈 수는 없기 때문이다.

부동산 투자의 전제조건은 첫 번째도 돈이고, 두 번째도 돈이다. 자금이 없으면 투자여건이 마련되지 않는다. 당장 종잣돈이 없다면 나에게 맞는 부동산 로드맵부터 짜고, 내핍생활에 들어가야 한다.

종잣돈을 목돈으로 만드는 첫걸음은 내 집 마련이다. 모아온 종잣돈을 저금리 대출과 연계, 가장 작은 면적이라도 내 집 마련을 하는 것이 목돈을 만드는 지름길이다. 소형이라도 내 집을 마련하면 주거비가 줄고, 자연스런 집값 상승 효과도 얻을 수 있다. 더 좋은 집으로 가기 위한 내핍의 실천 의지 강화는 덤이다.

지금 조사해 봐도 비슷한 수치가 나오겠지만 2016년 한 부동산 전문업체에서 조사한 결과, 전국적으로 내 집 마련이 꼭 필요하다는 응답이 82.0%에 달했다. 2014년에는 79.1%에 그쳤으나 2년 사이에 오히려 2.9%포인트나 늘어난 것이다.

우리나라 국민의 지역 · 계층별 주택마련 소요 기간

(단위 : 년)

구 분		2006	2008	2010	2012	2014	2016
전 체		8.1	8.3	8.5	8.0	6.9	6.7
지역	수도권	7.9	9.0	9.0	8.5	7.4	7.2
	광역시	8.6	8.8	8.9	8.1	7.1	7.4
	도지역	8.0	7.2	7.5	7.2	6.3	5.8
소득 계층	저소득층	10.3	10.0	10.3	10.1	8.1	7.9
	중소득층	7.3	7.6	8.1	7.5	6.5	6.2
	고소득층	6.1	6.9	7.0	7.4	6.1	6.0

자료 : 국토교통부

또 소득이 높은 계층일수록 내 집 마련이 필요하다는 응답도 높았다. 표에서 보면 저소득층은 2016년 조사 기준 내 집 마련에 7년 9개월이 걸렸지만 고소득층은 6년밖에 걸리지 않았다. 이것은 소득에서 생활비를 제외하고 남은 돈으로 종잣돈을 모으는 것에서 차이가 난 것으로 보인다. 이와 함께 현재 주택으로 이사한 이유를 살펴보면 '내 집(자가 주택) 마련을 위해' 23.9%, '주택규모를 더 늘리려고' 22.4% 등 자가주택 마련 또는 주거 수준 향상을 위한 것으로 나타났다.

내 집 마련을 위한 종잣돈이 아예 없으면 불편을 인내해야 한다. '공공기관의 영구임대주택 ⇨ 장기임대주택 ⇨ 월세주택 ⇨

전세임대주택 ⇨ 민간전세주택 ⇨ 공공분양' 등의 순으로 주거 계단을 밟으며 올라가야 한다.

물(종잣돈) 없는 개천에 용(재테크)이 살 수는 없다. 종잣돈 없는 재테크는 할 수 없다는 뜻이다. 부동산 부자로 가기 위한 가장 밑바탕은 물 없는 개천에 물을 넣는 것이다.

부동산을 보는 눈을 갖춰라

누구나 부동산 시장에 대한 지식을 갖고 있다. 또 수요자들 대부분이 기본적인 선구안을 갖고 있다.

전통적으로 부동산 매매 때는 입지와 가격(분양가), 미래 가치 등 3개 조건을 중요시했다. 구체적으로 배산임수(거주 자연환경), 교육환경, 편의성(교통 환경) 등 주거 입지조건을 주로 따졌다. 가격은 이런 조건이 어느 정도 맞아야 형성됐다. 하지만 우리나라는 주택시장의 경우 전통적인 주택 구매 조건이 들어맞지 않아도 매매가 가능했다. 이중 한 가지만 맞아도 매매가 성사되는 경우가 많았다. 집을 짓기만 해도 팔리던 시대였기 때문이다. 그래서 수많은 부작용이 일어났고, 부동산 중개상만 거친 투기가 만연하기도 했다. 부동산 불패공화국, 강남공화국 등은 부동산 소비 형평성이 문제가 됐다.

앞으로 부동산 시장은 입지, 가격, 미래가치 등 3박자가 조화를 이루지 못할 경우 매매가 쉽지 않을 것이다. 또 이런 조건을 갖춘 물건을 찾아내고 합리적인 가격을 요구하는 시대가 될 수밖에 없다. 부동산 중개문화를 혁파할 4차 산업혁명과 문재인 정부 시기를 거치면서 부동산 시장이 안정화 단계(불황과 비수기)로 접어들 가능성이 높기 때문이다.

안목을 가진 부동산 재테크를 하기 위해서는 '공부'를 해야 한다. 야구에서는 선구안(選球眼)이 있어야 좋은 선수가 된다. 부동산도 기본적인 눈을 길러야 하고 돈 되는 부동산을 먼저 추려내는 변별력 있는 눈, 선구안(先求眼)이 있어야 한다. 선구안이 선부안(選富眼)이 돼야 부자로 가는 차선을 찾을 수 있다.

부동산을 보는 눈이 없으면 속기 쉽다. 시장 침체기에 나오는 할인 분양과 시세보다 싼값의 입주권, 저렴한 토지 등 이른바 급매물에 현혹된다. 많은 초보투자자들이 이런 함정에 걸려 정작 팔고 싶을 때 팔지 못하는 부동산을 소유하기도 한다. 부동산은 환금성이 없으면 애물단지다. 부동산이 상승하든 하강하든 단기투자로 시세차익을 노리겠다는 생각을 버리고, '선부안'을 갖춘 후 투자에 나서야 리스크를 최소화할 수 있다.

부동산 전문가의 말보다 '경제 흐름'을 주목하라

부동산, 주식, 상업(장사) 등 모든 경제활동의 핵심은 '현금 흐름(Cash Flow)'이다. 자본이 어떻게 흐르는가에 따라 국가나 기업, 개인의 경기를 알 수 있기 때문이다. 특히 부동산 시장에서 현금흐름은 해당국가 모기지(대출), 주택 수급 상황 등에 따라 국지적 변화가 일어나고, 이것이 종종 세계 경제에 큰 영향을 미친다.

부동산 시장은 전문가의 의견이 대부분 빗나간다. 이유는 간단하다. 전문가보다 경제흐름이 더 중요하기 때문이다. 대부분의 전문가는 나무는 보지만 숲을 안 보는 경향이 있어 분석은 잘 하지만 예측을 하지 못한다. 특히 전문가들은 자신이 전문적으로 활동한 시장에 대해서는 잘 알지만 이를 전체적으로, 글로벌 경기 차원에서 조망하지는 않는다. 해당분야 경제가 침체되기를 원치 않아 긍정적인 예측만 내놓는 전문가도 있다.

부동산 시장 전문가 집단 중에서는 낙관론자도 비관론자도 통계를 이용한다. 그런데 이들 전문가는 통계의 해석에 집중할 뿐이지, 거대 흐름 과정에서 지역적인 부동산 시장을 꿰뚫어보지 못하는 한계를 지니고 있다. 전문가나 시세분석가, 중개업자들의 분석만으로 전망할 수 없는 영역이 존재한다는 것을 알아야 한다.

우리나라 부동산 시장은 고질적인 수급 불균형으로 인해 상승과 하강을 반복할 수밖에 없다. 인구 집중 후 주거문제 해결에 나선 한국 부동산 시장의 태생적 한계이기도 하다. 경제 흐름을 제대로 알면 이런 부동산 시장은 기회를 준다. 반면 경제흐름을 알지 못하면 기회를 얻을 수 없다.

언제든지 국내는 물론 글로벌 금융 경제의 흐름을 지켜보고 있어야 기회가 온다는 것을 명심해야 한다. 전문가를 믿기보다 경제흐름을 봐야 재테크의 기회를 잡을 수 있다.

나에게 맞는 투자법을 찾아라

누구나 인생의 황금기, 화양연화(花樣年華, 인생의 가장 빛나는 시기)의 시간을 보내고 싶어 한다. 그러나 자본주의에서 화양연화는 돈 없이는 불가능하다. 이에 따라 돈을 만드는 일, 재테크는 반드시 해야 한다. 문제는 연 1~2%대 저금리 시대에 투자할 곳이 마땅치 않은 것이다.

일반인은 자기만의 투자방법을 알아야 한다. 내게 맞는 투자, 나만의 투자법을 만들어야 한다는 것이다. 하지만 나에게 맞는 투자법은 세상 어디에도 없다. 내가 깨닫고 실천해 보아야 알기 때문이다. 그렇다면 가장 먼저 리스크가 적은 투자법을 찾아야 한다. 일반인에게 부동산 투자가 1순위로 꼽히는 이유다. 부동산 투자는 주택, 상가, 경매, 토지 등 직접적으로 선택해 투자하는 방법 등 다양하다. 또 리즈나 모기지 파생상품 등 간접투자 방법도 있다. 이중에서 투자 경험이 거의 없는 이들은 간접투자 방법이 좋지만 그렇게 하려면 리츠나 펀드 공부를 해야 한다. 많은 이들이 직접투자, 그것도 주택 분양에 매달리는 이유다.

주택 분양 투자 외에 리스크가 덜한 것은 땅을 직접 사는 것이다. 땅을 살 때는 투자 목적을 분명히 해야 한다. 우선 투자용 땅인지, 실제 거주 혹은 농사를 지을 땅인지를 먼저 결정해야 한다. 그런 후 자금에 맞는 투자법을 실천해야 한다. 땅을 살 때는 개발호재, 인구유입 등을 감안해야 하지만 개발 예정부지 땅은 이미 가격이 오른 경우가 태반이다.

시대를 막론하고 안전자산으로 손꼽히는 토지, 즉 땅의 가치는 무한하다. 땅은 단순 산술적으로 투자 수익률을 따지면 사지 못한다. 나에게 맞는 투자법으로 느슨한 방법을 선택하는 것도 지혜일 수 있다.

부동산 추월차선은 열려 있다

한국의 총자산은 얼마나 될까. 통계청에 따르면 2015년 말 기준 국민 순자산은 1경 2,359조 5,000억 원에 이른다고 한다. 물론 공식통계는 아니다. 이중 토지자산이 6,575조 원(54.2%), 토지자산에 주거용 건물(1,243조 원)과 비주거용 건물(1,318조 원)을 합친 부동산 자산은 9,136조 원(75.3%)에 이른다. 이 정도면 명실상부한 부동산 공화국이다.

우리나라는 땅 부자(기업 포함) 1% 내외가 사유지(전체 국토의 70%)의 65% 이상을 갖고 있다. 미성년자가 보유한 땅도 엄청나다. 모두 대물림한 것이다. 인구의 1%가 개인토지의 55.2%를, 인구의 10%가 97.6%를 소유하고 있으며, 토지를 한 평도 소유하지 못한 세대가 40.1%(2012년 현재)나 된다.

왜 이런 현상은 끝나지 않을까. 과도한 이야기인지는 몰라도 기업은 돈을 벌어 미래를 위한 부동산 투자에 심혈을 쏟고, 개인들은 토지권력을 유지하기 위해 증여나 상속 등으로 대물림하기 때문이다. 어쩌면 기업의 부동산 사들이기가 역설적으로 한국에서 토지 투자 불패를 보증한 것인지도 모른다.

2017년 저출산 고령화가 가속화하고 있음에도 주택시장은 불안정하다. 전국 주택보급률이 100%를 넘었다고 하지만 서울 등 수도권은 여전히 주택 부족 현상을 겪고 있으며, 양질의 주택은 더더구나 수요를 충족하지 못하고 있다. 이런 부동산 공화국에서는 당연히 자산을 불릴 기회가 많다. 시장의 부침(浮沈)이 많고, 투자의 기회와 위기가 반복되기 때문이다.

한국인의 43%가 무주택자

우리나라 국민 중 집을 3채 이상 보유한 사람은 183만 869명이고(국민보험공단 2016년 8월 기준), 서울에서 2채의 집을 소유한 시민은 25만 7,000명이나 된다. 서울 주택보급률(총 주택 수를 일반가구로 나눈 수치)은 정부 발표로는 97.8%이지만 이는 외국인 가구를 뺀 수치다. 2000년대 초부터 급격하게 늘어난 외국인 가구를 포함하면 서울의 주택보급률은 92.8%에 그친다는 게 전문가들의 주장이다.

2012년 통계청이 발표한 〈2010~2035년의 장래가구추계〉에 따르면 한국의 2035년 가구 수는 2,226만 1,000가구다. 2010년 기준 1,735만 9,000가구에서 1.3배 증가할 것으로 예상된다.

1987년 내 집을 장만한 사람은 결혼 후 8년 5개월 만에 무주택 신세를 벗어났다. 하지만 2004년에 집을 장만한 이는 10년 1개월이 걸렸다. 2004년 집을 장만한 이는 모두 부모나 다른 이의 도움을 받았다. 서울에서 아무 도움 없이 저축을 통해 집을 마련한다고 했을 때 사무직과 기능직 모두 20년 이상 걸린다. 이것은 주택 공급 제도가 무엇인가 잘못됐다는 것을 의미한다.

서울은 선진국 대비 주택 수가 절대적으로 부족하다. 선진국 대부분의 대도시는 주택보급률이 110%대에 이르고 있다. 더구나 서울 주택은 너무 낡았다. 국토부에 따르면 2016년 기준 서울의

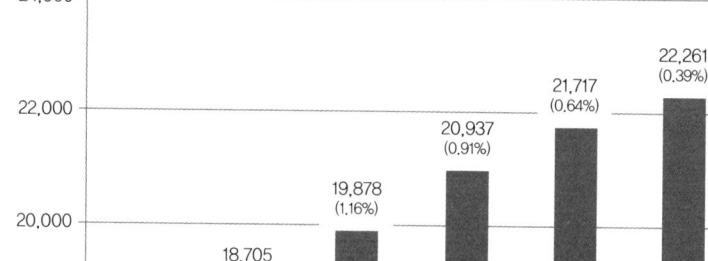

우리나라 총 가구 수 변화 추이(예측)

(단위 : 천 가구, 괄호 안은 증가율)

자료 : 통계청 인구주택총조사(2012)

전체 주택 47만 동 가운데 73%인 34만 동이 지은 지 20년이 지난 중고주택이었다.

투기에서 정석 투자로

부자들은 "어떻게 부자가 되었느냐"는 물음에 여러 가지 자신만의 노하우를 얘기하지만 그중에 하나 덧붙이는 말이 있다. "운이 좋았다"는 것이다.

우리가 알고 있는 억만장자들도 마찬가지다. 미국 기업인 워런 버핏(버크셔헤더웨이 회장), 20세기 최고의 펀드 매니저 조지 소로스(소로스펀드 매니지먼트 회장), 세계3대 투자가 중의 한사람인 짐 로저스(로저스홀딩스 회장) 등도 '운' 이야기를 하는 경우가 많다. 하지만 이들은 운 이전에 엄청난 노력 끝에 부자가 된 억만장자들이다. 억세게 운 좋은 시대는 이미 지났다. 현대의 재테크 시장은 정석투자를 하지 않으면 고위험에 노출된다. 재테크에서 운은 덤일 뿐이다.

부동산 투자는 과학이다. 과학적 투자 체계와 합리적 사고를 갖지 않으면 재테크에 성공할 수 없다. 물론 운도 따라야 한다. 부동산 투자로 돈을 벌기 위해서는 전체 경제 흐름을 조망할 수 있는 선구안(안목)과 때를 기다리는 시간, 여기에 시대적 운이 더해져야 한다는 것이다.

국가 경제가 개발도상국을 넘어 선진국으로 진입하는 안정된 상황에서는 단순 지식의 충만이나 재주, 억세게 좋은 운으로 돈을 벌 수 없다. 과거 우리나라 시장, 특히 부동산 투자시장은 '운칠기삼(運七技三, 70%의 운과 30%의 노력)'이었다.

과거에는 별다른 노력 없이 누군가를 따라 대충 투자하면 떼돈을 버는 경우가 많았다. 특히 1960년대부터 IMF사태 초까지 한국 부동산 시장은 이른바 '능력자에게 물어가면 돈 버는 시대'였다. 하지만 IMF를 겪은 이후 투자체계는 달라졌다. 누군가를 따라하거나 운칠기삼의 투자를 하면 낭패를 보는 경우가 많다. 이제 부동산이든 주식이든 정석투자를 해야 한다. 나에게 맞는 투자법을 찾아야 부자로 가는 고속도로를 올라탈 수 있다. 추월차선을 타는 것은 그 후의 일이다.

정부 수급 정책이 주는 기회 잡아야

우리나라는 일관성 없는 주택 정책의 폐해로 인해 저소득층으로 갈수록 주택보유율이 낮아진다. 특히 고소득층의 주택보유율이 해를 거듭할수록 높아진 반면 저소득층은 낮아졌다.

우리나라의 계층별 자가보유율을 살펴보면 2016년 저소득층의 자가보유율은 46.2%에 그치고 있다. 하지만 중소득층은 59.4%, 고소득층은 73.6%에 이른다. 저소득층의 자가보유율이 저조한 것은 가계수입 격차가 근본원인이 아니다. 1차적 원인은 적은 세금만 내도 땅과 주택을 쉽게 대물림하는 제도에 문제가 있다. 2차적 원인은 잘못 펼쳐온 과거 주택정책이다. 1960년대 말 이후 정부 주택정책은 저소득층을 위한 것이 아니었다. 중산층 이상 고소득층을 위한 정책이라고 해도 과언이 아니었다. 정부가 저소득층을 위한 주택정책을 펼친 것은 1980년대 들어서였다. 하지만 공공임대주택은 너무 엉성했다. 공공임대가 그나마 제 기능을 발휘하기 시작한 것은 1990년대 들어서였다. 물론 당시의 공공임대주택이 주거사다리를 위한 기본 여건은 되지 못했다.

그동안 펼쳐온 일관성 없는 저소득층 주거 정책은 무수한 실패 사례만 반복하면서 아직도 정착되지 않고 있다. 투자자에게는 여전히 기회의 문이 열려 있는 것이다.

선진국 대비, 주택은 절대 부족하다

한국은 1,000명당 주택 수에서 미국이나 영국 일본과 큰 차이를 보인다. 각 나라의 조사 시점이 다르긴 하지만 한국(383명)과 미국(419.4명), 일본(476.3명) 등 주요 국가의 1,000명당 주택 수는 큰 차이를 드러내고 있다.

주요 국가 인구 1,000명당 주택 수

(단위 : 가구)

구분	한국		미국 (2015)	영국 (2014)	일본 (2013)
	2010	2015			
1천 명당 주택 수	356.8	383.0	419.4	434.6	476.3

자료 : 국토교통부, 한국주택협회

세계 주요 도시와 서울과 비교해도 차이가 크다. 프랑스 파리는 인구 1,000명당 605가구이고, 일본 도쿄도 579가구다. 또 미국 뉴욕도 412가구다. 하지만 서울은 366가구에 불과하다. 1~2인 가구가 빠르게 증가하는 시점이어서 이 같은 1,000명당 주택 수는 더 떨어질지 모른다. 서울의 실질주택보급률도 주목해야 한다. 국토교통부는 2017년 수도권 주택보급률이 100%를 넘고, 서울도 약 97.8%에 달할 것이라고 예상했지만 이는 외국인 가구와 집단 가구(기숙사, 요양시설, 보육원 가구)를 뺀 계산이라는 게 전문가들의 주장이다. 이들 가구를 더하면 서울 주택실질보급률은 92.8%(수도권은 94.7%)에 그친다.

부동산 불패, 대기업이 보증한다?

모든 부동산 중에서 토지는 한계효용의 법칙을 지닌다. 물건을 만들어내듯이 재생산할 수 없기 때문이다. 토지는 또 누군가가 점유 사용하면 다른 사람은 쓸 수 없다. 굳이 사용하려면 빌린 대가를 치러야 한다. 임대료를 주지 않고 공짜로 이용할 수 없다는 것이다.

대한민국에서 이른바 재벌 대기업은 '어마어마한' 토지를 소유하고 있다. 가격이 급등하면 이들 기업은 '어마어마한' 이익을 본다. 대부분이 불로소득이다. 한 경제평론 매체가 조사한 2016년 국내 30대 그룹 계열사 120곳의 투자부동산은 19조 2,732억 원에

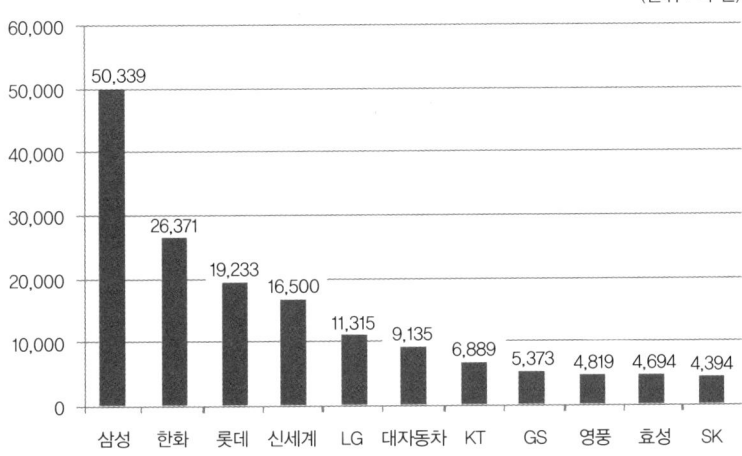

자료 : CEO스코어

이르렀다. 이는 2015년보다 5,702억 원(2.9%) 감소한 것이다. 주요 그룹 중에서는 액수로는 삼성이 5조 339억 원으로 가장 많았고, 건수별로는 롯데가 11곳으로 최다를 차지했다.

물류 시설 등 땅을 많이 필요로 하는 유통그룹 중에서 2016년 신세계그룹의 투자부동산 규모는 1조 6,500억 원이었다. 롯데그룹과 현대백화점의 투자부동산액은 1조 9,233억 원, 2,360억 원이었고, CJ그룹은 3,533억 원이었다.

우리나라는 법인(기업, 대학, 재단 등)이 소유한 부동산이 의외로 많다. 상위 1%의 법인이 전체 기업이 소유한 부동산의 76.2%(약 966조 원, 가액기준, 김영주 국회의원실 2016년 8월 31일)를 차지하고 있을 정도다. 부동산 분야 학자인 김정호 KDI국제정책대학원 교수의 분석에 따르면 우리나라 국민 순자산(국부)은 1경 2,360조 원

(추정치)이며, 이중 75.3%가 부동산이었다. 이 부동산에서 발생하는 불로소득도 연평균 300조 원으로 추산됐다.

부의 추월차선으로
가는 부동산 금맥

프랑스의 경제학자 토마 피케티 파리경제학교(PSE) 교수는 몇 년 전 저서 《21세기 자본》에서 '세습자본주의(patrimonial capitalism)의 도래'를 전망했다. 상속부자가 자수성가한 이들보다 많은 소득과 특권을 향유하는 사회가 온다는 것이다. 피케티는 이를 막기 위해서는 고율의 소득세와 강력한 자본과세를 주장하지만 이는 자본주의의 근본을 흔드는 것이어서 현실적으로 실행 가능성은 희박하다.

부동산 시장의 금맥은 땅이다. 땅은 수주대토(守株待兎, 나무 밑에서 토끼를 기다림)다. 수주대토는 중국 송나라 시대 어리석은 농부의 이야기에서 유래한 고사이지만 토지 투자에는 딱 들어맞는다. 물론 고사와 같이 노력도 않고 요행을 바라라는 말은 아니다. 땅을 사기 위한 노력, 팔지 않으려는 인내, 매도타임을 맞추는 일

등은 100%의 노력이 들어가는 일이다. 땅은 어느 정도 운과 선구안이 있어야 한다고 하지만 굳이 없어도 된다. 땅은 기다림의 미학이다.

땅을 매도할 때는 부동산에 내놓아야 해당지역 토지 부동산의 움직임을 알 수 있다. 아무 소식이 없으면 팔 타이밍이 아닌 것이다. 그런데 연락이 없다가 부동산 중개업소에서 연락이 오면 해당 지역 개발 계획을 점검해 보아야 한다. 부동산을 제치고 자신이 직접 시세 조사를 할 필요가 있다. 그리고 부동산에서 연락이 오는 초기에는 절대 팔지 말아야 한다.

금맥은 정치공약 속에 흐른다

모든 공약은 요물(妖物)이라는 말이 있다. 선거 때마다 나오는 공약 이야기다. 선거만 되면 지역개발 공약이 난무하다시피 한다. 대선은 물론, 총선, 지방선거 등에서 예비 출마자부터 개발 공약을 내세우고 있기 때문이다.

공약은 진정한 국민 복지를 위한 것이 아니다. '표'를 얻기 위한 방편이자 궁극적 목적인 당선을 위한 약속이다. 공약(公約) 아닌 공약(空約)이 나오는 이유다. 공약은 선거에 나오는 누구나 입 하나로 남발할 수 있고, 실현되면 좋고 안 돼도 추궁하는 이가 사실상 없다. 하지만 아무리 공약이 요물이라고 해도 사회 전반에 미치는 파장은 예상보다 크다. 공약 하나하나가 기업과 시장, 가계에 영향을 미치기 때문이다. 특히 길을 뚫는 것, 공장을 유치하는 것 등 지역 개발 공약은 부동산 시장에 직접적인 여파로 다가온다. 그래서 부동산 투자자들은 공약 속에 금맥이 있다고 한다. 선거 전후에 홍수처럼 쏟아지는 '공약'을 단순히 흘려듣지 말고 꼼꼼히 분석해 보면 돈줄이 흐를 맥이 보인다는 것이다. 말 그대로 숨은 그림(재테크)을 찾을 수 있다.

부동산 투자자 입장에서 공약의 이행은 별개의 문제다. 투자를 위해 활용하는 것이기 때문이다. 공약이 지역 주민들의 입줄에 오르내리면 이행 가능 여부를 떠나 부동산 시장에 직접적인 영향을 미칠 수밖에 없다.

공약을 재테크와 연계하기 위해서는 판별 능력이 중요하다. 황당한 공약인지, 포퓰리즘 공약인지, 단계적으로 시행 가능한 공약인지 판단해야 한다. 평창동계올림픽 주변, 제2경부고속도로의 나들목 부근, 세종시, 경기 하남과 광주, 평택항 배후, 혁신도시 등에서 우리는 부동산 가격의 폭등을 생생히 보아왔다. 다만 '과연 공약이 실현될까' 하는 의문 부호를 붙이기 전에 장단기적으로 시장에 미치는 영향을 분석해야 한다.

부동산 투자자라면 공약 속에 숨은 재테크 기회를 찾아내 실천에 옮겨야 한다. 선거에 따른 착공식과 개발 공약의 가시화 등이 아파트와 땅값 상승에 결정적 역할을 할 수 있기 때문이다.

신도시, 첫 투자에 금맥 있다

　서울 등 수도권에 대규모 주택단지 등을 포함한 신도시를 지을 만한 토지가 있을까? 굳이 꼽으라면 서울과 인접한 경기 광명과 시흥시 경계를 중심으로 한 땅, 하남과 광주시를 경계로 한 땅, 인천 검단신도시가 있다. 세 군데 모두 이미 입주한 주변 경쟁도시보다 서울 접근성과 입지가 뛰어나다는 장점을 지니고 있다.

　당장 미니신도시 개발 가능성을 꼽는다면 광명과 시흥경계 지역이다. 분양 가능성과 경제성이 다른 후보지를 압도하기 때문이다. 다만 이 지역은 땅값 등이 너무 오른 상태여서 아파트 분양가격이 예상보다 높을 수 있다. 수도권 대형 신도시라면 인천 검단 일대를 눈여겨 볼 필요가 있다. 검단신도시는 여러 가지 우여곡절을 거치면서 아직 택지조차 첫 분양을 하지 못한 상태이지만 3~4년 안에 본격적인 개발 가능성이 크다. 검단신도시는 무산되긴 했지만 4차 산업혁명과 접목, 세계 유례없는 첨단 디지털 신도시로 개발될 가능성이 높은 곳이다. 이는 2018년 지방선거가 끝나면 가시화될 가능성이 크다. 이밖에 10여 년 전부터 개발에 들어간 광주시와 이천시에서도 신도시가 나올 수 있을 것이다.

　신도시 투자는 역시 선공이다. 선제 공격적인 투자가 최대한의 이익을 담보한다. 서울과 인접한 곳에 정부가 개발하는 신도시라면 무조건 첫 투자해도 된다는 뜻이다. 그것은 그동안 신도시 개발이 증명한 사안이다.

의직주(醫職住) 부동산이 금맥이다

2006년 우리나라 전체 인구의 14.4%에 불과했던 1인 가구는 2016년 27.2%로 급증했다. 이들 1인 가구 중에서 노년층이 차지하는 비율은 42%나 된다.

인구 고령화와 감소 시대에는 병원이 먼저다. 나이가 들수록 병원 가까이에 살아야 한다는 뜻이다. 그동안 부동산 주요 상승지역 트렌드가 '직주근접(職住近接)'이었다면 이제는 병원과 직장, 주거를 하나로 묶은 '의직주(醫職住)' 복합단지 모델이 대세로 자리 잡을 것이다.

그동안 우리나라 도시는 도심 한복판에 병원이 있는 형태였다. 도심에 많은 시민이 살고 있었기 때문이다. 삼성강북병원, 서울대병원, 백병원 등이 아직도 남아 있다. 하지만 인구 고령화 시대는 다르다. 도심에 노인들이 살 이유가 없다. 주택가격이 높아지면서 주거비가 예상보다 많이 들어가기 때문이다. 고령인구가 외곽이나 농촌형도시로 자발적으로 나올 수밖에 없다. 절대 밀려나는 것이 아니다. 이미 일부 병원은 도시 외곽으로 나와 넓은 땅을 차지하고 있다.

한국의 도시형은 다르다. 고령화가 심화된다고 해도 도심 속에 '의직주' 미니신도시가 등장할 가능성은 매우 낮다. 직장이 없는 이들이 살기에는 총주거비가 너무 많이 들기 때문이다. 그렇다고 도심에 '의와 주(醫住)'만 있어서도 지속가능한 주거단지가 될 수 없다. 결국 한국의 도심은 '공동화(空洞化)' 아닌 현상을 유지하는 '정체(停滯)도시'(인구가 크게 줄지 않으면서 현재를 유지하는 도시)가 될 가능성이 높다.

의직주 부동산은 농촌형 도시 혹은 도시형 농촌 주변에 자리 잡을 것이다. 의료 복지시설과 주거, 직장이 있는 의직주 미니도시가 들어서기에 가장 적당하기 때문이다. 이곳에는 정년퇴직한 이들이 살기에도 안성맞춤이다.

우리나라는 고도성장기를 지났다. 하지만 1인당 국민소득은 이제 겨우 3만 달러를 넘나들고 있다. 3만 달러 시대는 사회보장 제도를 완벽하게 구축할 수 없다. 이는 대물림 재산이 많거나 재테크에 성공한 이들을 제외하면 풍요로운 노후를 보낼 수 없다는 뜻이다. 여행을 다니며 최대한 여유 있게 노후생활을 보내기 위해서는 정년퇴직 이후에도 직장을 다녀야 한다. 그렇지 않으면 총주거비를 최소화해야 한다. 이는 총주거비가 많이 든 도시의 삶은 팍팍할 수밖에 없다는 것을 의미한다. 농촌형 도시 혹은 도시형 농촌에 의직주 미니도시가 대안인 것이다.

일본에서 고령화 초입기 의직주 미니도시를 먼저 실천한 이도 있다. 일본 지방행정의 대가 이와쿠니 데쓴도(岩國哲人)다. 도쿄대 법대 출신으로 미국 모건 스탠리·메릴린치 부사장까지 한 인물이다. 이와쿠니가 잘나가던 메릴린치 부사장을 그만두고 인구 10만 명인 고향 시마네현 이즈모 시장직을 선택한 것은 1989년이다. 고향사람들의 간곡한 추대에 의해 수십억 원의 연봉을 포기하고 '자의반 타의반' 고향의 시장에 취임했다. 그는 1996년까지 재임하면서 고향을 자체적인 일자리 창출은 물론 의료와 건강 인프라를 갖춘 도시형 농촌으로 탈바꿈시켰다.

앞으로 우리나라에서 의직주 부동산은 떠오를 가능성이 크다. 보육시설만 갖추면 3대가 거주할 수도 있기 때문이다. 값싸고 질 좋은 주거, 교육, 의료, 일자리가 가능한 의직주 부동산에 주목해야 한다.

물류시설에 투자의 미래가 있다

지속적으로 성장하는 도시는 반드시 크고 작은 물류센터를 필요로 한다. 물류거점의 창고가 필요한 이유는 간단하다. 인터넷 쇼핑 판매 비율이 전체 소매 시장 매출에서 기하급수적으로 늘어나기 때문이다.

2016년 10월 영국에 영업 기반을 둔 자산운용사 M&G인베스트의 마틴 타운스 부동산부문 금융대표는 내한하여 "소셜커머스 등 인터넷 비즈니스와 관련 있는 런던 근교의 물류창고 가치는 떨어질 줄 모른다"고 말했다. 회사가 2013년 4,850만 파운드(약 670억 원)로 사들인 런던 근교 아이언마운틴 물류창고는 임차인이 꽉 들어차 6,130만 파운드(약 846억 원)로 평가받고 있다는 것이다

교직원공제회는 인천 남구 도화동 GS물류창고에 500억 원을 투자하기로 했다. GS리테일은 지난 5월 인천도시공사가 공급하

는 물류유통시설 1개 필지(1만 3,895m^2)를 199억 원에 매입했고 100% 임차할 예정이다. 공제회에서 200억 원을 자기자본(에쿼티)으로 투자하고 나머지 300억 원은 창고 신축에 들어가는 대출로 확보할 계획이며, 예상 목표수익률(IRR)은 연 8%다.

  소방공제회도 충북 천안 물류창고를 320억 원에 인수했다. 경부선 북천안 나들목 인근의 연면적 3만m^2의 물류창고로 롯데 로지스틱스가 장기임차한다. 연 수익률은 13% 정도로 높을 것으로 예상된다.

  물류창고 투자에 가장 적극적인 곳은 행정공제회다. 이미 투자한 국내 물류창고만 7곳이며 일본과 유럽 등 해외에도 투자했다. 2017년 초 에이디에프자산운용과 손잡고 태은물류가 '세일앤리스백(매각 후 재임대)'으로 내놓은 연면적 3만 9,336m^2 여주 물류센터를 약 450억 원에 인수했다. 지식산업센터나 산업단지 등도 틈새 투자처로 각광받고 있다. 군인공제회는 완주테크노밸리 제2산업단지 조성사업에 400억 원을 투자했다. 교직원공제회는 성수동 지식산업센터 PF에 500억 원을 투자할 계획이다

  하지만 물류센터는 단순 보관, 가공, 포장 등이 가능해야 가치가 높다. 부지가 넓어야 수익률도 높다는 뜻이다. 물류업계에서는 3만 3,000m^2(약 1만 평) 이상의 대형 물류센터가 효용성이 높다고 평가한다. 물류센터를 지을 때 화주(화물을 맡길 사람이나 회사)를 미리 유치하는 것도 중요하다. 좋은 지역에 물류시설을 지어놓고 화주가 없으면 가치는 오르지 않는다.

자투리땅이 황금광 된다

2017년 7월 유엔사 부지(5만 1,000여m^2)가 비싼 값에 팔리자 갑자기 주변 자투리땅 값이 급등했다. 인근 33m^2(10평)짜리 자투리땅이 3.3m^2당 1억 원을 호가한 것이다. 자투리땅이란 한 필지로 된 땅으로 통산 최소 33m^2 단위에서 495m^2에 이르는 협소한 땅을 말한다.

언제부터인가 서울시와 주변도시에서는 자투리땅 찾기가 유행이다. 전세를 살거나 아파트를 사서 들어가는 것보다 작은 땅을 사서 집을 지어 들어가는 사람들이 늘어난 것이다. 몇 년 전 미디어에 한창 소개됐던 '땅콩주택'(한 개의 필지에 두 개의 집)도 자투리땅 활용 사례다. 하지만 서울과 주변도시 자투리땅은 거의 남아있지 않다. 이미 '자투리땅 유행'이 휩쓸고 지나갔기 때문이다. 이에 따라 토지에 관심 있는 투자자라면 시골 자투리땅을 눈여겨 볼 필요가 있다. 흔히 도로나 철도, 공장 등의 개발사업을 한 후에 남아 있는 땅이다. 주로 수용됐다가 나온 잔여지(殘餘地, 혹은 殘地)라고 한다. 잔여지는 잘만 매수하면 황금단지로 변할 수 있다.

잔여지 매입방법은 다양하다. 국유재산으로 매입된 잔여지의 경우 잡종재산으로 된 경우에만 매입할 수 있고 임대(대부)도 가능하다. 잔여지를 매입한 후에는 관계 관청의 건축허가를 받아 건축물을 지을 수 있다. 건축 허가를 안 내주거나 제한할 경우 가건물을 지어서 이용할 수 있다. 또 도로와 연결되어 있으면 광고판

구조물을 유치할 수도 있다.

  다만 시골 자투리땅을 살 때는 주의해야 한다. 경매, 공매, 농가 주택 직거래 등으로 하자가 없다는 것을 전제로 샀어도 길이 없는 경우가 많기 때문이다. 이른바 현황 도로는 있어도 맹지인 경우다. 이런 경우 도로를 낼 땅을 비싼 값에 울며 겨자 먹기로 사는 경우도 있다. 시골 땅을 살 때는 또 겨울 새벽녘, 비오는 날, 노을이 질 때 등을 보아야 한다. 시골 땅은 변수가 많으니 측량은 필수다.

오지(奧地) 여행지를 주목하라

  지구온난화는 미래를 더 불확실성의 세계로 내몰고 있다. 5년 후면 몰라도 10년 후 세계 각국과 글로벌 시장이 어떻게 요동칠지 알 수 없는 것이다. 지금도 조짐이 보이는 농산물 파동이 곡물 전쟁으로 번질지, 악성바이러스가 창궐할지 누구도 예견하지 못한다. 이는 부자들에게 미래를 사는 법을 터득하게 한다.

  부자들은 미래에 대해 수익과 리스크 헤지(hedge)를 동시에 하는 평범한 진리를 따른다고 한다. 투자의 수익성을 추구하는 것만큼 리스크를 피하는 법 역시 염두에 둔다는 것이다.

  20세기 까지만 해도 오지(奧地)는 환영받지 못한 땅이었다. 탐험가나 여행가들에게나 각광받을 뿐이었다. 하지만 세계화가 급격히 진행되고, 정보통신 기술의 발전은 오지를 미래의 약속의 땅으로 변화시키고 있다.

여기서 우리는 지방 오지의 땅을 주목해야 한다. 도로의 발달과 첨단 통신환경의 발전이 오지를 도시인의 곁으로 불쑥 다가오게 했기 때문이다. 당연히 오지는 부동산 시장의 틈새 투자처로 떠오르고 있다. 귀농귀촌, 산촌경영 등 젊은 층의 새로운 삶 지향도 오지의 부동산 가치를 일깨우고 있다.

오지는 또 땅값이 비싸지도 않고 거품이 끼어 있지도 않다. 그것이 오지 투자의 매력이다. 한국에서 오지는 언젠가는 교통이 뚫린다. 오지 여행자가 갈수록 늘고, 국민소득이 오를수록 좀 더 편안히 쉴 곳을 찾는 이들이 늘기 때문이다. 인구에 비해 휴양시설이 부족한 현실도 오지를 '오지 아닌 곳'으로 만들 것이다. 대진고속도로(대전~진주)가 뚫리면서 전북 장수, 진안, 무주, 경남 산청 함양 등이 천지개벽하며 땅값이 급등한 전례도 있다.

오지 투자는 고향 등 연고지가 안전하다. 늘 가본 곳이거나 지리적 속내를 어느 정도 알고 있기 때문이다. 매도자나 중개업자도 안면이 있는 경우가 많기 때문에 속을 염려가 적다는 점도 유리하다.

일반 부동산 투자자 입장에서는 오지 여행지를 유심히 볼 필요가 있다. 직접 가보지 않아도 미디어에 오지 여행지가 항상 소개된다. 발 빠른 투자자들은 신문에 오지 여행지가 소개되면 바로 다음날 현장답사에 나선다고 한다. 한국에서 오지 여행지가 황금단지가 된 사례는 비일비재하다.

일자리(공장)보다 놀자리(리조트) 부동산을 선점하라

4차 산업혁명 시대에는 단순 일자리가 있는 지역의 부동산은 뜨지 않는다. 문자 그대로 일자리(직장)와 놀자리(관광), 잠자리(숙박시설)가 융복합된 부동산 상품이 인기를 얻을 것이다. 그동안 도시 부동산은 일자리와 잠자리, 즉 직주근접 부동산이 가격도 높고 대세를 이뤘지만 4차 산업혁명 시대는 이들 3가지가 결합된 부동산이 각광받을 수밖에 없다.

앞으로 부동산 시장이 갈 방향은 스토리텔링 부동산이다. 당연히 문화관광산업 육성이 부동산 시장의 대형 호재로 등장할 것이다. 문화시설 입지나 관광개발지역 부동산을 주시해야 한다. 그동안 부동산 가격 상승의 일등공신은 교통 호재와 대형개발사업이었다. 하지만 이제는 융복합 관광산업 육성이 자리 잡고 있다. '한류관광', '자연 생태 관광', '마이스'(MICE, 국제회의 · 포상관광 · 컨벤션 · 전시), '의료관광', '크루즈' 등 고부가가치 융복합 관광산업이 모두 해당된다. 문제는 이들 문화관광산업이 대규모의 공간을 필요로 한다는 점이다. 공간이 없는 포화상태의 도시를 벗어날 수밖에 없다.

2030년 세계관광객 수 18억 명(세계관광기구, UNWTO) 시대는 머무르며 체험하는 여행이 된다. 이것은 부동산 투자자에게 기회이다. 건강하게 즐기며 치유(힐링)하는 관광시대를 부동산 시장과 연관시키면 더 나은 기대이익을 누릴 수 있기 때문이다. 이는 앞으로 주택시장보다는 문화관광에서 부동산 투자의 포인트를 찾아야 한다는 것을 의미한다.

문재인 정부는 취임 초 혁신도시·산업단지·새만금 등 지역 성장거점을 중심으로 클러스터 활성화를 통해 지방경제를 살린다는 목표를 세웠다. 특히 테마도시 지원에 적극 나서기로 했다. 테마도시는 우선 평창이 2018 평창올림픽으로 최대 수혜를 입었다. 주변 땅값은 이미 오를 대로 올라 단기적으로 시세차익을 보기 쉽지 않은 곳으로 변했다. 하지만 테마가 있는 다른 지역은 다르다. 우선 원주는 건강산업도시로 성장할 가능성이 높다. 의료특화도시인 원주기업도시와 함께 원주시 부론면 부론산업단지가 '디지털 헬스케어 국가산업단지'로 지정될 것으로 보인다. 이는 원주가 국내 최대의 의료산업 클러스터가 된다는 것을 의미한다.

춘천시는 이미 수도권 도시가 됐다. 이곳에는 레고랜드 테마파크, 소양호 수열에너지를 활용한 데이터센터 등이 들어선다. 광주광역시는 광산업과 미래자동차 산업도시로 육성된다. 예술·기술 융합센터를 조성해 4차 산업혁명 플랫폼을 광주에 구축할 가능성도 높다. 전북 전주시는 자발적인 영화산업도시로 성장하고 있다. 2008년 4월 전북 전주시 상림동에 문을 연 전주영화촬영소는 '영화의 전당'으로 꼽히고 있을 정도다. 무주는 태권도를 테마로 다양한 레저휴양 지역으로 발돋움하고 있다. 이밖에 순천은 정원도시, 고흥은 우주도시를 테마로 하고 있다.

4도3촌(4都3村), 귀농귀촌 제약을 넘어서라

세계적인 상품투자가 짐 로저스는 2017년 3월 개인 블로그에서 농업분야 투자를 강조했다. 그는 2014년 한국을 방문, 서울대에서 한 강연에서 "젊어진다면 농부가 되고 싶다"며 미래에는 당연히 농업에 투자해야 한다고 말했다. 또한 "지난 30년간 농민들은 힘들었다. 하지만 앞으로는 농민이 가장 각광받는 직업인이 될 것이다"라고 말했다. 짐 로저스는 주로 원자재에 투자해 천문학적인 수익을 올린 것으로 유명하다.

짐 로저스의 얘기가 아니더라도 미래는 1차 산업이 주도할 가능성이 높아지고 있다. 정보통신기술 발달과 인공지능, 가상현실 등이 모두 1차 산업과 연계, 비약적인 발전을 할 가능성이 높기 때문이다.

일반 직장인 입장에서는 전원생활을 쉽게 꿈꿀 수 없다. 직장인들 상당수는 도심의 아파트보다 수도권 외곽 단독주택에 살겠다고 말하지만 실제 현실로 옮긴이는 찾기가 쉽지 않다. 얽히고설킨 직장과 자녀교육 등 가족이라는 일상을 탈출하기가 어렵기 때문이다. 하지만 베이비붐 세대의 은퇴가 시작된 2010년부터 '5도2촌(5都2村)'을 넘어 '4도3촌(4都3村)'을 실천하는 도시인들이 눈에 많이 띄고 있다. 베이비붐 세대의 실험에 자극받은 40대의 4도3촌 실천도 나오고 있다.

이들이 5도2촌이나 4도3촌을 실천하는 것은 단순히 반도반촌

(半都半村) 생활을 하겠다는 것도 있지만 노후대비 측면이 더 강하다. 퇴직 후 연금이 나오지 않는 시기에 취업을 못하면 그동안 벌어놓은 돈을 고스란히 까먹을 수밖에 없기 때문에 텃밭 등을 통해 최소한의 먹거리라도 확보하겠다는 것이다. 여기에 퇴직 후 귀농귀촌에 대비하면서 지가상승 등도 기대하는 것이다.

일반화되는 이도향촌(離都向村)

우리나라는 그동안 모든 것이 도시 집중이었다. 그중에서도 특히 부동산은 도시 집중이 심했다. 모든 이들의 부동산 투자 자체가 토지와 주택에 집중, 농촌과 농촌 부동산은 철저히 소외됐다. 급격한 이촌향도를 겪은 농촌은 도시근교권이 아니면 젊은이가 없는 노인의 나라로 변했다. 그래서 농촌은 기껏해야 도시민이 도와주는 대상으로 여겨졌다.

전국에 산재한 자연마을은 해마다 줄어 1960년대 3만 3,000여 개의 리(里)와 동(洞)에 9만 개가 넘던 자연마을이 2017년 4만 6,000여 개로 감소했다. 이렇게 감소한 농촌이 다시 각광받기 시작한 것은 2000년대 들어 귀농인구의 급격한 증가가 시초다. 귀농귀촌은 먼 미래에 이도향촌(離都向村, 도시에서 농촌으로 가는 것)을 부를 수 있다. 2016년 한 해에만 5만여 명에 달하는 도시 거주자가 농촌과 산촌, 어촌으로 떠났다. 귀농귀촌이 포화상태로 치닫고 있는 것이다.

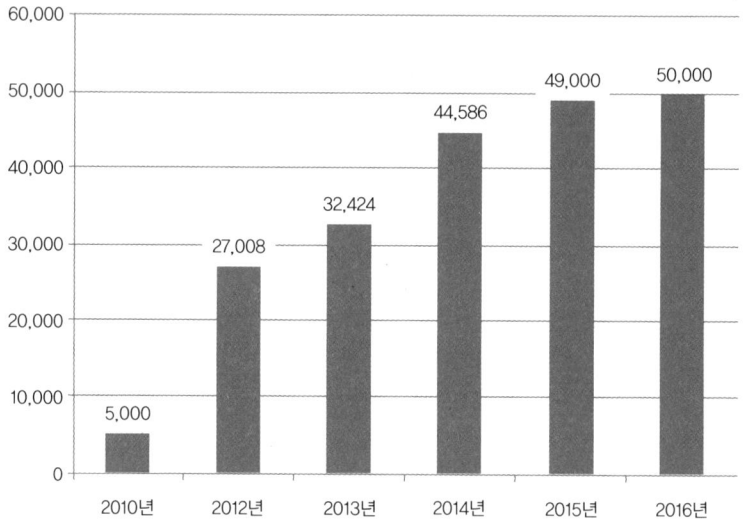

이미 시작된 탈도시화는 앞으로 더 많은 도시민을 농산어촌으로 향하게 만들 것이다. 10년 후에는 사람들이 도시보다 소규모 농촌지역을 선호할 가능성이 크다. 정보통신기술의 발전과 4차 산업혁명은 굳이 도심 거주를 필요로 하지 않기 때문이다.

현재도 프리랜서 직업의 노동자와 가족들은 도심에 거주하지 않는다. 대도시를 떠난 인구가 뜸한 농촌에서 여유로운 삶을 원하기 때문이다. 넓은 집과 텃밭, 더 나아가 농장을 운영할 수 있다. 거주자 스스로 유전자 조작이 없는 100% 안전한 식품을 직접 재배하거나 이웃집에서 싼값에 구하는 농촌에 사는 것이다.

이는 무엇을 의미하는가. 농촌의 비약적인 발전을 뜻한다. 농촌형 도시, 즉 어반시티나 에코-스마트도시로 성장한다는 것을 말해준다. 어반시티가 농촌이 더 강한 도시라면 에코-스마트시티는 도시가 강한 형태다.

이들 도시가 미래 주거 도시의 정답이 될 가능성이 높다. 그린 어메니티(녹색향토자원 개발을 통한 농촌혁신)가 이뤄진 첨단농촌도시다. 순수 농촌의 농촌형 도시발전은 주거문화의 혁명이 되고, 부동산 입장에서는 지가의 엄청난 상승을 가져올 수밖에 없다. 실제 최근 10년간 비약적인 발전과 인구 유입을 이룬 경기 화성시는 이미 에코-스마트도시로 성장할 것을 선언하기도 했다.

부동산 시장과 투자자 입장에서 보면 농지나 임야 투자는 아직 늦지 않았다. 마땅한 귀촌지역의 경우 땅값이 이미 치솟았지만 아직도 귀촌과 농지 투자의 꿈을 이룰 기회의 땅은 많이 남아 있다.

산촌 시대도 도래한다. 산림청은 '산촌 비즈니스로 돈 벌기', '힐링하면서 숲에서 살기'를 내걸고 귀산을 권장한다. 어촌은 더 많은 이들이 귀어를 희망하지만 진입 장벽이 의외로 높다. 그러나 2016년 한 해 동안 어촌계의 진입 장벽 등에도 불구, 전국에 929가구 1,338명이 귀어했다. 앞서 2015년에는 991가구 1,446명이 어촌에 정착했다.

농산어촌으로 향하는 인구 증가는 부동산 트렌드의 조용한 변화를 가져올 수밖에 없다. 도시 부동산에서 농산어촌 부동산 투자로 변화하는 것이다.

04 부자로 가는 추월차선은 토지에 있다

세계 어느 나라보다 부동산을 좋아하는 민족이 한국인이다. 장차 중국인의 부동산 소유욕이 한국을 앞지를 수 있겠지만 아직은 한국인만큼 부동산을 좋아하는 민족이 없다.

한국인의 부동산 선호에는 다른 이유가 없다. 부동산이 부자로 가는 추월차선을 탈 수 있도록 해주기 때문이다. 더불어 자녀에게 혹은 친지에게 부를 대물림하기 가장 좋은 방법이 부동산이기에 그렇다. 오죽하면 '부동산 공화국'이라는 말이 나온 지 50여 년이 넘었지만 아직도 '부동산 불패'가 통용되고 있겠는가. 한국에서 부자로 가는 첫 번째 추월차선은 땅, 부동산이다. 이는 지난 50여 년간의 땅값 상승에서 잘 알 수 있다.

경제정의실천시민연합(경실련)이 2017년 3월 발표한 자료에 따르면 우리나라 땅값(한국은행 발표)은 정부 소유와 민간 소유를 모두 포함해 2015년 기준 6,575조 원으로 1964년 2조 원에 비해 3,460배 상승했다. 정부소유 땅을 제외하면 4,830조 원으로 1964년 1조 7,000억 원에 비해 2,840배 올랐다. 서울 땅값은 1964년 이후 50년간 1만 배 상승해, 수도권 상승치보다 13배, 지방 상승치보다 119배 더 올랐다.

부동산 추월차선을 타기 위한 재료는 저평가 토지에서 찾아야 한다. 2015년 기준 3.3m^2당 가격은 서울 1,100만 원, 수도권 125만 원, 지방은 9만 5,000원이다. 이 세 지역에 투자한 후 10년 후 가격을 비교하면 정답이 나온다.

토지 투자의 이상과 현실

부자로 가는 추월차선은 누구에게나 놓여 있다. 앞서 간 사람들이 가지 않았던 길도 아니다. 누군가가 계속 가는 길이다. 그것을 타느냐 안 타느냐의 시작은 내픕의 실천에 달려 있다.

부동산 투자자에게 있어 땅을 사는 최종 목적은 시세차익이다. 공기관이나 기업은 더 많은 부가가치 창출을 위해 땅을 사지만 일반 투자자는 차익이 최우선이다. 문제는 시세차익을 얻을 수 있는 시간이다. 1~4년이냐, 5년 이상이냐, 아니면 10년 이상 이내로 땅을 사는 목적을 달리해야 한다. 당장의 이익실현을 위해서는 개발용지를 사야 하고, 중기적 이익을 기대한다면 개발계획 용지를 사야 한다. 장기적인 이익을 위해서는 아무도 관심을 가지지 않은 땅을 사야 한다.

그렇다면 실제적인 땅 투자를 위해서는 무엇부터 해야 할까. 가장 먼저 살 곳을 점찍고, 용도지역을 파악해야 한다. 용도지역이란 앞으로 땅의 쓰임새다. 단기적으로 1차 산업(농림축산업) 토지인가, 2차 산업용 토지인가를 판별해야 한다.

땅 투자로 5년을 전후하여 시세차익을 남긴다고 생각하면 개발계획이 서 있는 곳에 투자해야 한다. 서해안의 경기도 권역이 그런 곳이다. 경기도는 개발계획이 대부분 확정돼 있다. 유니버설스튜디오 건립이 무산되긴 했지만 송산그린시티와 시화호 주변은 아직도 저평가된 곳으로 볼 수 있다. 사통팔달의 교통 요충지 서평택 IC부근, 평택시 대부분도 미래 한국 성장의 축이 될 가능성이 높다.

10년을 내다본 땅 투자라면 당연히 아산만을 넘어야 한다. 적은 돈으로 넓은 면적의 땅을 살 수 있기 때문이다. 서산, 당진, 태안, 보령, 예산, 청양 등이 여기에 해당한다.

토지를 선점하라

우리나라는 총인구의 1%인 상위 50만 명이 전체 개인 소유 토지의 57%(면적 기준) 내외를 소유하고 있다. 여기에 기업들이 소유한 부동산을 포함하면 천문학적인 땅을 상위 1%와 기업들이 갖고 있다. 이 같은 비율은 세월이 지나도 크게 변하지 않는다. 기업과 상위 1% 부자들이 한국 토지에서 절대 면적을 소유하고 있다는 것은 토지 소유가 궁극적인 재산증식의 지름길이자 권력이라는 인식 때문이다.

토지기업연구소가 2017년 5월에 낸 〈재벌개혁과 부동산 개혁〉 자료에 따르면 한국 상위 10대 기업은 한국기업 전체 소유부동산의 34.6%를 차지하고 있다. 이들 기업의 부동산 불로소득(추산치)은 2008년 65조 6,000억 원이었으나 2015년 113조 5,000억 원으로 늘어난다.

우리나라가 다른 나라와 달리 토지 편중이 심한 것은 무엇 때문일까. 토지공개념이 정립되지 않은데다 토지 소유에 따른 불로소득이 발생해도 적정한 세금을 부과하지 않은 데 이유가 있다. 토

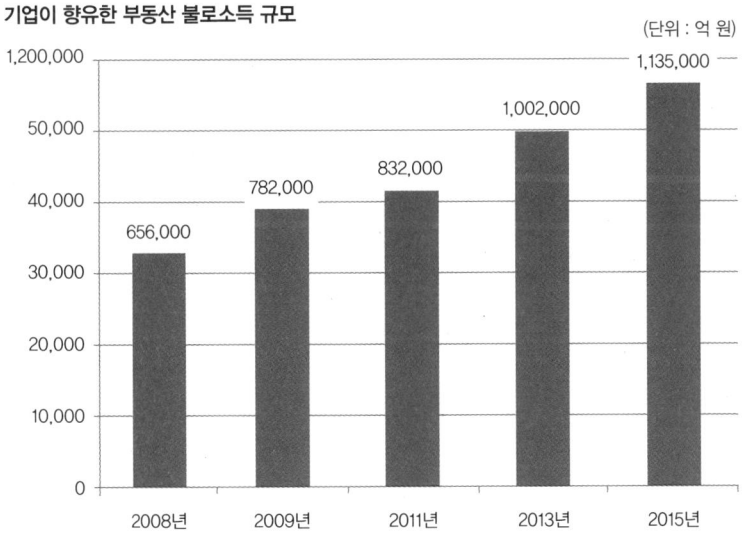

기업이 향유한 부동산 불로소득 규모

자료 : 토지기업연구소

지를 이용하지 않아도 해마다 급등하는 땅값으로 생기는 불로소득은 확실한 권력을 담보한다. 이들은 불로소득이 생기면 토지·주택 등 부동산을 다시 매입, 또 다른 불로소득을 얻는다. 때문에 대한민국에서 재테크를 하기 위해서는 상위 1%의 투자 행태를 따라가거나 먼저 갈 필요가 있다. 한발 앞서 선점투자를 하라는 것이다. 물론 선점을 위한 종잣돈을 먼저 마련하는 일이 중요하다.

우리나라 부동산 시장의 변하지 않은 진실, '강남불패'의 신화도 정보를 먼저 입수한 이들의 토지 선점에서 시작됐다.

1970년대부터 시작된 강남공화국, 아니 강남 부동산공화국은 군사정권인 5공화국과 6공화국, 문민정부, 참여정부, 이명박 정부 등을 거치면서 더욱 공고화됐다. 돈과 권력을 가진 이들이 정부 정책을 지배하면서 서울 강남 중심의 정책(인프라)이 뿌리내렸기 때문이다. 강남공화국은 1980년대를 거치면서 투기꾼, 복부인의 나라 등 비판도 많이 받았지만 여전히 건재하고 앞으로도 '남북통일'이라는 획기적인 전환의 기회가 오지 않는 이상 그 권력이 이어질 수밖에 없다.

강남공화국은 부동산으로 세워진 금자탑이고, 상위 2% 부자들의 나라다. 그들만의 세계가 구축된 것은 시대의 조류를 따라간 것이 아니라 개발 정보를 먼저 빼내 토지를 선점했기 때문이다. 그래서 누누이 강조하지만 부동산 투자는 트렌드보다 선점이 중요하다. 우리나라 부동산 개발 역사가 이를 증명해왔다. 개발정보는 언제나 먼저 유출됐다.

국내 황금지대가 된 모든 지역을 보아도 부동산은 선점 효과가 절대적이다. 부동산은 주식과 근본적으로 다르다. 개발 정보를 얻어 부동산 대박을 이룬 기업이나 벼락부자들의 태반이 부동산 선점으로 부를 일궜다고 해도 과언이 아니다.

주식은 선점해도 망하는 경우가 많지만 부동산은 소유하는 한 언젠가는 보답한다. 부동산 투자의 제1원칙은 선점이다.

토지 투자의 중심, 농지

국토교통부 〈2017 지적통계연보〉에 따르면 우리나라 국토면적은 10만 339km^2다. 이중 산림이 64%, 농경지가 18%가량 차지한다. 아직도 농경지가 국토에서 상당부분을 차지하고 있는 것이다. 다만 농경지는 해마다 감소하고 있다. 2007년 말 대비 지난 10년 동안 농경지(전, 답, 과수원, 목장용지) 및 녹지(임야, 공원)는 각각 867.1km^2(4%), 577.5km^2(1%) 감소했다. 농경지 180만 470ha 중 농업진흥구역(논)은 76만 8,000ha(67%)이며 농업진흥구역 외 농경지는 37만 8,000ha다. 밭은 71만 6,466ha 중 39만 7,000ha가 농업진흥구역이고, 33만 3,000ha는 농업진흥구역에 포함되지 않았다.

부동산 산업에서 농지는 유감스럽지만 투자 대상이다. 저가에 매수해 비싸게 팔 수 있는 부동산 상품인 것이다. 이런 의미에서 농지는 새로운 투자 전성시대로 진입하고 있다. 양곡값(양특적자(糧特赤字), 양곡관리특별회계적자) 문제와 맞물리면서 정부가 농지투자 규제를 풀고 있는 상황이다.

2016년 9월 토지 투자에 관심이 있는 이들에게 의미심장한 논의가 있었다. 당시 정부와 새누리당의 당·정·청 고위급회의에서 농업진흥지역을 부분 해제하는 방안을 검토한 것이다. 이것은 그동안 물밑에 있는 농지도 개발지역으로 전환할 수 있다는 것을 공개적으로 천명한 것이었다.

농업진흥지역은 농지의 효율적 이용과 보전을 위해 농지법에 의해 우량농지로 지정한 지역을 말한다. 전국의 농업진흥지역은 전체 농지 면적 169만 8,000ha의 절반가량인 82만ha에 이른다. 농업진흥지역 부분 해제는 그동안 필요에 의해 진행돼 왔지만 이제 농정의 주요 이슈가 되고 있는 쌀값 폭락 문제와 직결되면서 근본적인 검토에 들어간 것이었다. 농업진흥지역 해제는 '농자천하지대본'의 나라에서 주식인 쌀 정책이 한계 상황에 왔다는 것을 의미한다.

농업진흥지역은 농업 관련 시설과 농업인 주택, 농산물 가공시설 등만 지을 수 있는 등 건축행위가 극히 제한적이다. 하지만 해제될 경우 공장과 물류시설은 당연히 지을 수 있고, 교육·의료시설도 건축할 수 있다.

특정지역이 농업진흥지역에서 풀릴 경우 해제와 동시에 가격이 오르기 시작, 장차 금싸라기 땅으로 변할 수 있다. 특히 농업진흥지역이었던 땅이 해제돼 다양한 건축이 가능한 땅으로 바뀔 경우 주변 지역의 밭이나 임야의 가격도 덩달아 오를 수밖에 없다.

이는 곧 농지가격과 임차료 상승 등의 부작용은 물론 비농업인의 농지 투기 바람을 몰고 올 수도 있다는 뜻이다. 다만 토지 투자자에게는 새로운 기회의 장이 열리는 것이다.

농업진흥구역, 농지 투자의 블루칩 될까

농지 투자의 핵심은 농업진흥지역이다. 가장 싸게 사서 수년 후 비싸게 팔 수 있는 여지가 있기 때문이다. 단 개발을 할 수 있는 용도전환이 가능한 땅이어야 한다.

농업진흥지역은 '농업진흥구역'과 '농업보호구역'으로 다시 나뉜다. 농업진흥구역은 상당한 규모의 농지가 집단화된 지역으로 장기적으로 농업에 이용하는 것이 필요한 지역이다. 농업보호구역은 농업진흥구역의 농업환경을 보호하는 데 필요한 지역으로 농업환경보호 목적에서만 토지를 이용할 수 있도록 하고 있다.

농업진흥구역은 1990년에 제정된 농어촌발전 특별조치법에 의해, 농지를 효율적으로 이용·보전하고 농업 생산성 향상을 도모하기 위해 지정됐다. 농특법은 상당한 규모의 농지가 집단화되어 농업목적으로 이용하는 것이 필요한 지역을 농업진흥구역으로 규정하고 있다.

농업진흥구역은 정부가 앞장서서 해제하고 있다. 전문가들의 말대로 통일을 대비해야 하고 한번 해제하면 돌릴 수 없는 것이 농업진흥구역 해제인 만큼 신중해야 하는데 그렇지 않다. 정부의 고민이 쌀값 안정에 있기 때문이다. 정부는 2016년 6월 발표한 하반기 경제정책 방향에서 연내 10만ha(약 3억 250만 평)의 농업진흥구역을 해제한다고 밝혔다.

농업진흥구역 투자는 신중해야 한다. 해제되지 않은 농업진흥구역의 용도변경 등은 엄격히 규제하고 있다. 개인의 불이익보다는 농지의 효율적 이용·관리, 농업 생산성의 향상, 농업 경쟁력 강화를 위한 우량 농지의 보전과 이를 위한 농업진흥구역의 행위 제한이라는 공익상의 필요를 훨씬 중대하게 보고 있기 때문이다. 농업진흥구역 해제를 기대한 투자 시에는 반드시 다음 각 항에 해당되는지를 살펴본 후 투자해야 한다.

- 도로, 철도 개설 등의 여건 변화로 인해 3ha(3만㎡, 9,075평) 이하로 남은 자투리 지역 중 해제 조건에 적합한 토지
- 주변의 개발 등의 사유로 3ha 이하로 단독으로 남은 농업진흥구역
- 도시지역(자연녹지) 내 경지정리가 되지 않은 농업진흥구역
- 농업진흥구역과 자연취락지구가 중복된 지역
- 농업진흥구역 지정 당시부터 현재까지 비농지인 토지 중 지목이 염전, 잡종지, 임야, 학교용지, 주차장, 주유소, 창고용지인 토지

이 사항에 따르면 농업진흥구역 주변이 개획관리지역이나 주거, 상업, 공업지역 등일지라도 남은 농업진흥구역이 총 3ha 이하여야 한다. 이들 구역과 연결된 농업진흥구역 농지라 하더라도

3ha를 초과하게 되면 해제 조건에 맞지 않는다.

　농업보호구역은 기대치만큼 농지가격이 싸지 않지만 농업진흥구역보다 리스크가 적다. 농업보호구역이란 농업진흥구역의 용수원 확보, 수질보전 등 농업환경보호를 위해 필요한 지역이다. 다만 농업진흥구역에 비해 훨씬 많은 건축행위가 허용된다. 부지의 면적이 2만m^2 미만인 관광농원사업시설, 부지의 면적이 3,000m^2 미만인 주말농원사업시설, 부지의 면적이 1,000m^2 미만인 단독주택·슈퍼마켓·의원·기원·휴게음식점·테니스장·금융업소·중개사무소·학원·사진관 등, 부지의 면적이 3,000m^2 미만인 변전소, 양수장 등을 건축할 수 있다.

　다만 다른 농지의 경우 가격이 워낙 올라 있어 실제 시세차익은 많지 않다는 게 농지 투자가들의 조언이다. 이에 따라 10년 이상의 기간을 투자해 대규모 시세 차익을 바란다면 농업진흥구역 투자도 대안이 될 수 있다. 그럼에도 농업진흥지역 투자는 꼼꼼한 검토와 장기적인 관점에서 진행해야 한다.

농지, 누구나 살 수 있지만 아무나 살 수는 없다

　농지의 중요성은 유엔농업기구(FAO)의 국제식량가격지수에서도 잘 드러난다. 2017년 7월 국제식량가격지수는 2002~2004년 평균값을 100으로 했을 경우 179.1로 1년 만에 10%나 올랐다. 글로벌 식량가격 상승세는 머지않아 농지의 중요성을 새롭게 일깨울 것이다.

한국에서 농지를 살 수 있는 자격은 경자유전(耕者有田, 우리나라의 헌법과 농지법 규정으로 농업인과 농업법인만이 농지를 소유할 수 있음)이다. 농지를 경작하는 사람만이 농지를 원칙적으로 취득할 수 있다. 농지법은 경작을 하지 않을 경우 사유가 발생한 날로부터 1년 이내에 해당 농지를 처분해야 한다. 처분 시 농지 소유자가 가족 등 동일 세대원에게 농지의 소유권을 이전하지 못하도록 명시하고 있다.

하지만 외지인(도시인)도 1,000m^2 이내에서 자유롭게 농지를 취득할 수 있다. 또 1,000m^2 이상의 농지를 취득할 경우 농지 소재지에 거주하지 않더라도 본인 또는 가구원이 1년 이내에 30일 이상(위탁영농, 스스로 경작은 90일 이상) 직접 농사를 지을 수 있으면 된다. 농지를 취득할 경우 법인이 아닌 일반인은 자신 혹은 자신의 세대원이 기존에 농지를 취득했는가를 확인해야 한다. 세대원을 합한 농지 면적이 1,000m^2 이상이면 농업인에 해당되기 때문이다.

농지 취득 목적은 1,000m^2 이하는 주말·체험영농으로 해야 한다. 1,000m^2 이상은 농업경영 목적이다. 농지 1,000m^2 이하를 취득하고자 하는 사람은 농지취득자격증명(농취증) 신청서 한 장만 작성하면 되지만 1,000m^2 이상은 농업경영계획서를 따로 작성, 제출해야 한다.

농취증은 농지 소재지 관할 시군구청장(읍면장)의 확인하에 발급받으며, 소유권 이전 등기 시 반드시 필요하다. 다만 농지법상

농취증이 없어서 취득이 인정되는 조건은 상속에 의한 취득, (법인의) 담보농지 취득, 농지 전용 협의가 끝난 도시지역의 주거·상업·공업지역 농지 등이다.

상속에 의한 농지 취득 시 농업에 종사하지 않을 경우 원칙적으로 1,000m^2 이하만 소유할 수 있다. 농취증은 임야에는 해당되지 않는다. 임야는 토지거래허가구역이 아닌 경우 누구나 취득할 수 있다.

귀농토지 투자의 미래

고령화와 인구 감소는 농촌부터 이미 시작됐다. 앞으로 농촌의 인구는 더 급격히 줄고 토지매물은 늘어나 의외로 거래가 활발할 것이다. 실제 통계청 인구 추계 등에 따르면 농촌인구 고령화는 심각한 상황을 넘어서 위기다. 경북·전남·전북의 농촌 지역(읍·면) 주민등록 인구의 평균 나이(2017년 3월)를 보면 이를 짐작할 수 있다. 경북 54.6세, 전북 53.1세, 전남 52.9세다. 전국 평균 나이(41.2세)보다 월등히 높다. 65세 이상 노인 인구 비율도 갈수록 늘어서, 전북 29.9%, 전남 27.7%, 경북 25.9%다.

인구 감소도 심각하다. 2016년 3월 기준 주민등록 인구는 전년 3월에 비해 경북 6,604명, 전북 6,206명, 전남 5,798명이 줄었다. 전남 인구 189만 9,441명은 1966년 405만 명이던 것을 떠올리면 격세지감이다. 정부가 심혈을 기울인 혁신도시 완주·나주·김천 등도 인구 감소와 고령화의 파도를 막지 못했다.

　대물림 부동산도 없고, 연봉도 적은 평범한 샐러리맨이 자신의 급여만으로 도시에서 풍요를 누릴 수 없다. 생활비의 70%가량을 차지하는 주거비용은 물론 교육과 의료비가 예상보다 많이 들기 때문이다. 은퇴자도 마찬가지다. 도시에서 그대로 살 경우 연금만으로는 가난하게 살 수밖에 없다. 하지만 귀농귀촌을 한다면 상황은 달라진다. 토지나 농촌주택 등에 투자하고 자신이 먹을 과일과 채소 등을 기를 정도의 일만 해도 삶이 윤택해진다. 도시에서 들어가는 비용 절반으로도 농촌에서 생활하기에 부족함이 없다.

　은퇴자가 풍요와 여유를 갖고 살 수 있는 방안은 '도시 탈출'이다. 시골로 이주하는 것이다. 시골 사람들과 어울리는 공동체적인 삶은 덤이다. 일부에서 주장하는 생필품 구입이나 생활불편은 모르는 이들의 말이다. 인터넷 쇼핑이나 홈쇼핑 시대에 어울리지 않는 말인 것이다. 도시와 떨어진다고 은둔의 삶을 사는 것이 아니다. 주중에 전원생활을 하다가 주말을 서울에서 보낼 수도 있다.

　농산어촌 이주는 또 다른 재테크의 기회도 제공한다. 귀촌에 들어간 돈 50%를 제외한 나머지 50%로 중소도시 소형 건물을 사놓고 월세를 받아도 되고, 농지를 사도 된다. 농지는 보기와 달리 작황이 좋은 경우 은행이자의 3~4배 이상의 수익을 안겨주기도 한다. 물론 해를 거듭할수록 땅값이 오르는 것은 덤이다.

　가용용지가 절대 부족한 우리나라는 미래 주거형태가 농촌형 도시로 변해갈 수밖에 없다. 앞서 말한 어반시티나 에코-스마트시티다. 이때는 선점해 살고 있는 집과 토지의 희소가치도 더욱 커진다. 귀농귀촌 토지 투자는 어쩌면 부자로 가는 길의 마지막 추월차선이 될 수도 있다.

임야와 산촌경영에 길이 있다

일반인은 늘 소액투자 대상을 찾는다. 목돈이 없는 만큼 소액투자가 가능한 틈새 투자처를 찾는 것이다. 도시에서 소액투자처를 찾지 못했다면 임야는 대안이 될 수 있다. 물론 장기적인 관점에서 투자해야 하기 때문에 결정은 쉽지 않다.

부동산 투자에서 임야 또는 산촌경영만큼 더디지만 이만큼 안전한 분야는 없다. 굳이 산촌의 자연친화적인 환경조건과 고소득 임산물, 각종 산촌체험 등을 활용해 생태마을 등으로 도시민을 끌어들이지 않더라도 일정한 수익과 친환경 거주, 임야 가격상승 등의 효과를 볼 수 있기 때문이다. 산촌으로 귀촌할 경우 정부지원 등을 전제하면 안 된다. 정부가 1990년 중반부터 산골생태 마을 활성화에 지원하고 있는 각종 사업 프로그램을 활용하는 것은 덤이라고 생각해야 한다. 산촌생태마을은 낙후된 산촌주민의 소득을 높이기 위해 산림청이 지난 1995년부터 전국에 250여 곳을 만들었다. 다만 관리부족과 주민 고령화로 일부는 어려움에 처해 있기도 하다.

임야는 현재 누구라도 살 수 있다. 실수요자만 살 수 있었던 임야매매증명 제도가 1996년 폐지됐기 때문이다. 다만 부동산은 환금성이 중요한데 거래가 드문드문 있는 것이 걸림돌이다. 내가 필요할 때 제값에 팔지 못하는 단점이 있는 것이다.

임야의 경우 개발 가능성이 있는 곳은 이미 가격이 올라 있다. 부동산 컨설팅 회사나 기획부동산 등이 레저단지, 택지개발 등 '개발 호재'를 명목으로 매물을 소개하는데 이는 곧이곧대로 믿지 않아야 한다. 개발 호재를 탄 저평가 임야는 없기 때문이다. 이에 따라 시세차익을 거두기 위해 접근해서는 좋은 임야를 찾기 어렵다. 중장기적으로 자신이 귀산해서 활용하겠다고 생각한 후 꼼꼼하게 따져보고 매입하면 오히려 좋은 기회가 생길 수 있다.

귀산을 통한 산촌경영에 나서려면 정부나 자치단체의 정책도 잘 살펴야 한다. 정부도 농지 훼손보다 산지 개발에 더 무게를 두고 있는 만큼 매입 시 다양한 조건을 따져보아야 한다. 경사 15도 이하의 산지 개발에 대해서는 의외로 적극적인 규제 완화에 나서고 있다. 임야를 사서 전원주택지나 공장 등으로 형질변경(용도변경)하기는 쉽지 않다. 미디어 등에서 소개하는 '임야 용도변경으로 대박' 등은 극히 일부 사례다.

임야는 용도변경으로 대박이 날 수 있다는 이유로 투기꾼이나 기획부동산이 주로 활용하는 부동산이다. 때문에 초보 투자자나 눈먼 돈 소유자들의 좋은 먹잇감이 되곤 한다. 일반인은 이런 대박 투자에 현혹되지 말고 스스로 산촌경영을 하겠다는 의지로 매입해야 한다. 이럴 때라야 우량물건을 만날 수 있다.

임야를 살 때는 대도시 주변, 전원주택과 리조트 등의 개발 활성화 지역 등은 피해야 한다. 값이 너무 올라 있고, 여러 가지 제약도 따른다. 그런 주변에 비싼 땅을 소규모로 사서는 쓸모가 없다.

임야 소액 투자자라면 우선 지주(실소유주)와 산림변경 가능여부, 취득 절차부터 살펴야 한다, 개인 땅인지, 문중 땅인지를 우선 확인할 필요가 있다. 시골 땅은 예상외로 명의는 개인으로 돼 있어도 실제 소유주는 문중인 경우가 많다.

지방 중소도시 주변의 산 중에서 길이 있는 소규모 임야나, 해안가 임야를 사는 것이 좋다. 투자와 산촌경영을 동시에 할 수 있기 때문이다. 특히 서해안 바닷가 낮은 산은 언제든지 개발 가능성이 있다. 임야 매입 시에는 반드시 현재 진입로가 있고, 지적 장부에도 있는 것을 확인해야 한다.

상수원보호구역(수질보전지역), 개발제한구역, 군사시설 보호구역, 천연기념물 지역, 철새도래지 등 정부나 자치단체가 묶어 놓은 곳은 작은 개발 행위도 어렵다. 이런 규제는 풀기도 쉽지 않다. 또 광업권, 입목권(立木權) 등이 설정됐는지도 확인해야 한다. 현장 답사 후 토지이용계획확인원을 반드시 떼서 다시 한 번 확인하는 것은 필수다.

산은 산에서 봐야 제대로 보인다. 사고 싶은 임야보다 더 높은 산으로 올라가서 전체를 조망할 필요도 있다. 최종적으로 임야 매입을 결정할 때는 무엇보다도 되팔 때 제값을 받을 수 있는지 따져보고 매입해야 한다. 교통이 매우 불편한 악산(惡山)이 아닐 경우 임야는 미래가 보이는 부동산이다.

대부분의 도시인은 '퇴직'이라는 삶의 버거움이 현실로 닥칠 때야 은퇴 후 삶을 준비한다. 하지만 이는 늦어도 너무 늦은 것이다. 많은 이들이 퇴직 후 여기저기 기웃거리다가 무작정 휩쓸려 가는 것은 준비 없는 은퇴에 그 이유가 있다. 그래서 최소한 은퇴 5년 전부터는 장년의 10년과 노년의 삶을 위해 무엇인가를 먼저 해야 한다. 그것은 산촌의 농지, 임야를 사는 것이다.

대박 유혹을 견뎌야 부자로 가는 추월차선을 탄다

한동안 대박땅꾼의 광고 카피가 화제가 되기도 했다. 대박이라는 말에 현혹돼 많은 이들이 관심을 가졌기 때문이다. 그만큼 '대박'이라는 말은 유혹의 언어다.

1960~1980년대도 아닌 2017년 이후 대박 부동산이 존재할까. 물론 존재할 것이다. 하지만 투기성이 없는 대박 부동산은 존재하지 않는다. 다시 강조하지만 부동산 시장에서 고수익 부동산은 사실 존재하지 않는다. 흔히 광고성 기사나 부동산 매도공고, 수익형 부동산 등에서 사용하는 대박 부동산은 없다는 뜻이다. 하물며 원금 보장은 더더구나 달콤한 사탕발림에 지나지 않는다. 부동산 상품에 대해 원금과 고수익을 보장한다고 광고하는 것은 현혹일 뿐이다.

문제는 부동산 상품의 유행에 편승해 나오는 고수익을 낸다는 상가나 분양형 호텔, 펜션 등이다. 이들 상품은 미래 가치를 따지기가 쉽지 않기 때문에 '실제'와 '현혹' 사이에서 들이댈 잣대가 없다. 더구나 완공 후 분양하는 것이 아닌 건축 공사 후 분양하기 때문에 웬만한 분석 능력으로는 수익성을 따질 수 없다. 상가의 경우 건물이 완공되지 않았고, 주변도 정비되지 않았는데 유동인구와 임대가격 등을 예상할 수는 없는 것이다. 특히 상가는 공급자 측의 말을 믿고 투자하면 낭패를 보는 경우가 많다. 간간이 상가 투자로 피해를 보는 이들이 나오는 이유다.

총분양가 기준으로 연간 10% 내외의 수익을 보장한다는 분양형 호텔이나 펜션, 수익형 생산주택 등도 잘 따져봐야 한다. 촘촘한 광고문구와 분양문구 하나하나에, 완공 후 운영수익 등이 예상보다 낮을 수 있기 때문이다. 이들 부동산은 손해의 위험이 아주 많은 상품이라고 보면 된다.

고수익 상품의 수익성 계산은 전문가도 하지 못한다. 저출산 고령화 시대, 저금리와 은퇴인구 증가는 필연적으로 고수익 유혹이 기승을 부릴 수밖에 없다. 이는 부동산 투자에 대한 끊임없는 공부와 체계적인 재테크 노하우를 기르며 극복해야 한다.

마지막으로 반드시 기억해야 할 것은 인터넷이 발달한 4차 산업혁명 시대에 단기간의 대박 부동산은 존재하지 않는다는 점이다. 정석 투자, 과학적인 분석을 통한 투자가 정답인 것이다.

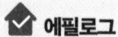 에필로그

부자로 가는 지름길, 인구 변화와 부동산에서 찾아라

　우리는 2008년 10월~2014년 초에 있었던 부동산 시장 장기침체의 시초를 눈여겨보아야 한다. 여기에 앞으로 다가올 부동산 시장의 위기와 재테크의 길이 있기 때문이다.

　일반인들은 2008년 9월 발생한 글로벌 금융위기를 전혀 예상하지 못했다. 투자은행 리먼 브러더스가 붕괴되고 금융위기가 왔지만 제대로 인식도, 대응도 하지 못했다. 한국 경제의 취약성, 금융의 후진성을 몰랐기 때문이었다. 하지만 2008년 금융위기는 1년 전에 예고됐다. 2007년 4월 미국의 작은 서브프라임 모기지 취급 금융기관이 디폴트를 선언하면서 이미 경고를 했기 때문이다. 1997년 외환위기 때처럼 한국인은 이를 모르고 지나갔다. 오히려 부동산 시장은 버블의 정점에서 집값은 폭등하고 흥청망청했다.

　2008년 금융위기의 근본원인을 찾는다면 10년 전인 1999년이다. 당시 씨앗이 뿌려졌기 때문이다. 발단은 단순했다. 그것은 위대한 시민운동가 마틴 루터킹 주니어(1929~1968)의 아들인 마틴 루터킹 3세가 쓴 한 편의 논설, 《소수계의 주택격차(Minority Housing Gap)-문턱 높은 패니메이와 프레디맥》이었다. 패니메이와 프레디맥은 주택담보대출, 보증업체다. 당시 이를 본 앤드류 쿠오모(1957~, 현 뉴욕주지사) 주택 및 도시개발부 장관(1997~2001년)이 (패니메이와 프레디맥) 대출을 못받은 이들에게 대출을 의무적으로 늘리라고 금융권에 요청했다. 이후 서브프라임 모기지는 눈덩이처럼 불어나 결국 2007년 서민들에게 부메랑으로 돌아왔다.

한국 부동산 시장에 앞으로 다가올 위기의 씨앗도 2014년에 뿌려졌다. 당시 최경환 경제 부총리의 '빚을 내서라도 집을 사라'는 정책 기조와 주택 대량 인허가 정책이다. 이것은 1~2인 가구의 폭발적인 증가, 급격한 인구 고령화, 임금피크제, 베이비붐 세대의 부동산 투자 속성 등을 모르고 내놓은 정책이었다. 이후 3~4년 동안 300만 가구에 가까운 주택과 관련 주거상품이 인허가됐다. 기준금리 2% 이하의 저금리 기조도 지속됐다. 이는 부동산 시장의 청약 과열과 고분양가, 고가 아파트 탐욕, 전세를 끼고 대출로 집을 사는 갭투자라는 후유증을 불러왔다. 그리고 2017~2018년 금리는 올라가고, 입주물량은 급증하고 있다. 위기로 가는 열차가 출발한 것이다.

자본주의에서 경제 위기는 늘 반복된다. 한국 부동산 시장도 마찬가지였다. 당장 2018년 하반기, 늦어도 2019년에 부동산 위기가 시작될 수 있다. 벌써 부동산 시장 환경이 이를 경고하고 있다. 특히 2017년 말 1,400조 원을 넘어선 가계부채는 '짐' 이상이다. 나라 빚이든 개인 빚이든 많으면 문제는 뻔하지 않은가.

그렇다고 20년 전과 10년 전처럼 위기를 지켜만 볼 수는 없다. 위기 전후의 부동산 시장에서 우리는 배워야 한다. 여기에 앞으로 다가올 위기의 해법이 있다. 자본주의를 살아가는 이상 부자로 가는 지름길을 위기 뒤의 부동산에서 찾아야 한다.

한국에서 이제 '대물림 없는 부자'가 나타날 가능성은 희박하다. '개천에서도 용(龍) 난다'는 말이 있지만 물(물적 토대) 없는 개천에서 어떻게 용이 나오겠는가. 이제 대물림(종잣돈) 없는 부자는 만들어지지 않는다는 것을 명심해야 한다.

어느 나라건 경제 위기 전후에는 부의 대물림도, 종잣돈도 없는 일반인이 가장 어려운 시기를 맞게 된다. 긴급할 때 빚을 내지 못하거나 고리(高利)를 지불해야 돈을 빌릴 수 있기 때문이다. 이런 시기에는 스스로가 역경을 딛고 일어서지 않으면 끝내 부자로 가는 길을 찾지 못한다.

개개인 스스로가 부자로 가기 위한 노력을 해야 한다. 현실의 수입을 최대한 절약해 재테크 자금을 만들어가야 한다. 현재의 궁핍한 행복을 편안하게 생각하지 않으면 결코 종잣돈을 모을 수 없다. 어렵지만 참고 견디는 내핍(耐乏) 생활이 부자로 가는 길의 시작인 것이다.

부동산 시장은 2018~2020년의 고난을 견디는 이들에게 반드시 기회를 줄 것이다. 이 한 권의 책이 인구 변화와 부동산 패러다임 변화의 시기에 부자로 가는 추월차선을 타는 데 작게나마 도움이 되기를 바란다.

인구와
부동산의 미래

1판 1쇄 인쇄 | 2017년 12월 11일
1판 3쇄 발행 | 2018년 4월 20일

지은이 김순환
펴낸이 김기옥

경제경영팀장 모민원 **기획 편집** 변호이, 김광현
커뮤니케이션 플래너 박진모
경영지원 고광현, 임민진, 김주현
제작 김형식

디자인 디자인허브
인쇄·제본 민언프린텍

펴낸곳 한스미디어(한즈미디어(주))
주소 우편번호 121-839 서울특별시 마포구 양화로 11길 13 (서교동, 강원빌딩 5층)
전화 02-707-0337 | **팩스** 02-707-0198 | **홈페이지** www.hansmedia.com
출판신고번호 제 313-2003-227호 | **신고일자** 2003년 6월 25일

ISBN 979-11-6007-205-1 13320

책값은 뒤표지에 있습니다.
잘못 만들어진 책은 구입하신 서점에서 교환해 드립니다.